HERMES

在古希腊神话中,赫耳墨斯是宙斯和迈亚的儿子,奥林波斯神们的信使,道路与边界之神,睡眠与梦想之神,死者的向导,演说者、商人、小偷、旅者和牧人的保护神……

西方传统 经典与解释
Classici et Commentarii　HERMES
塔西佗集

刘小枫 ● 主编

塔西佗的政治史学

The Political History of Tacitus

曾维术 | 编

曾维术 李静 | 译

华夏出版社

"塔西佗集"出版说明

能与古希腊的希罗多德、修昔底德、色诺芬比肩的拉丁语纪事作家,不是撒路斯特,也非李维,而是塔西佗(Pilip Cornelius Tacitus,约公元55－约117年),尽管今人不知道他具体生于何时、死于何时,出生地在哪里。可以确定的是,塔西佗年轻时曾学习法律,受过修辞术训练,有良好的文学修养——出任罗马帝国不列颠总督的阿古利可拉招塔西佗为女婿,古典学家据此推测,塔西佗出生于望族。

从事写作之前,塔西佗已有过丰富的政治经历,尽管今人所知甚少。塔西佗从军团官、市吏之类低级官职做起,大约三十出头时(公元88年)已升任司法官,这意味着他此前已做过财务官,因为在多弥提安皇朝(公元81－96年),晋升司法官必先经任财务官。尼禄皇朝期间(公元96－98年),塔西佗曾任候补执政官,据19世纪末发现的一个铭文,塔西佗晚年还出任过罗马帝国驻亚细亚总督(公元113－116年)。

塔西佗说过,在多弥提安皇朝写纪事会掉脑袋。可见他早就想写纪事作品,但不敢下笔。如今,我们能看到的塔西佗作品仅五种——短制三种、大书两种。讨论演说术衰落的《关于演说家的对话》(*Dialogus de oratoribus*)是现存塔西佗最早的短制,西塞罗文风的影响很明显,与塔西佗后来的文风大为不同。十九世纪初,古典学家看到小普利尼在给塔西佗的一封信中影射过此作,才确信这一短制出自塔西佗之手。第二篇短制《论阿古利可拉的生活和品行》(*De vita et moribus Iulii Agricolae*,旧译《阿古利可拉传》)是塔西佗为岳父写的小传——阿古利可拉曾作为海军元帅统领四个罗马军团争战大不列颠。这篇短制发表的当年(公元98年),塔西佗还完成了《论日耳曼人的起源和居所》(*De origine et situ Germanorum*,旧译

《日耳曼尼志》),记述日耳曼各部落的政治、经济和习俗。这两篇短制虽然采用了纪事笔法,但肯定不是如今意义上的史书,更非如今所谓的人类学研究,因为塔西佗让罗马帝国的读者看到的更多是阿古利可拉这个人和日耳曼这个民族的道德品质,而非不列颠人或日耳曼人被征服的历史。毋宁说,塔西佗以寓意笔法告诫罗马人:罗马帝国如今表面上强盛,实际上败絮其中,因为,屡禁不衰的腐败已彻底腐蚀了帝国领导干部阶层的品质。可以说,塔西佗早年的三种短制主题不同、文体有别,写作用心却始终如一,他要告诉罗马人:塑造国家乃至历史的根本力量在于具有高贵品质的男子气概,如果腐败侵蚀了国家的男子气概,再好的经济繁荣景象也挽救不了帝国覆亡的结局。《关于演说家的对话》从政制变迁导致的领导阶层品质败坏问题出发来解释演说术的衰败,证明了他后来一以贯之的写作意图。

塔西佗是古典政治自由主义的思想典范之一。与现代的政治自由主义者不同,塔西佗并不相信"宪政"法力无边,他熟悉却并未呼唤雅典民主政治一类"普世观念"。塔西佗相信,要成就优良的政治,靠的不是民主政制,而是高贵精神与男子气概完美结合的优良政治才干——问题是,历史上的任何民族、任何国家遇到这样的人物实在太过偶然。与其惶惶于引进民主政体,不如以寓意笔法记叙所见政治风云,对帝国男子施行政治哲学教育。塔西佗的两部长篇纪事作品——《晚近纪事》(旧译《历史》)和《神圣的奥古斯都驾崩以来编年纪事》(旧译《编年史》),记叙了从提比略皇帝到多弥提安皇帝时期(公元 14 – 96 年)的早期罗马帝国史,但两书都不是如今所谓史书,而是政治哲学大书。如果我们仅仅从中翻检早期罗马帝国的史料,就完全辜负了塔西佗的良苦用心。

《晚近纪事》的原文书名 *Historiarum libri qui supersunt*(英译 *The Histories*)直译成汉语通常是《历史》,这样的书名让人误以为塔西佗写的是如今意义上的"通史"。其实,塔西佗立志记述帝国所经历的政治事件,不是出于如今所谓的"史学"目的,而是出于政治哲学的关切。塔西佗从自己亲身经历过的时代写起——也就是从公元

69年(这年塔西佗大约14岁)到多弥提安皇帝遭谋杀的公元96年,因此,*Historiarum libri qui supersunt*这个书名可译作《罗马帝国晚近纪事》(大约作于公元104-109年间)。写完这部分后,塔西佗再往前延伸,记叙从自己出生之前四十年的奥古斯都末年(公元14年)写到公元68年末,书名为*Annalium ab excessu divi Augusti libri*[神圣的奥古斯都驾崩以来编年纪事],他自己简称《编年纪事》(*Annales*)——历史留下的遗憾是,直到塔西佗去世,此书都还没有杀青(最后部分大约成于公元116-117年),未及记述尼禄和图拉真皇朝。塔西佗没有去寻"史料"写罗马建国初期的共和史,而是记叙自己亲眼见到的历史或离自己的生活经历很近的历史,可见他与古希腊的纪事作家一样,目的不在于编史,而是探究政制变迁所隐含的重大政治哲学问题。现代的实证史学家们曾推测,塔西佗没有写奥古斯都时期,很可能是因为李维的作品已记叙了这个时段,后来发现,塔西佗打算完成《编年纪事》后就写奥古斯都时期,由于天不假年才没有实现——他甚至已经来不及修改《编年纪事》这部自己最成熟的作品的最后几卷。

塔西佗的两部纪事大书也是古罗马文学中的瑰宝,文辞精练紧凑,言简意赅,富有诗情,感染力强,政治事件的描写既生动又深刻,古典语文学家尼采也赞不绝口。除《关于演说家的对话》外,塔西佗的其余四种作品早已有了中译,译品均堪称上乘,可惜都缺乏笺释和绎读,以至于学界迄今未能珍视这份古罗马文学和古典政治哲学史中的瑰宝——我国近百年来的政制变迁也为我们留下了一大笔政治哲学思考财富,实证史学使得这笔财富仍然还是埋藏在地下的宝藏。重新译笺塔西佗作品,选译西方学界有见识的绎读,对于我们自己学会写作晚近纪事想必不无历史意义。

古典文明研究工作坊
西方经典笺释部丁组
2011年3月

目 录

编者前言 …………………………………………… 曾维术 / 1

塔西佗的编年方法与卷章划分 ………………………… 莫　尔 / 8
首次行动中的一例死亡 ………………………………… 伍德曼 / 25
提贝里乌斯登基 ………………………………………… 伍德曼 / 45
编年形式、讣告与塔西佗的主题 ……………………… 金格拉斯 / 81
提贝里乌斯的卡普里阿之旅 …………………………… 伍德曼 / 100
权力的味道 ……………………………………………… 伍德曼 / 115
没有出现的凤凰 ………………………………………… 凯特尔 / 144
提贝里乌斯的讣告 ……………………………………… 伍德曼 / 162
皇朝政治的必然模式 …………………………………… 凯特尔 / 179
尼禄的异域都城 ………………………………………… 伍德曼 / 194
尼禄宫中的业余戏剧 …………………………………… 伍德曼 / 218

编者前言

早在 1959 年,我国学界就引介了塔西佗的《阿古利可拉传》和《日耳曼尼亚志》,在 80 年代,又相继迻译《纪事》与《编年纪事》。书是译过来了,该如何读呢?

自梁启超倡导"新史学"以来,中国学人就与自家的文史传统一刀两断,走上了与西方史学接轨的道路。建立西方史学一科,就理解西方史书而言,的确有必要——我们总不宜用中国的文史传统、印度的文史传统(倘若有的话)去解读西方的史书,西方的史书还是要放到西方的史学传统中去读——可是,什么是西方的史学传统呢?

梁启超当年引进且随后成为学界主流的"史学",是成形于西方 19 世纪的"历史学"。起初,此种历史学怀有雄心壮志,它企图还原历史的本来面目,进而发现总体历史进程的规律、原则、观念或者目的。然而,雄心壮志很快就被证明是不自量力:二战结束后,无论是黑格尔的思辨历史哲学还是职业史家汤恩比的普遍史模式,都遭到了普遍拒斥。历史学剩下的工作,似乎只能是老老实实地发掘手稿、整理档案、考辨文献,在穷尽汗牛充栋的资料后,重组所谓过去的事实。过去很长一段时期,现代史家们都心安理得地埋首于这平淡的"本职"工作。

后现代史学打破了现代史家们平凡的幸福。凭借现代语言学理论,后现代史学攻击现代史家还原历史真相的企图。他们认为,无论是"一手材料"还是"二手材料",无论是历史文献还是史家的著述,都是广义的"文本",最终都可以归结为"语言"。语言/文本与真实的过去有一道不可逾越的鸿沟,史家无法挣脱语言/文本的藩篱而接触到真实的过去。况且,语言一旦说出,其意义便不受言说者控制:语言/文本的意义由读者赋予,读者的每一次阅读都会产生新的意义,所有这些意义都同等有效——非但不能接触真实的过去,读者甚至不能真正理解史家写下的文本。

后现代史学的"语言学转向"引起了史学界的剧震。反应激烈者对后现代史学展开了谩骂:后现代史学家正在"砸烂历史学家的饭碗",他们是一群"兵临历史学科城下的智识领域的新蛮族"。反应冷淡者则试图"收起历史学科堡垒的吊桥",安心于整理档案这项"核心工作",对所谓的语言学挑战不闻不问。①另有一些史家,如写下《捍卫历史》一书的艾文斯(Evans, R. J),则以开放的姿态接受后现代的挑战并予以回应。

艾文斯认为,后现代史学过于极端,历史文本及材料虽有一定的模糊性,但远不至于全然掩盖过去的事实;言词的意义虽有时出乎言说者所料,但更多的时候处于言说者的控制之下,否则我们的日常生活会无法正常运转。②试想,警察侦察案件时,常常碰到证人们给出的各种模糊的、相互矛盾的"文本",难道警察就不能透过这些"文本"发现案件的真相吗?一位父亲向儿子讲了一番意味深长的话,随着年龄的增长,儿子对这番话有不同的体会,难道我们就此可以说,这位父亲当初并无明确的意思要告诉其儿子,谈话的意义都由儿子自行决定,而且儿子的每一次理解均正确?倘若语言真的如此不受驾驭,我们的日常交谈恐怕都成了无病呻吟。

后现代理论的困难集中体现于如何"面对自己"的问题上。假如文本阐释具有无限的可能性,后现代理论的著作本身是否可以应用这一原则?艾文斯以活生生的例子告诉我们,后现代理论者在这方面奉行"双重标准":当一名后现代理论者德曼(Paul de Man)被

---

① 艾文斯,《捍卫历史》,张仲民等译,广西:广西师范大学出版社,2009,页8-11。

② 前揭,页103,111。

控犯有通敌卖国与反犹主义的错误时,以德里达为首的后现代阵营起而为其辩护,声称批评者既曲解了德曼的作品,也曲解了他们为德曼所作的辩护。可是,既然语言/文本具有无限的阐释可能性,既然不可能真正把握言说者的原意,何来所谓的曲解?德里达们又有什么理由义愤呢?①后现代理论经不起现实与常识的考验。

尽管如此,后现代史学挑起的论争却有助于现代历史学反思自身的缺陷。从这个意义上讲,后现代史学具有解放思想的作用。正如艾文斯所指出的,现代历史学正逐渐从文献崇拜中走出。②近两百年来,现代历史学固步自封于整理档案的堡垒之中,故纸堆的霉味早已麻醉了现代史家的神经。如今,后现代史学凿开了这个堡垒,一股清新的空气扑鼻而来——首先,我们有机会重新理解修昔底德的政治史。

过去,修昔底德一直被认为是客观历史写作的古代典范。现代实证史学往往将自己的史学观念追溯到修昔底德,并引以为豪;同时,亦用实证史学的标准来衡量修昔底德,批评修昔底德那些不够"实证"的做法:譬如,修昔底德编造而非如实录入历史人物的演说词,修昔底德过分关注政治而忽视了社会、经济、文化领域等等。如此褒贬显示出实证史学的过分自信,他们从未想过,修昔底德可能来自另一个不同的传统。一旦我们从实证史学的堡垒中走出,我们就会惊讶地发现,能否把修昔底德的作品称之为"历史",依然是一个问题。

有人会说,如此问题不过是哗众取宠,修昔底德曾在一段序言性质的文字中提到,他要为希腊人就希腊事务提供一份连续、详尽、纪年正确的叙述,涵盖波斯战争结束到伯罗奔半岛战争开始这段时间(《伯罗奔半岛战争志》1.97),这不是"历史"又是什么?持该质疑的读者没有看到,修昔底德这段序言只是"第二序言",旨在为其

---

① 前揭,页232-238。
② 前揭,页3。

偏离正题转而叙述雅典帝国的形成过程(1.98－118)辩护。在描述全书性质的"第一序言"(1.20－22)中，修昔底德所交代的写作理由恰恰与"第二序言"那种史观相反：修昔底德写伯罗奔半岛战争，是因为这场战争具有非同寻常的重要性；而"第二序言"那种颇为现代的史观并不区分重要与不重要，"它令自己的光芒绝无偏见地抑或完全冷漠地普照一切重要的和不重要的时期"。①事实上，从作品的整体语境来看，修昔底德叙述雅典帝国的形成过程，也并非如"第二序言"所说的那样意在提供一份可供备案的"信史"，那段叙述其实点出了伯罗奔半岛战争最真实的原因。②

总之，修昔底德并没有写现代意义上的"历史"，他不是在记录前431年至前411年间希腊人无数大大小小的活动交织而成的、那个我们习惯称之为"历史"的东西。修昔底德选择书写一场最大的战争。战争是人类生活的极端表现，最大的战争能最好地反映人类生活的本相。修昔底德的作品因此重点不在于寻求"真实的事实"，而在于寻求"真实的原因"③——我们最好把这样的作品称为纪事。纪，《说文》："丝别也"。王筠句读："纪者，端绪之谓也"，亦即散丝的头绪。"纪"与修昔底德作品的探究之意正相吻合。从内容上看，中国古代的"纪"记载帝王之事，与修昔底德的政事关怀亦可对应——纪事欲探究人类生活的本相，必然要关注政事，因为惟有政事才是人类生活的焦点。现代史学的注意力偏离政治领域，意味着背离那些与我们生死相关的问题。④

为修昔底德的作品正名后，我们同时亦可理解，为何修昔底德

---

① 施特劳斯，《修昔底德：政治史的意义》，载于《古典政治理性主义的重生》，北京：华夏出版社，2011，页135。
② 施特劳斯，《城邦与人》(*The city and man*, Chicago, 1964)，页181。
③ 同上，前揭。
④ 施特劳斯，《修昔底德：政治史的意义》，载于《古典政治理性主义的重生》，北京：华夏出版社，2011，页162；《自然权利与历史》，北京：华夏出版社，2006，页140。

要自己编造演说词。如前所述,修昔底德的纪事所追求的真相,重点不是所谓"真正的事实",即过去真正说过的话、做过的事,而是"真正的原因",首先是伯罗奔半岛战争的真正原因。要探寻这场战争的真正原因,修昔底德不仅需要自己编造演说词,甚至需要编述发生过的事件——拣选与排列事件本身就是编述。因为,战争的参与者、目击者对该战争的印象常常是片面、错误的,也常常相互矛盾,不经过编撰,写成的作品无论如何反映不出伯罗奔半岛战争的真相,就好比拼凑几个盲人摸象后的印象,得不出大象的样子。这一点也为个别现代史家所认识到。艾文斯就认为,史家要发现真相,不仅需要考订材料,还需要一些"想象力"。①艾文斯认为是"想象力"的东西,在修昔底德看来是某种智见:只有具有最高军事洞识的人才能看到真实的伯罗奔半岛战争,只有智慧者才具有整体的视野。智慧者的编撰,其实是把每篇零碎的言辞、每个局部的行动归入整体中真正恰当的位置。②因此,由智慧者编撰的纪事,非但不会像后现代史学认为的那样,因为编造而接触不到真相,而且恰恰是因为编造,它比实证史学的"实录"更能揭示真相。

有人会问,修昔底德的纪事要揭示人类生活的本相,这跟19世纪的历史学要发现历史的规律,有何不同?我们说,正如修昔底德没有写作现代意义的"历史",他也没有把"历史"当作一个知识的研究对象、一个自成一体的领域,当然也就谈不上发现"历史的规律"。把"历史"当成一个知识对象来研究,大概要等到18世纪历史主义兴起之后。③

现在,我们可以有把握地说,修昔底德属于一个有别于现代实证史学的传统。那么,塔西佗的作品应该放到修昔底德的纪事传统

---

① 艾文斯,《捍卫历史》,前揭,页252。
② 施特劳斯,《修昔底德:政治史的意义》,前揭,页155。
③ 施特劳斯,《政治哲学与历史》,载于《什么是政治哲学》,北京:华夏出版社,2011。

中去读吗？当我们尝试这样做时，却发现明显的困难。修昔底德的纪事只编造了演说词（而且还尽量保持实际讲话的大意），并没有编造（生造）事件与人物，尽管事件也经过挑选与安排。塔西佗却似乎有生造事件的嫌疑。一个明显的例子是提贝里乌斯对伽尔巴的预言，塔西佗将这次预言安排在公元33年，而狄奥（Cassius Dio）安排在公元20年，苏埃托尼乌斯（Suetonius）则将它写成是由奥古斯都说出。对于几十年前的事件，记忆会如此混乱吗？就好比我们如今回望民国的事件，纪年会有那么大分歧吗？倘若有人坚持认为，这是因为他们三人各自使用了不同的史料，那么里波·杜路苏斯（Libo Drusus）一案无论如何让人怀疑塔西佗造假（《编年纪事》2.27-32）：维列乌斯（Velleius）、塞涅卡（Seneca）、苏埃托尼乌斯、狄奥都把里波描写成一个阴谋造反的分子，只有塔西佗把他描写成一个无辜、荒唐又可怜的年轻人，并以其悲惨遭遇凸显提贝里乌斯的丑恶。①

事实上，不止一名学者指控塔西佗歪曲事实，而修昔底德很少遭到这样的指控。从另一个方面看，塔西佗似乎真的没有修昔底德看重"真实"：他记载了好些看上去子虚乌有的事，譬如埃及出现了一只凤凰，卢米那里斯的枯木逢春等等，修昔底德却在第一章就抨击诗人撒谎。看来，塔西佗的作品有自己的独特品性，它可能属于一个既有别于修昔底德也有别于现代史学的传统。可是，有这样的传统吗？

有，它就是柏拉图-塔西佗的纪事传统。现代读者习惯了学科分割，难以接受纪事家塔西佗与哲人柏拉图扯上关系，这也是该传统被长期遗忘的原因。然而，只需举出两个事实，便可证明这种"身份标签"不可靠：塔西佗也写过一篇哲学小对话，里面有关于最佳政制这一哲学命题的探讨；塔西佗同时还是杰出的演说家，因此，用

---

① Frank Burr Marsh，《塔西佗与贵族传统》（"Tacitus and Aristocratic Tradition"），载于 *Classical Philology*, 21, 1926, 页289-310。

"纪事家"这一标签来概括塔西佗局限太大。况且,塔西佗的作品本身有内证,可以证明塔西佗受到柏拉图的影响。在《编年纪事》中,塔西佗引用了柏拉图《高尔吉亚》中的一段话,证明僭主的灵魂伤痕累累(《编年纪事》6.6)。塔西佗称这是"智慧最卓越的人"经常讲的话,"智慧最卓越的人"不是指柏拉图就是指柏拉图笔下的苏格拉底,塔西佗对柏拉图的推崇可见一斑。

不过,柏拉图-塔西佗这一纪事传统湮没已久,要想重拾其端绪,并非易事。当下亟须澄清的是,柏拉图那极富文学性、同时也被人视为哲学的作品,为何又可以称为纪事,这种文学性极强的纪事与修昔底德的作品又有何差异。

千里之行始于足下,让我们首先从那些感觉到柏拉图-塔西佗纪事传统存在的现代学者开始。伍德曼(A. J. Woodman)是这种为数不多的学者之一。他宣称,自己一点都不关心"实际发生了什么",相反,他关心的是塔西佗如何写以及为何这样写——后面这一点使他与后现代史学家区别开来。尽管因为关注叙事,伍德曼被国内史学界划分入后现代史学的阵营,但其实所谓的叙事主义分成两种:一种是真正的后现代,他们以现代语言学理论、文艺理论拆解经典文本,并不在意经典作家本人的意图;一种便是伍德曼这种力图追溯作者意图的学者。伍德曼在古人面前保持了难得的谦虚:别的学者在质疑塔西佗作品里的不连贯之处,伍德曼却强调,我们必须至少假定,塔西佗没有呈现不连贯的描绘,因为塔西佗比我们高明得多。正是这种难得的谦虚使伍德曼发现了许多现代史学家发现不了的东西,这再一次告诉我们,要想接近柏拉图-塔西佗的纪事传统,必须放下自以为是的偏见。

曾维术
2011年9月

塔西佗的编年方法与卷章划分

莫尔(Frank Gardner Moore)撰

曾维术 译

塔西佗筹划自己的《神圣的奥古斯都驾崩后的编年纪事》(ab Excessu Divi Augusti)时,①可能只是沿用了《纪事》已经采取的方式。一般的印象是,《纪事》并不像真正的编年纪事,不像那些统称作编年纪事的作品。之所以有这一印象,纯粹因为我们只知道公元69年和公元70年的叙事,我们没有停下来问问,剩下来的二十六年——一直到多米提亚努斯(Domitianus)之死——会得到怎样的处理。若我们此刻假定,《纪事》原来有十四卷,我们就有五卷关于这最为多事的两年,故事以这两年开始;九卷关于剩下的二十六年,或者说,遗失的第六至第十四卷,平均每卷覆盖的时间稍少于三年。若以此与《编年纪事》比较,以完整的八卷——卷一至卷四和卷十二至卷十五——为代表,我们发现,这几卷平均每卷3.8年。因此,在这两部作品中,塔西佗采用的步调基本一致,如果我们乐意假设《纪事》有十二卷,那么,卷六至卷十二平均起来会是3.7年,几乎就是我们从《编年纪事》可以准确推算的部分得出的数字。②毫无疑

---

① [译按]这是《编年纪事》的拉丁文全名。
② 至于每卷的实际长度,《纪事》完整留存下来的各卷,篇幅要稍长于《编年纪事》前四卷诸卷。《编年纪事》卷十二到卷十五,与先前诸卷相比,长度再次明显缩减。这样,这三个四卷编组,相互之间的比例是6:5:4,这个结果来自对Halm本(Birt, Das antike Buchwesen, 329)完整行数的计算,我自己的粗略估计则基于Fisher本,分别为14:11:9。

问,我们有各种理由相信,《纪事》的纪年特征与《编年纪事》一样,各卷的划分,自始至终显示同样的谋篇技巧与戏剧效果的技巧,显示同样的对纯粹编年方式的摆脱,从《纪事》与《编年纪事》两部作品的存世部分,我们都可以观察到这种解放。

扫一眼《编年纪事》前六卷每卷的开篇辞,我们会觉得,日渐成熟的纪事作家变得更为稳健,堕入古老的以一年开始一卷的方式。因此,卷二、卷四、卷五以执政官之名开篇。同样,匆匆点阅一下后来各卷,我们会产生这一印象:他再次改变了主意;卷十一至卷十六中,只有第十四卷以历法纪年开篇。但是,在可以下任何可靠结论之前,我们必须更有耐心,对这位编年作家的足迹作一通篇追踪。

我们发现,年度划分不仅仅出现在传统的词语 consulibus[执政官]上,或者出现在那一旧词的巧妙变化上,而且出现于那些整齐地排列一个事件的段落符号里:eodem anno[同年]、isdem consulibus[同一执政官],或者出现于那些讣告标志里,诸如 fine anni[年终]、eo anno[那一年]等。这些表达必定吸引眼球,正是凭靠这些表达,编年计划得以彰显,如同录入日期的方式一样。

我发现,在四十三年内(忽略公元29,37和66年),这些次级年度标记不少于五十五次,最频繁的是 eodem anno[同年],出现了二十次。一份关于这些表达,以及其他有助于编年效果的笔法的完整表格,显示出它们尤其集中于特定几卷,如卷二、卷六、卷十三和卷十四。这些公式大部分预先告知读者,下一个执政官纪年很快就会到来。当然,还有许多其他不那么老套的暗示可以达到同样的效果,包括以任何形式提及那一年死去的显要人物,因为塔西佗习惯于在一年尽头写他的死亡启事。在四十三年内,只有六年没有 eodem anno 或其等价物。①

----

① 这六年为:

公元18年(卷二,第53到58节):这一年平静无事,六个章节就足以将这一年叙述完毕,因为一切都与日耳曼尼库斯或披索以及东方有关,西方(转下页)

至于用来标志新年伊始的形式,那就更重要了。这些形式有四分之三显示由来已久的公式——consulibus 或者 -et-consulibus,四分之一因应上下文而选择各种变化。甚至旧公式出现的地方,也有故意的变化,视是否给出首名或族名加姓或单独一个族名而定。进一步的变化,可以这样产生:以一种方式对待一个名字,另一方式对待另一名字;或者偶尔插入 et[和]。这种变化在 consulibus 这一标志上出现了四次,这种非正式的形式必定省略首名,于是,在两执政官恰巧同姓的情况下,我们便得到了这一令人瞩目的变种:"这一年路

(接上页)没有什么事件被记录下来。

公元 27 年(卷四,第 62 到 67 节):再次是六节叙述一年,这一年引出提贝里乌斯退隐至卡普里阿的情节,然后是一些新闻琐事:费迪纳圆形露天剧场的倒塌,凯里乌斯山的大火,一两件控诉。

公元 34 年(卷六,第 28 到 30 节):这一年只有三节,一节描写埃及重新出现了凤凰,另外两节从僭政的土地上搜集那些通过自杀而解脱的人,以及遭到惩罚的控告者,还加上一个新鲜的细节:上日耳曼的盖图里库斯(Lentulus Gaetulicus)与提贝里乌斯的交易。

公元 48 年(卷十一第 23 节至卷十二第 4 节):共二十节,处理高卢与 ius honorum[荣誉法]、克劳狄乌斯的演说、人口普查;最后,以第 17 节构成一个单元,讲述美萨里娜倒台的故事。

公元 50 年(卷十二第 25 节至第 40 节):共十五节,始于收养多米提乌斯,然后转到日耳曼的事务,之后讲述欧司托里乌斯(Ostorius Scapula)及其继任伽路斯(Didius Gallus)在不列颠领导的几场连续的战斗。塔西佗需要十节来处理这次对编年传统的偏离,他在第 40 节解释了这次偏离。

公元 52 年(卷十二第 52 节至第 57 节),共六节——放逐司克里波尼亚努斯(Scribonianus)以及更琐碎的事件;奖赏帕拉斯,他的兄弟费里克斯(Felix)在犹太地区的混乱统治;奇里奇阿(Cilicia)叛乱;克劳狄乌斯开通富奇努斯湖(Lacus Fucinus)隧道。

公元 59 年不算例外,因为在该年结尾我们发现 Sequuntur virorum illustrium mortes[继而两个主要的人物去世](卷十四,第 19 节),我们把这归为引入讣告的其他形式,通常标志着一年结束。上面提到的六年,有四年(18,27,34,52)平淡无事,很快就打发了。另外两年没有机会使用 eodem anno 或者其他公式。

贝里乌斯（Rubellius）和富斐乌斯（Fufius）任执政官，两人都姓盖米努斯（Geminus）。"（卷五，第1节）更有趣的是这些完全抛弃传统的纪年：

公元18年：下一年，提贝里乌斯第三次、日耳曼尼库斯第二次担任执政官。（卷二，第53节）

公元21年：随后是提贝里乌斯第四次，杜路苏斯（Drusus）第二次执政，这是父子之间一次著名的合作。（卷三，第31节）

公元22年：盖乌斯·苏尔皮奇乌斯（Sulpicius）和戴奇姆斯·哈提里乌斯（Haterius）的执政随后到来。（卷三，第52节）①

在这一不寻常的变化之后——一卷之内便有三个例子，而且是连续的三年——塔西佗重归老路，以consulibus记录了几年。但是，在仅仅一卷之内，再一次出现了三个变化：

公元32年：格涅乌斯·多米提乌斯（Domitius Cn.）和卡米路斯·司克里波尼亚努斯（Scribonianus）就任执政官，当时提贝里乌斯……（卷六，第1节）

公元36年：克温图斯·普劳提乌斯（Plautius Quintus）和塞克斯图斯·帕披尼乌斯（Papinius Sex.）的执政随后到来。（卷六，第40节）

公元37年：不久之后，提贝里乌斯当政时期的最后两位执

---

① ［译按］中译很难表达出拉丁文原有的差异，故将拉丁原文附上，下同：18 A.D.（2.53），Sequens annus Tiberium tertium, Germanicum iterum consules habuit. 21 A.D.（3.31），Sequitur Tiberi quartus, Drusi secundus consulatus, patris atque filii collegio insignis. 22 A.D.（3.52），C. Sulpicius D. Haterius consules sequuntur.

政官格涅乌斯·阿凯罗尼乌斯(Cn. Acerronius)和盖乌斯·佩特洛尼乌斯(C. Pontius)就宣誓就职。(卷六,第45节中间部分)①

我们注意到,《编年纪事》后半部分在这方面有显著差异。因为后半部分只有两次打破旧公式:

  公元58年:尼禄第三次担任执政官时的同僚是瓦列里乌斯·美撒拉。(Valerius Messala)(卷十三,第34节)
  公元65年:涅尔瓦(Silius Nerva)和维司提努斯(Atticus Vestinus)于是担任执政官。(卷十五,第48节)②

我们已经注意到,《编年纪事》存世各卷中,只有四卷(卷二、四、五、十四)是以纪年开篇。几乎在余下的每一卷,我们都能发现,为何一年之始的地位不如一卷之始重要。毫无疑问,这位纪事作家的单位是一卷(liber),在进入"卷"这个更大的框架时,他必须想办法调整年份——年份很难符合同一兴趣标准。重大事件或那些兴奋点,如有可能,必须适当地分配到一卷的开头和结尾。他可能不想忽视以李维为代表的艺术传统,也不想回到最早的编年纪事那种死板的结构。

《编年纪事》各卷,开篇富有戏剧性或者引人注目的有:

---

 ① 32 A.D. (6.1),Cn. Domitius et Camillus Scribonianus consulatum inierant,cum Caesar,etc. 36 A.D. (6.40),Quintus Plautius Sex. Papinius consules sequuntur. 37A.D. (6.45 med.),Neque enim multo post supremi Tiberio consules,Cn. Acerronius C. Pontius,magistratum occepere.
 ② 58 A.D. (8.34),Nerone tertium consule simul iniit consulatum Valerius Messala. 65 A.D. (15.48),Ineunt deinde consulatum Silius Nerva et Atticus Vestinus.

卷一:以奥古斯都驾崩开始。
卷三:阿格里披娜(Agrippina)带着日耳曼尼库斯的骨灰登陆。
卷四:谢雅努斯(Sejanus)得势,提贝里乌斯统治的转折点。
卷五:里维娅(Livia)之死。
卷十四:谋杀阿格里披娜。①

结尾富于戏剧性的有:

卷六:提贝里乌斯之死,结束了作品第一大分组。
卷十一:美撒里娜(Messalina)之死。
卷十二:克劳狄乌斯(Claudius)之死,作品的第二大分组。
卷十四:屋大维娅(Octavia)与帕拉斯(Pallas)之死,酝酿中的阴谋。
卷十五:披索(Piso)阴谋之后的恐怖统治没有其他情节那么引人注目,但塔西佗在此作出总结,可能标志着作品另一分组的结束(参下文,页15)。
[卷十六,可能以尼禄之死结束(参下文,页15)。]

那么,就存世各卷而论,《编年纪事》第一部分的开篇更引人注目,第二部分结尾更引人注目。

这位纪事作家放开手脚,提前叙述某些不是发生在那一年早段的重大事件,这种无视历法的笔法,其正当理由便在于获得戏剧性的开头。著名的例子是卷五和卷十四,在这两卷里,塔西佗无视精确的时间,提前叙述两位皇后之死,而且,由于以纪年开篇,这一效

---

① 卷四、卷五与卷十四一开始就提及了新执政官,因此,产生戏剧性的条件与最严格的编年要求重合在一起。

果大为增强。另一个标记时期的原则,为卷四开篇带来谢雅努斯的进场,伴随着谢雅努斯的恶劣影响,我们进入了提贝里乌斯统治的第二阶段。

不过,要详细阐发塔西佗的方法,我们必须按顺序处理各卷,逐一考虑每个例子,看看在这一连串肃剧故事中,保留了多少编年纪事的写作传统。然而,篇幅所限,在此我们不能对《编年纪事》的内容作这种分析;我们必须马上转入《纪事》。

人们常常认为,塔西佗以公元69年1月1日——伽尔巴(Galba)遇刺前两周——开始自己的第一部长篇作品,其理由仅仅是这样做能让罗马人感到满意,这些罗马人早已习惯于编年纪事作家的写作。① 既然一些重大事件能立刻吸引住读者的眼球,为何塔西佗还以一个单纯的历法纪年开篇?荷西菲尔德(Hirschfeld)走得如此之远,他说:"塔西佗自己最后、最成熟的作品,确实避开了这种艺术上的错误,并以奥古斯都之死开始他的叙述,但是,他不敢完全抛开这种编年方法的羁绊。"② 难道公元69年1月1日真的如此不值一提?莫非以那一时刻开篇是一个艺术错误?

首先,我们必须铭记《纪事》大致的计划,塔西佗在开篇几节为我们作出了解释。这部作品要处理的是佛拉维乌斯皇朝的统治,在此之前,先要描述把这一家族推上王位的斗争。这一预备性的描述尤其包括维斯帕西亚努斯(Vespasianus)与维提里乌斯(Vitellius)之

---

① 因此,Courbaud在自己的《塔西佗〈历史〉中的艺术手法》(Les procédés d'art de Tacite dans les "Histoires",1998)页33说道,塔西佗跟随这一方法,"唯传统精神是从";"特别是塔西佗,不管时代的差异,不管艺术的发展,不管这一布局的缺陷,这位编年史家通过叙述安排,在《历史》中保留了一种守旧的精神……拒绝摆脱传统,并将一直保留到其生涯终点"(页34)。蒙森以这样的短语表达了责备:"他的做法没有好处","开端没有选好"(Herm. iv,页299);他给出这样的解释:"人们看到,为了接续《编年纪事》,塔西佗的书从公元68年写起。"(同上,页301)

② 《小作品》(Kleine Schriften),页855(Herm. xxv,1890,页363)。

间的内战,以及这一内战的序曲——维提里乌斯同样突然的篡权。人们不可避免地想起一月份的第一天,想起当天莱茵河军团的叛变行为,其时,军团被召集起来向伽尔巴重新宣誓效忠。到了1月3日,莱茵河所有军团都已承认了维提里乌斯。毫无疑问,对塔西佗而言,这是个再好不过的巧合,使他得以以历法纪年开篇;① 但是,我们越是掂量这个问题,确定这样一个日期就越困难:一个较少犯错的艺术家,利用此日期可能制造出完美的开头——这个完美的开头当然不是以贝德里亚库姆(Bedriacum)首场战役与奥托自杀开始,这些大部分都由那场肃剧构成。从严格的佛拉维乌斯皇朝立场来看,奥托的统治只能被视为一段插曲,因为日耳曼军队既然可以背叛伽尔巴也必定会继续背叛他那位暴发的继位者;以这一观点来看,一切仅仅导向维斯帕斯亚努斯的大权。因此,一段佛拉维乌斯朝的纪事,若以公元69年1月1日之后的任何一天开始,看上去都不合时宜。

有人认为,若塔西佗以几个月前尼禄的倒台开篇,会得到一个更富艺术性的导言,这一看法忽视了某些至关重要的考虑。首先,尼禄之死(Finis Neronis)本身就是一出多幕肃剧,其中一幕会把读者带回高卢,见证温代克斯(Vindex)那场夭折的反抗,另一幕将会把读者带回西班牙,见证伽尔巴的兴起。这需要整整一卷,而且这卷包含的叙述起点,不得晚于公元68年春。其次,尽管我们不能肯定地说,塔西佗的脑海已经明确形成了《编年纪事》的计划,但他把尼禄之死留待另一部作品的结尾是再自然不过的事了。无论如何,在当时着手写作的《纪事》的开头处理尼禄之死,并不合适。一个人不会详述毁灭前朝的动乱,以开始新时代的纪事。相反,他要记录一个新时代,只会简短地回忆这些与旧政制相连的事件——这些

---

① 可能作为 Fabius Rusticus 的后续。无论如何,不管这种与前辈的关联确有其事,还是仅仅是传说,罗马人都不会吹毛求疵。

事件为理解改朝换代所必须。这正是塔西佗在《纪事》首卷所做的。没有人会理直气壮地辩称,佛拉维乌斯朝的任何一位纪事作家,都应该涵盖优利乌斯－克劳狄乌斯家族垮台的整段历史。

一些人可能确实考虑到,塔西佗谋划《编年纪事》时,选择了奥古斯都之死作为开篇,因此,《纪事》的开篇至少应该简要地叙述尼禄之死。但是,这种相似就是没有。一方面是和平的权力交接,确立已久的权力从一位备受尊崇的老人手中,转移给一位准备立刻执行先帝整个政策的王储,这位王储把先帝的每一决议(consilium),都视为一项绝对的命令(praeceptum)。另一方面,一位荒唐的君主断送了一个朝代,由此揭示出帝国的秘密(imperii arcanum):边疆军团可以成就一位帝王;在这两者之间,我们只能发现巨大的反差。前者如此小心保留的连续性,后者几乎完全打破。因此,可以说,塔西佗在《说事》开篇完全没有描述尼禄的结局,这一做法仅仅展现出他对事物合理性的惯常感觉,无论在那一刻他是否想到未来该如何处理尼禄之死。①

我们继续探索一个合适的开篇场景。塔西佗可以以伽尔巴从西班牙抵达罗马,可能是 69 年 9 月,开始他的叙述吗?这次入城的确壮丽,但配不起如此突出的位置。毫无疑问,伽尔巴进驻罗马的头几个月里,既没有其他戏剧场景也没有任何重大事件,能比一月份头几天莱茵河的兵变以及维提里乌斯的篡权更适合于作为《纪事》的开篇。

不仅有必要为读者事先铺垫波河平原的冲突——冲突发生在维提里乌斯军团与那些拥护维斯帕斯亚努斯事业的军团之间;而且,仅仅是东西方对照本身,就是一个容许巧妙处理的主题:巧妙处理的目的是加深这一普遍印象——这是一场争夺世界主宰权的世

---

① 很明显,伽尔巴的悲剧结局不能放在开头,因为这一结局包含了披索这一重要人物;倘若放在开头,伽尔巴收养披索的故事也必须囊括其中;因此,伽尔巴与披索的最后一幕直到卷一将近过半时,才得到处理。

界性斗争。

上下日耳曼的叛乱无疑决定了伽尔巴的命运,即使奥托的广场行刺阴谋没有那么快解决他。我们已经说过,对于奥托政权及其对莱茵河军团的短暂抵抗,塔西佗的记述具有插曲性质;同样道理,一位维斯帕斯亚努斯的党徒也可以说,伽尔巴和披索的肃剧有插曲性质,是一部自成一体的戏剧。我们不应该把塔西佗指控为这样的党徒。塔西佗当然把伽尔巴之死、奥托为期三个月的统治以及奥托的自杀,看成是帝国纪事的主线。这一切意味着,塔西佗在盘算这段佛拉维乌斯朝的纪事时,有着完全令人满意的理由来作如下安排:他于维斯帕斯亚努斯夺权之前六个月便开始叙事,记述莱茵河上那有些相似的情况——那一形势盲目地将一个无足轻重的人推上王位,直到维斯帕斯亚努斯能实现自己更有实力的诉求。

叙述那一革命年所需的大量细节,仅一卷远远不够。事实上,卷三结尾仅仅把我们带到了维提里乌斯之死,即9月21日。等我们读过了卷四的五分之二,塔西佗才告诉我们,新的一年这时已经开始。① 这种插入日期的方式颇不寻常,可能因为塔西佗不想打断对内乱的描述,那场内乱已经把他带出公元69年,进入公元70年。此时此刻提及新执政官,会打断叙述线索,把读者带回罗马。卷五以同年年初(Eiusdem anni principio)开头,但具体时间不明,除了让读者想起提图斯(Titus)的犹太战役发生在同一年,几乎就没有别的目的。因此,《纪事》有三四卷篇幅着力于一年(公元69年),对于公元70年,我们则有卷四的五分之三以及卷五剩下的部分(可能不到卷五的三分之一)与之相关,攻打耶路撒冷的整个故事仍有待叙述。

---

① "在这个时候,维斯帕斯阿努斯担任了第二任执政官,提图斯则担任了第一任执政官,尽管他们还都不在罗马",《纪事》卷四,第38节。

由于没有梗概——例如，使我们得以追踪李维散佚诸卷的编组的梗概①——《编年纪事》与《纪事》各卷的编组表格，大部分只能依赖推测。然而，这些思考部分基于可靠的基础，因为在《编年纪事》中，我们可以毫无疑问地确立两个连续的六卷编组：(1) 提贝里乌斯的统治，这段统治再细分为两个三卷的编组，各自覆盖一个时段：提贝里乌斯受谢雅努斯影响之前（卷一至三）与之后（卷四至六）。②(2) 卡利古拉（Caligula）与克劳狄乌斯的统治（卷七至卷十二）。这两位皇帝之间篇幅分配的确切情况，我们只能猜测。两卷可能分配给卡利古拉，四卷给克劳狄乌斯（分别是四年和十四年），但更有可能分配给卡利古拉一卷（卷七），克劳狄乌斯五卷（卷八至卷十二）。

根据这两个六卷编组的相似性，人们通常认为，尼禄的统治加上剩下的六个月，还有公元68年的大半年，同样占据了六卷。这种六卷一组的理论，要求我们接受《编年纪事》有卷十七、卷十八；这一理论颇具吸引力，无论在对称性方面，还是在为重要事件提供空

---

① 李维的谋篇巧夺天工，是古代纪事的奇葩，Nissen 半世纪以前很好地阐述过这点，见 Rh. Mus. XXVII, 页 539 – 561（尤其是页 544 以下的表格）；参 Birt, 前揭, 页 136 以下。很明显，塔西佗不可能模仿李维基于伟大战争之上的谋篇（《编年纪事》，卷四，第 32 节）。对塔西佗而言，帝制提供了一个无可避免的框架，里面充斥着许多案件，以及他刻画的阴暗画面：严酷的禁令、不断的迫害和虚假的友谊等等，正如他在一长段思考中告诉我们的——这段思考位于一年结束时的暂停（《编年纪事》，卷四，第 33 节）。

② 关于提贝里乌斯统治的六卷，可能在哈德良登基之前就已单独出版。《编年纪事》卷二 62 节这一值得记住的段落，不能说确立了整部作品的出版日期，只能说确立了作品一部分的出版日期，如果相续各卷的编组一旦写成，便独立出版的话。因此卷一至三，或更有可能是卷一至卷六，可能统统都在图拉真逝世之前出版。这一推测会把塔西佗的生平延长至哈德良当政时期，而非学者们通常所接受的日期。参 Hirschfeld, 前揭, 页 845。

间方面——卷十六散佚的部分要容纳这些事件,似乎拥挤得无法解释。①要是我们能发现,卷十三至卷十五自成一个单元,与卷一至卷三提贝里乌斯的情形恰成对比,上述理论就有了进一步的支持。卷十五结尾的确有某种暂停——紧随披索阴谋之后的恐怖政策——塔西佗可能想以这一事件,把尼禄的统治分为两个时期。我们可以很公正地宣称,这就是塔西佗的原初意图,这一计划包括整整十八卷,以六卷为一组划分为三组。至于塔西佗是否完成了这一计划,则是另一个问题。

如果《编年纪事》囊括了伽尔巴的登台,以及直到公元68年底的后续事件,那么,这一计划加上《纪事》卷一,将实现完全的连续性,这是纪事探究者颇为渴望的一件事。不过,要是公元68年的叙事已尽善尽美,《纪事》卷一该怎么办,卷一的大量典故,如今读者已无需研究它们;卷一的描绘,如今被《编年纪事》末卷的描写替代,这些描写更详细,可能更加生动?难道这些特征将消失于一种彻底的修订中?莫非这样的修订要牺牲精彩的序言,一段《编年纪事》所缺乏的神来之笔?不必说,没有任何古典纪事作家会盘算两部作品如此的统一,更别说两部作品风格各异,本身便足以排斥任何合并的企图。

圣·哲罗姆(St. Jerome)常常引用"塔西佗以三十卷记录了恺撒们的生活"(Comm. in Zach. III,14),这句话仅仅显示了一种未加检审的习惯:将两部相当不同的作品编成一个文集,这一习惯由梅迪奇第二抄本的编号方式确立。毫无疑问,能够接受那一理论的人,会将三十卷整齐地分为五个六卷编组,正如荷西菲尔德,②沃尔

---

① 假设68年后半年被包括在内——这是一项颇为多余的假设。塔西佗在一年中段开始《编年纪事》,这一做法独立于编年纪事传统,他也可以以同样方式结束该作品。

② L. c. (1877)。

弗林(Wolfflin),①安德森(Andresen),②哥尔泽(Goelzer)③以及其他人所做的。但是,我们必须继续思考,剩下的十二卷将如何完成《纪事》。如果可以证明两个六卷编组就已足够,这当然很好,但如果不够呢?

可以确定,《纪事》头三卷自成一组,这组包括那一冗长不堪的革命年,直到12月维提里乌斯之死为止。由于卷五不可能把故事带入公元70年,卷六结尾可能有的任何中断——这一中断标志着第二个三卷编组的结束——几乎不可能迟于犹太战争的胜利以及那一年雅努斯神庙的关闭。因此,我们有理由假设,维斯帕斯亚努斯统治的剩余部分占据了卷七至卷九,符合《纪事》平均三年一卷的规律。这样,维斯帕斯亚努斯的统治将占满一个六卷编组(卷四至卷九),前面是一个序言性的三卷编组。

---

① 《塔西佗的六卷编组结构》("Die hexadische Composition des Tacitus"),载于 Herm. ,XXI,1886,页 157 - 159。Wolfflin 认为自己无法在《编年纪事》卷十六发现容纳多事的 67 至 68 年的空间;但他却准备把维斯帕斯亚努斯与提图斯统治的十一年塞进《纪事》卷六,然后把六整卷分配给多米提亚努斯。他另一个方案把卷七分配给提图斯,这要稍微好些,因为在耶路撒冷沦陷之后,维斯帕斯亚努斯只得到一卷(9 年),多米提亚努斯的十五年则得到了五卷。这样,这个六卷成一组的理论,尽管作为《编年纪事》的原初计划并非没有可信性,但对于《纪事》来说,就成了不折不扣的普罗克拉斯塔斯(Procrustes)之床了。

② Nipperdey-Andresen,《编年纪事》(Annals),第 10 版,Einl. 页 17 以下。Nipperdey 曾认为《编年纪事》有十六卷,Andresen 在早期的版本也如此认为。

③ 《塔西佗全集》(Oeuvre de Tacite,1920),引言 xxxix。Goelzer 接受了 Wolfflin 对《纪事》的猜测,认可了那拥挤得无法想象的卷六,还认可 Wolfflin 的这一评论:没有理由以同等详细的程度来描写维斯帕斯亚努斯余下的统治岁月以及提图斯的统治。但是,这种显著的不平等对待,必定会比任何一种偏离六卷成一组理论的做法,更违反匀称感。M. Doudinot de la Boissière 坦承,很难相信六卷半足以完成对维斯帕斯亚努斯与提图斯统治的描写,但他仍然未下结论:"还是别下任何明确的断语好些",《塔西佗选集》(Tacite,Oeuvres choisies,1923),页 210。

于是，剩下的提图斯和多米提亚努斯的统治，将会在三卷之内处理，如果我们接受十二卷为界的话。根据这一计划，我们可以把一卷分配给提图斯（两年），两卷给多米提亚努斯，但后者伴随着一个高得可疑的平均年数：七年半——如此节制令人难以置信，要是考虑到这位义愤（indignatio）的纪事作家，如今正自由呼吸在图拉真统治之下；而且就我们所能推测的范围而言，当时他并没有动机进行如此极端的浓缩。更有可能的是，塔西佗在这里回到了五卷编组，李维的读者对于这一编组方法再熟悉不过；塔西佗先在提图斯身上花了一卷，然后分配给多米提亚努斯四卷。如果需要将多米提亚努斯的四卷细分为两个两卷编组，塔西佗可以在十二卷结尾歇口气，此处为百年祭（88 A.D.），身为十五人祭司团的成员与军事统帅，塔西佗对此有切己的兴趣，正如他在《编年纪事》提醒我们的（卷十一，第11节）。这种安排让卷十一、卷十二平均有三年半，剩下的卷十三、卷十四平均有四年，这些数字非常接近《编年纪事》存世部分的数字。

这样，《纪事》看起来几乎不可能少于14卷，分组情况可能是：3＋(3＋3)＋(1＋4)。不过，圣哲罗姆提到的三十年这个数字，虽然人们一般认为确凿无疑，但并不立刻迫使我们接受这点：《编年纪事》原初的计划只有十六卷，而非许多人认为的十八卷——我们的手稿中断于卷十六第35节，在中断处记载的日期之后，还有大量材料有待处理，有鉴于此，十八卷的说法就更可信了。

仍然很有可能的是，当塔西佗接近完成任务时，他有意放弃了如此巧妙对称的方案，而且，由于意识到《编年纪事》与《纪事》的统一在文体上难以实现、在戏剧性上又不可想象，塔西佗便加快结局，以法翁别墅那一幕结束卷十六，并以此结束整部作品。我们也不必想象是年老体弱促使塔西佗放弃这一计划：这个计划必定要做出大量牺牲，仅仅为了美妙的分组——这一数字系统，在《编年纪事》更早的部分行之有效，现在塔西佗却很恰当地将它抛弃。进一步来讲，塔西佗可能讨厌为编年规则做牺牲的简单想法，讨厌它吹毛求疵地要求一个余波,除了渴望到达 12 月 31 日,这一要求没有任何更好的动机。

事实上,塔西佗效仿编年纪事家的传统方法,但他日渐随心所欲——人们有理由反对这些传统方法,荷西菲尔德就轻蔑地称之为编年模板(annalistische Schablone)。① 此刻,从纯粹实际的立场来看这一问题,我猜想,我们大多数人都没有经常设身处地地站在罗马时代的纪事探究者的立场上;没有经常想象自己工作于古代图书馆,查阅不同的纪事作家——这些作家的作品没有提供任何卷章单元的细分,也没有提供任何标题:这些标题可以把我们引领到研究中的特定叙事中去,使我们不必老想着缺乏索引和目次表格,或老想着分卷的形式不便于我们比较几部大作的有限部分。② 在罗马时代的那种情况下,我们当然应该欢迎一切有助于发现所求段落的标志——consulibus,或 eodem anno 之类的老套形式重复得越频繁,我们就会越迅速地到达所求的文本位置。在对"模板"大加蔑视之前,我们最好考虑一下,"模板"各种显眼的工具为我们提供了非常明显的实际好处,尤其是对于渴望比较三四位不同的纪事作家的平行叙事的读者来说。仅仅是这一考虑,就使得荷西菲尔德的论点很难成立:他认为,塔西佗要是写帝国建立的纪事(他写《编年纪事》卷三 24 节时想过这一计划),"可能会冒险采取决定性的一步,完全打破编年的模式"。③ 尽管不能证明塔西佗踏出这一步的可能性微乎其微,我们有理由选择同意库尔博(Courbaud)的说法:"直到他写

---

① 《小作品》,页 857(Herm. xxv,页 365)。参 Fabia,《编年规则》("La règle annalistique"),载于 *Journal des Savants*,1900,页 433–442。

② Nissen 认为,李维有两卷内容是我们的梗概的最终来源,李维将这两卷放在最后,以完成他那可能是 150 卷的计划(Rh. Mus. XXVII,页 558)。篇幅没那么大的作品有时提供梗概,例如狄奥多若斯各卷的前缀。但作为规则,这项工作(指提供梗概)似乎在作者身后才完成。而且,即便读者拥有一份梗概,rubrics 或 headings 也不打断文章主体从一卷结尾到另一卷开关的连续性。

③ 前揭,页 857。

作生涯的尽头,他仍然是个编年纪事家。"① 但是,我们应该以这一保留限制库尔博的观点:塔西佗以六月那出肃剧结束《编年纪事》,并无任何障碍,尤其是,假如某位能干的前辈已经充分处理过那一年余下的事件,例如茹斯替库斯(Fabius Rusticus)。

下面的表格将作为总结,楷体字表示散佚诸卷,以这一方式,它坦白地承认,任何恢复塔西佗的布置的尝试,究竟在多大程度上依赖于不确定的推测。然而,这一表格很需要与其他类似的、基于六卷编组理论的表格相比较,与那些包含着显著不平等性的表格相比较。

《编年纪事》

卷	年		每卷平均年数

第一部分 提贝里乌斯统治

6 { 3 a) 卷 1–3   14 年 8 月—22 年 12 月   统治的较好部分   3
    3 b) *卷 4–6*   *23 年 1 月—37 年 3 月*   *堕落,受谢雅努斯影响等*   5

第二部分 卡利古拉与克劳狄乌斯统治

6 { 3 a) *卷 7*   *37 年 3 月—41 年 1 月*   *卡利古拉统治*   4
    3 b) *卷 8–12*   *41 年 1 月—54 年 10 月*   *克劳狄乌斯统治*   3

第三部分 尼禄统治

4   卷 13–16   54 年 10 月—68 年 6 月   以尼禄之死结束(?) $3\frac{1}{2}$

---

① 前揭,页 34。

《纪事》

第一部分　维斯帕斯阿努斯的崛起与统治

9
$\begin{cases} 3 & \text{a)卷 1-3} \quad 69 年 1 月—69 年 12 月 21 日 \\ & \quad\text{内战,自维提里乌斯崛起始} \hfill \dfrac{1}{3} \\ 6\begin{cases} 3 & \text{b)卷 4-6} \quad 69 年 12 月—71 年　维斯帕斯阿努斯统治, \\ & \quad\text{直到战胜犹太(?)} \hfill \dfrac{2}{3} \\ 3 & \text{b}^1\text{)卷 7-9} \quad 71 年—79 年 6 月　余下的统治 \hfill 3 \end{cases} \end{cases}$

第二部分　提图斯与多米提阿努斯的统治

5
$\begin{cases} 1 & \text{a)卷 10} \quad 79 年 6 月—81 年 9 月　提图斯的统治 \hfill 2 \\ 4\begin{cases} 2 & \text{b)卷 11-12} \quad 81 年 9 月—88 年夏天 \\ & \quad\text{多米提阿努斯统治,直到百年祭(?)} \hfill 3\dfrac{1}{2} \\ 2 & \text{b}^1\text{)卷 13-14} \quad 88 年夏天—96 年 9 月　多米提阿努斯余下的统治 \hfill 4 \end{cases} \end{cases}$

首次行动中的一例死亡

——《编年纪事》1.6

伍德曼(A. J. Woodman) 撰
曾维术 译

一

塔西佗以一段简要的序言开始其《编年纪事》,序言最后一句阐明了作品余下的计划(1.1.3):

> 因此,我想稍稍谈一下奥古斯都,特别是他当政的后期(pauca de Augusto et extrema tradere),然后再来谈谈提贝里乌斯及其继承者的当政时期(mox Tiberii principatum et cetera)。我下笔的时候既不会心怀愤懑,也不会意存偏袒,因为实际上我没有任何理由要受这些情绪的影响。

pauca de Augusto[稍稍谈一下奥古斯都]一词指第一部分,从1.2.1("布鲁图斯……之后")至1.4.1("只要奥古斯都还年富力强,足以维持他本人、他全家以及全国的和平");extrema[后期](省略 de Augusto)指第二部分,从1.4.2("当他年老多病、体力不支、大限不远时")至1.5.4("两件事情在一个通告上同时发表:奥古斯都逝世,尼禄继位")。Tiberii principatum[提贝里乌斯当政]指全部的提贝里乌斯叙事,从1.6.1("新皇帝继位后所犯下的头一件罪行")

始,一直到6.51.3提贝里乌斯讣告止;cetera[其继承者]指作品的其余部分,即卷七(已散佚)到结尾(亦已散佚)。有些学者似乎仍然没有意识到,塔西佗首先在其序言中宣布了这一计划,然后在其主要叙事里将之实现,①尽管学者们如此大意,这里的表达看起来还是十分清楚;人们可以从中瞥见,塔西佗从阿格里帕·珀斯图姆斯(Agrippa Postumus)之死开始叙述提贝里乌斯的故事。

过去七十年或更长一段时期,珀斯图姆斯之死成为大量讨论的主题,大部分讨论都指向这样的问题:"谁下令杀死珀斯图姆斯?"② 我一点都不关心"实际发生了什么"。我将目标限定于讨论塔西佗如何叙述这个人的死亡,对此,一些学者显得缺乏了解。

二

我以文本和翻译塔西佗的叙事开始(1.6)[译按:Woodman本

---

① 因此,Goodyear没有对1.1.3作相关注释,并像其他许多学者那样,把1.5-6作为一个单元,这误导了读者,见氏著,《塔西佗的〈编年纪事〉》(*The Annals of Tacitus*,Cambridge,1972),页125。Sage说道:"最好把前三章当作序言。"这将意味着主要的叙事从1.4.1开始("世界的局面改变了"),如此划分似乎不大可能,见氏著,《塔西佗的作品:研究与评价》("Tacitus's Historical Works: A Survey and Appraisal"),载于*ANRW*,2.33.2,1990,页970,正确的划分可能在Leeman那里找到,《塔西佗的序言的结构与意义》("Structure and Meaning in the Prologues of Tacitus"),载于*YCS*,23,1973,页188-9。参下文注释45[译按]本书页40,注①。

② 参Levick,《政治家提贝里乌斯》(*Tiberius the Politician*,London,1976),页245,注释66,以及W. Suerbaum,《塔西佗研究四十二年》("Zweiundvierzig Jahre Tacitus-Forschung: Systematische Gesamtbibliographie zu Tacitus's Annalen 1939-1980"),载于*ANRW*,2.33.2,1990,页1180。对以往观点(回溯至1903)的摘要,能在Detweiler《珀斯图姆斯之死的历史视角》("Historical Perspective on the Death of Agrippa Postumus",载于*CJ*,65,1970,页292-294)找到。

来附了拉丁原文,从略]:①

　　新皇帝继位后所犯下的头一件罪行就是杀死了阿格里帕·珀斯图姆斯,阿格里帕·珀斯图姆斯[a]在猝不及防的情况之下受到一个硬干到底(aegre confecit)的百人团长的进攻时,尽管他手里没有武器,却不是那么容易地就断送了自己的性命的。[e]提贝里乌斯在元老院里根本没有提这件事情。[f]他佯称这是他父亲的命令;他说他父亲曾指令负责监视阿格里帕的一个军团将领在他一去世的时候,立刻把阿格里帕杀死。毫无疑问,奥古斯都对这个年轻人的品行不断进行的严厉责难,曾促使元老院作出了放逐他的决定。但另一方面,他却从不曾冷酷无情到要杀死他自己的亲人的程度;而且,为了使自己的继子减轻顾虑而把自己的外孙杀死,这种事情也令人难以置信:较为真实的情况是,提贝里乌斯出于恐惧,而里维娅(Livia)出于继母的憎恶,这才赶忙杀死他们所怀疑和讨厌的青年人。[b][但是]当百人团长向提贝里乌斯作例行的军事报告,说他的命令业已执行的时候,他却回应说他从来没有发过这样的命令,并且表示干这件事的人必须向元老院汇报自己这一行动的理由/账目。[c]皇帝的心腹萨鲁斯提乌斯·克利司普斯(Sallustius Crispus)听到了皇帝讲的这些话。他参预过宫廷的机密,而且又正是他把这个命令传达给那个军团将领的;故而他害怕他本人会受到这件事的牵累,因为无论他讲真话还是说谎话,对他都同样十分危险。[d]因此他就劝里维娅最好不要把宫闱秘事、朋友们出的主意以及军队干的事情声张出去。他还要她注意不要使提贝里乌斯把任何事情都交给元老院,从而削弱了皇帝的权力。克利斯普斯指出,发布命令的一个重要条件,就是只对统治者一个人汇报,理由/账目才能保持平衡。

---

① 适当的时候将会解释方括号中的字母。

这桩死亡摆放得很反讽,描述得也很反讽。它双重指涉叙述主干的开启方式——以一个名叫珀斯图姆斯的人之死开始——尤其考虑到,塔西佗是唯一一个用该名字描述其死亡的作家,这种指涉就更明显了。①阿格里帕被赋予了珀斯图姆斯一名,因为他在其生父阿格里帕(Vipsanius Agrippa)死后才出生:在此,塔西佗颠倒了他的两个 cognomina[家名],强调了 Postumus[原意为幼子],②并突出了这一事实:他在其养父奥古斯都驾崩后死亡,随后一句马上提到这件事(1.5.4)。③ 他出生时,生父已死;他死亡时,养父也已死。并且,正如珀斯图姆斯的生父在他出生之前就已经去世——他对珀斯图姆斯的出生有部分责任,这里可能也已预先讽刺了珀斯图姆斯的养父——奥古斯都一死就轮到珀斯图姆斯死亡,他对珀斯图姆斯的死亡有部分责任。倒置家名也有并置 Agrippae 与 caedes[杀戮]的效果,既然 Agrippa 一名被认为得自 aegre[艰难]与 partus[生育](普利尼《自然史》7.45),④句子结尾的 aegre confecit[硬砍]便再现了这个并置:此人的名字暗示其母的难产,刽子手杀他也杀得很艰

---

① 对这桩死亡的其他描述有苏埃托尼乌斯《提贝里乌斯》22,狄奥 57.3.5 - 6。关于以 Postumus 开始的意义(Primum - Postumi),参西塞罗《为穆瑞纳一辩》57 respondebo igitur Postumo primum[因此我首先回答最后一个问题]:这一指引[不是在 H. Holst《西塞罗言辞的双关语》(Die Wortspiele in Ciceros Reden,1925)发现]得自 Dr C. S. kraus。塔西佗《纪事》的序言里有个双关语可供比较,塔西佗以尼禄之死开启一个新的部分,他称之为"结束":《纪事》1.4.2 Finis Neronis……[参 LH 88 - 90]。

② 类似的情况见 3.33.1 Seuerus Caecina,倒置的家名暗示着老卡图:参 Woodman 和 Martin 相关论述,注意 Goodyear 对 1.38.2 的论述。

③ J. Henderson 也持相同观点,《塔西佗:崩溃的世界》("Tacitus/The World in Pieces"),载于 A. J. Boyle 编,The Imperial Muse:Flavian Epicist to Claudian,1990,页 202 - 203,注释 72。

④ 更多证据请看 Maltby《拉丁语源学词典》(A Lexicon of Latin Etymologies,Leeds,1991),页 20;M. Bettini,《人类学与罗马文化》(Anthropology and Roman Culture,1991),页 293 - 294。

难。所有这些细微差别都是塔西佗的典型笔法,①它们有助于确证,塔西佗本人以阿格里帕之死开始一段新的叙述,一定想读者从这段情节中推导出某些意义。可这种意义是什么呢?

许多学者从故事开头的四个词看到了意义:Primum facinus noui principatus[新皇帝的首桩罪行]。"这些词语,"古德伊尔(Goodyear)在其注疏里说道,"打算为以后处理提贝里乌斯的当政设定基调。"②在四十年前发表的一篇论文中,马丁(R. H. Martin)更具体地写道:"短语 primum facinus[首桩罪行]暗示,珀斯图姆斯之死仅仅是许多类似罪行的头一桩。"③而且,学者们进一步认为,提贝里乌斯本人因谋杀而受到塔西佗的责备。1981 年,马丁再次提笔比较一段相似的语言,在卷 13 伊始,塔西佗以那段语言引入尼禄的统治(13.1.1:prima nouo principatu mors[新朝代的首例死亡])。马丁评论说:"语言的相似旨在集中读者的注意力。但两种情况下的差异与相似同等重要。在提贝里乌斯的例子中,行动是元首的首次行动,责任与皇帝本人紧密相连。在尼禄的例子中,塔西佗谈到的是在新朝代中的首例死亡。"④德特维勒(Detweiler)同意塔西佗要提贝里乌斯为谋杀负责的观点,⑤而列维克(Barbara Levick)在其为皇帝所立的传记中,认为"塔西佗直接谴责了提贝里乌斯"。⑥这些学者的观点绝非孤立无援,正如我们随后会看到的。⑦但他们对吗?

说完珀斯图姆斯为一个百人团长所杀之后,塔西佗接着说:(1)提贝里乌斯并没有在元老院谈及此事,(2)他佯称奥古斯都指

---

① 塔西佗处理名字的其他手法,参 Woodman-Martin 对 3.75.1 的讨论。
② Goodyear 相关论述。
③ Martin,《塔西佗与奥古斯都之死》("Tacitus and the Death of Augusus"),载于 CQ,5,1955,页 127。
④ Martin,《塔西佗》(Tacitus,London,1981),页 162。
⑤ Detweiler(前揭),页 291 与 294–295 补充说,塔西佗让里维娅负连带责任。
⑥ Levick(前揭),页 65。
⑦ 见下文及注释 20[译按]本书页 31,注②。

使谋杀。陈述(1)与(2)之间的关系构成了问题。倘若提贝里乌斯在元老院保持沉默,他就不可能在元老院佯称得到其父的命令。然而,若该佯称不是在元老院作出,那么塔西佗如何得知呢?难道这是提贝里乌斯以非元老的身份说过的一句话,而这句话乃是众所周知的?或者,提贝里乌斯事实上是否没有说过任何东西,仅仅让人们普遍认为是奥古斯都的责任(可能通过委婉地拒绝否认其父的参与)?①或者,提贝里乌斯佯称得到其父的命令,仅仅是塔西佗本人的推测甚至是发明?

西格(Robin Seager)的提贝里乌斯传记通常紧跟塔西佗的叙述,他暗示了一个情节:"提贝里乌斯对疑心重重的元老院说,奥古斯都曾下令,一旦自己的死讯到达普拉纳西亚(Planasia),就杀死阿格里帕。"②但至少塔西佗没有提供如此声明的证据,因为他直接说道,提贝里乌斯"没有在元老院谈及此事"。另一方面,尽管列维克承认"提贝里乌斯没有在皇宫里谈及这一话题",但她认为,皇帝"仅仅发表了这样一个说法:他的父亲曾经命令,阿格里帕不能在自己死后苟活。"③这可能是塔西佗的意思;但塔西佗并没有这样说,而且这种可能性似乎很微小。④我们最多能说,动词 simulabat [佯称] 表明,在塔西佗看来,不是奥古斯都下令谋杀其孙子;而这个词一旦与提贝里乌斯在元老院的沉默联系在一起,就给人一种印象,确实是提贝里乌斯本人要为珀斯图姆斯之死负责。

塔西佗接下来的句子似乎支持这一印象:奥古斯都没有参与谋杀。塔西佗说道,尽管奥古斯都不喜欢珀斯图姆斯,"他却从不曾冷酷无情到要杀死他自己的亲人的程度;而且,为了使自己的继子减轻顾虑而把

---

① 狄奥57.3.6也这样认为。
② Seager,《提贝里乌斯》(*Tiberius*, London, 1972),页50。
③ Levick(前揭),页65及注释69。
④ 似乎更有可能的是,"从来没有官方的说法公布过",Syme,《塔西佗》(*Tacitus*, Oxford, 1958),页399。

自己的外孙杀死,这种事情也令人难以置信"。这些句子的第一句("另一方面……冷酷")是塔西佗本人的评论,第二句说明了当时对谋杀的反应("难以置信");两个句子加在一起,似乎为奥古斯都开脱了所有罪责。①该结论反过来得到下面说法的支持:"较为真实的情况是,提贝里乌斯出于恐惧而里维娅出于继母的憎恶,这才赶忙杀死他们所怀疑和讨厌的青年人。"但人们会注意到,短语 propius vero[较为真实]缺了动词,我们读者不得不把它补上。这是什么动词呢?

对此,较早的注疏家,如瓦尔特(Walther)、茹佩提(Ruperti)、里特(Ritter)、奥列里(Orelli)、普斐茨纳(Pfitzner)、弗诺(Furneaux)、尼培代(Nipperdey-Andresen),没有任何评论。许多近来的学者如霍尔(Hohl)、苏特(Shotter)、路易斯(Lewis)、马丁、巴尔(Baar),暗示 est 是那个省略掉的动词。②古德伊尔也暗示那个省略的动词应该是 est[如今是],但他接着下了一个脚注,说"我们[与柯尔特曼(Koestermann)一样]可以选择性地理解为 erat[以前是]"。③基欧(Kehoe)也将这一观念——我们应该理解为 erat——追溯至柯尔特曼,④尽管柯尔特曼在其注疏里很清晰地说道,按他的理解,省略的

---

① Seager(前揭),页 48 说道,塔西佗"主要致力于为奥古斯都开释"(尽管我不同意"主要")。参下文,注释 34[译按]本书页 35,注③。

② Hohl,《新皇帝的首桩罪行》("Primum Facinus Novi Principatus"),载于 *Hermes*,70,1935,页 351; Shotter,《塔西佗〈编年纪事〉卷一中的三个问题》("Three Problems in Tacitus's *Annals* I"),载于 *Mnem*,18,1965,页 360; J. D. Lewis,《新皇帝的首桩罪行?》("Primum Facinus Novi Principatus?"),载于 B. F. Harris 编,*Auckland Classical Essays Presented to E. M. Blaiklock*(1970),页 166 - 167,180; Martin(前揭),页 162; M. Baar,《塔西佗,苏埃托尼乌斯与狄奥笔下的提贝里乌斯恺撒形象》(*Das Bild des Kaisers Tiberius bei Tacitus, Sueton und Dio*,1900),页 93。

③ Goodyear 相关论述(以及注释 1)。

④ Kehoe 解释说(注释 19),他的出处是 Koestermann 1960 的 Teubner 版,Goodyear 的出处也一定来源于此,参 Kehoe,《塔西佗与萨鲁斯提乌斯》("Tacitus and Sallustius Crispus"),载于 *CJ*,80,1984/5,页 253。

东西应该是 est。①基欧本人在论文开头含蓄地选择 est，但在结尾直接主张 erat。②

很明显，这里有着广泛的分歧与混乱——讨论过该段落的学者，似乎并不都理解这点的重大意义。倘若省略的动词是 est，这个句子将表达塔西佗本人对此案的看法。但是，倘若省略的动词是 erat，句子的含义将是，塔西佗正在报道珀斯图姆斯的同代人对他的死亡的看法。显而易见，这两个选项有着天渊之别，而古德伊尔如下的暗示似乎颇为离奇：我们选择哪一个并没有什么差异，我们的选择不会影响段落整体的观点，或者，不会被段落整体的观点所影响。

正如我们刚看到的，古德伊尔本人选择理解为 est，该选择部分基于这一观点：理解为 erat"更为困难，倘若与接受另一个看法所需要的稍稍突兀的过渡相比的话"。③讨论中的"过渡"指的是，从明言的 erat［译按：propius vero 的上一句明确使用 erat］转为省略的 est，这种过渡确实显得"稍稍突兀"：倘若选择在于理解为 est 与 erat 之间，erat 似乎容易得多。不过，古德伊尔同时暗示，省略的动词可能是"共轭的 credebatur 或 videbatur"，这个暗示突出了理解为 erat 隐藏着的困难，即我们不得不将此理解为省略了对这些人的提及：对于他们来说，事情 propius vero［较为真实］，也就是，我们必须意识到诸如"在那个时代的人看来"，或者更简单的，"那个时代认为"。erat 还有更深一层的困难：④这个短语的其他例子都显示现在时态

---

① Koestermann 相关论述，参《塔西佗〈编年纪事〉》（Cornelius Tacitus：Annalen, Heidelberg, 1963 – 1968）。更早的时候，Koestermann 对此问题并不是很清晰，参《塔西佗〈编年纪事〉的开篇》（"Der Eingang der Annalen des Tacitus"），载于 *Historia*, 10, 1961, 页 335，尽管他在那里说道，在塔西佗看来，萨鲁斯提乌斯与里维娅都要负责任。

② Kehoe（前揭），页 248 与 253。

③ Goodyear，页 135，注释 1。

④ 这点得自 Ronald Martin。

的动词。①另一方面,这一现象可能仅仅因为一致性,既然难于设想为何 propius vero[较为真实]不应伴随过去时态的动词。

这样,省略的动词到底是什么呢? 事实是,在叙述的这一关节上,我们没办法决定。我们至多能说,句子取决于 propius vero[较为真实],这点并没有移除提贝里乌斯的嫌疑("提贝里乌斯……赶忙杀死")。

后文并未立即解决这一疑难,因为随后一句带领我们回到实际执行谋杀的百人团长,这个句子省略了连接词:"[但是]当百人团长向提贝里乌斯作例行的军事报告,说他的命令业已执行的时候,他却回应说他从来没有发过这样的命令,并且表示干这件事的人必须向元老院汇报自己这一行动的理由。"再一次,我们读者不得不亲自补充省略的连接词。但会是哪个连接词呢? 因为百人团长的报告内容倾向于支持 propius vero[较为真实]影射的嫌疑(即提贝里乌斯要为谋杀负责),我们会首先认为,省略的连词是 et[和]或者 nam[因此];但主动词(respondit[回应])引入了提贝里乌斯的回答,回答的第一部分断然否认其责任。因此很明显,省略是反义的,省去的连词是 sed[但是]。当然,由于先前叙述的倾向,我们可以将提贝里乌斯的否认当成公然撒谎而打发掉;②但他的否认还附加一个要求:必须在元老院面前解释这一事件。这一要求就没那么容易驳回,大量学者都同意西格的观点:"没有理由去假设",提贝里乌斯的回答作为一个整体不是真的。③但事实上,我们可以再进一

---

① 参李维 4. 37. 1 quod propius vero est, 8. 37. 5 fortuna Samnitium…propius ut sit vero facit non Apulis ab Samnitibus arma inlata, 9. 36. 4 sed propius est vero praecipuum aliquid fuisse in eo qui se tam audaci simulatione hostibus inmiscuerit, 40. 50. 7 propius vero est serius in prouinciam peruenisse;奥维德,《节日》(*Fasti*) 4. 801 - 2 num tamen est vero propius, cum condita Roma est, transferri iussos in noua tecta Lares…? [译按:因注释主要为了展示时态,故无译出的必要。]

② Kehoe(前揭)给出了一些假装否认的范例,页 250,注释 12。

③ Seager(前揭),页 49 - 50,提到 Hohl(前揭);也参 Detweiler(前揭),页 292 - 293。

步,因为在此事件的塔西佗版本中,我们得到各种理由支持这一观点:提贝里乌斯的回答确实是真的。

塔西佗与苏埃托尼乌斯用几乎相同的语言描述提贝里乌斯与百人团长的交谈,①但是,苏埃托尼乌斯以这场交谈结束了对珀斯图姆斯之死的描述,因此拒绝为提贝里乌斯洗脱嫌疑,塔西佗则独一无二地继续引入萨鲁斯提乌斯的故事:②塔西佗说道,正是萨鲁斯提乌斯实际发布百人团长最终收到的信息。萨鲁斯提乌斯可能依提贝里乌斯的指示行事:毕竟,百人团长明显相信他的指示直接源自皇帝。但是,当萨鲁斯提乌斯听到提贝里乌斯命令说事情应该公开时,塔西佗归诸于萨鲁斯提乌斯的反应似乎确证了提贝里乌斯没有参与。萨鲁斯提乌斯既陷入恐慌,又面见了里维娅。假如萨鲁斯提乌斯依提贝里乌斯的指示行事,我们会期待塔西佗告诉我们,萨鲁斯提乌斯或者躲在皇帝权力的庇护下,或者向皇帝寻求帮助,或者两者兼有。塔西佗没有告诉我们任何这样的事情,这有力地表明,提贝里乌斯对百人团长的回复是真的。那么,百人团长如何认定,他的信息是皇帝所写的呢?

一些学者认为,萨鲁斯提乌斯本人伪造了提贝里乌斯的签名,但在我看来,在萨鲁斯提乌斯位置上的人似乎不大可能会冒充皇帝。毋宁说,我们应该从萨鲁斯提乌斯决定接近里维娅一事推测,正是她批准了信息——萨鲁斯提乌斯接触她时说的那番话能确证这一推测。萨鲁斯提乌斯以排比开始,以重要性递减的顺序,圆滑地安排句子(1.6.3):"不要把宫闱秘事、朋友们出的主意以及军队干的事情声张出去。"排比的最后一个成分,"军队干的事情",明显指故事开始时百人团长与军团司令官所扮演的角色(1.6.1)。中间

---

① 参苏埃托尼乌斯,《提贝里乌斯》22:"当这位军团长官报告他已执行了命令时,提贝里乌斯否认他曾下过如此命令,要那人接受元老院审讯。提贝里乌斯这样做显然是为了避免当时引起公愤,后来他不再提起此事,便使事情渐渐被遗忘了。"

② Kehoe 正确地强调了萨鲁斯提乌斯的角色,但理由不同。

的成分,"朋友们出的主意",显然指萨鲁斯提乌斯本人:我们从他后来的讣告中得知,他是官方的 amicus[朋友,参谋](3.30.3)。第一个成分,几乎通过排除手法,一定指里维娅本人:宫闱秘事暗示一种关系,接近但有别于皇帝本人。①

塔西佗对萨鲁斯提乌斯与里维娅的部署,最终赦免了提贝里乌斯的罪责,这罪责是他早先的叙述似乎执意暗示的。我们因此可以回到先前被迫搁置的问题。倘若塔西佗以显示提贝里乌斯的无辜结束其故事,propius vero[较为真实]就不可能构成作者的评论,因为它支配着一个断言提贝里乌斯有罪的句子(caedem festinauisse)。这样,省略的动词不会是 est。然而 erat,这个讨论得最频繁的替代品,需要尴尬地假定更进一步的省略,正如我们已看到的。省略的动词当然不是这两者,而是 esse[译按:动词"是"的不定式],摆在"难以置信"的冒号之后,表明后面是间接引语:"这种事情也令人难以置信:[人们当时说],较为真实的情况是,提贝里乌斯出于恐惧而里维娅出于继母的憎恶,这才赶忙杀死他们所怀疑和讨厌的青年人。"这当然是一个相当规整的结构,②但为了讽刺,塔西佗推迟了我们对此用法的认识。③

---

① 对比 2.59.3 dominationis arcana[统治的秘密]。里维娅癖好批准行动,这是传统对她的描述关键:参 3.64.2;狄奥 57.12.2;Purcell,《里维娅与罗马的女人味》("Livia and the Womanhood of Rome"),载于 *PCPS*, 32, 1986, 页 88, 90 – 91。尤其注意 2.43.4,我们的段落可能预示着她就阿格里披娜(可能还有日耳曼尼库斯)对普朗奇娜的建议,如果考虑到那件事的结果的话。

② 参 R. Kühner and C. Stegmann,《拉丁语法详解》(*Ausführliche Grammatik der lateinischen Sprache*, ii. Satzlehre, Parts 1 and 2, Hanover, 1971), 2.536 Anm.1,那里注意到了一个肯定的说法或想法常常因为先前的否定动词而省略(也参 563)。

③ 塔西佗后续的句子逐渐减少作者说法:他从 duruit[他冷酷无情]转移到 neque…credibile erat[令人难以置信](对比《阿古利可拉》11.3 与《日耳曼尼库斯》28.1 的 credibile est),转移到 propius vero[省略 esse:人们认为较为真实的情况是]。我要感谢 J. G. F. Powell 教授对此以及相关问题的分析。

这样,因为 propius vero[较为真实]引入的断言马上被提贝里乌斯本人否定了,还因为塔西佗随后证明提贝里乌斯的否定是真的,该段落的表达就成了这样:当时人们认为,更有可能的情况是提贝里乌斯有罪,但是[相反的连词],在令人信服的环境下,提贝里乌斯否认曾经下令谋杀。尽管只有在回顾的情况下,这一表达才变得清晰,尽管这一表达与大多数学者所认为的塔西佗要说的话不一致,但提贝里乌斯的无辜要比他的罪责产生更有趣的剧情。我们如今到达了一个高度滑稽的时刻,在这个时刻中,地位低下的百人团长不仅想当然地认为新皇帝的首次行动就是命令杀死有威胁的亲戚,而且还忠实地让皇帝与其假想的行动对质。然而,提贝里乌斯不仅没有指使谋杀,他还不知道是谁发布了这样的命令,这点从他要求一场元老院听证清晰可见。尽管提贝里乌斯刚成为世上最有权力的人,塔西佗还是展现了他那可怜的无知。

三

我们从故事的开头得知,提贝里乌斯并没有贯彻他所要求的元老院听证。因此,随之而来的不仅有里维娅把萨鲁斯提乌斯的警告传达给自己的儿子,还有提贝里乌斯谨记那个警告,依此行事。随后还有提贝里乌斯在元老院的沉默,塔西佗在故事一开始就将此事告诉我们,它的时间排在萨鲁斯提乌斯向里维娅进言之后,发生在故事的最后。而这正是苏特所勾勒的剧情的反面,苏特认为,"提贝里乌斯在谋杀后的第一个反应是谴责奥古斯都","第二个反应是将谴责公开地转移给萨鲁斯提乌斯"。① 如此评论表明了如此假定的危险:一段叙事,尤其是塔西佗的叙事,应该总是按顺序阅读。塔

---

① Shotter,(前揭),页360。

西佗所呈现的事件,其真正的时间顺序显示于文本中的方括号字母(第二部分)。① 与苏特所说的相反,提贝里乌斯在谋杀后的首个反应是要求一场元老院听证;在萨鲁斯提乌斯与里维娅介入之后,提贝里乌斯的第二个反应是在元老院闭口不谈此事;只有在这之后,他才让某个人承受谴责,牺牲品不是萨鲁斯提乌斯,而是奥古斯都。正如文中的斜体[译按:中译用楷体]所显示的,叙述的前半部分是环形结构:第一个句子(1.6.1)末尾的 centurio…confecit[百人团长…干]得到下文 nuntianti centurioni…factum esse[百人团长报告完成](1.6.3)的回应[译按:中译文顺序与原文有异],后者使我们回到第一句末尾我们离开的叙述点。这两点之间插入了离开原位的材料,通过仔细为奥古斯都开释,这段插入的材料显得只是为了让提贝里乌斯蒙上嫌疑。提贝里乌斯表面上受指控,但事实上在同一段落便得到开释,这是较早的、卓越的例子,显示出塔西佗鱼与熊掌兼得的经典笔法。

有人会认为,这种详细复杂的分析仅仅导致了简单的结论:按塔西佗的意见,萨鲁斯提乌斯与里维娅两人下令谋杀珀斯图姆斯。这首先是苏埃托尼乌斯所提出第二种推测的一个变种,它也是一些现代学者所相信的"在现实中"实际发生的事情。② 然而塔西佗的叙述故意带有欺骗性,正如我们所看到的,大多数学者果然受了骗:无论他们认为实际发生了什么,他们已经相信,塔西佗将皇帝呈现为

---

① 完成了这个工作后,我发现,E. Löfstedt 也呈现了一个类似的安排,也用字母标出,见氏著,《罗马文学素描》(*Roman Literary Portraits*,1958),页168 - 170。然而,E. Löfstedt 从"一定会发生什么"这个角度进入塔西佗的叙事,以其安排得出了一个完全不同的观点,而且,他并没有澄清,在他看来塔西佗到底把提贝里乌斯描述成有罪还是无罪。

② 苏埃托尼乌斯,《提贝里乌斯》22:"不知道这是奥古斯都为根除将来不和的遗患,临死时留下这封信的呢,还是里维娅以她丈夫的名义伪造了这封信? 若是后者,也不知是否得到过提贝里乌斯的默许。"参 Detweiler 的学术研究(前揭),页 292 - 294。

罪人，而塔西佗事实上将他呈现为清白之人。①

四

倘若上述结论正确，那就值得追问，这些结论是否影响这一开篇段落的意义，这种意义迄今还得到广泛认同（第二部分以及注释9-14）。倘若像多数读者似乎假定的那样，塔西佗把提贝里乌斯呈现为罪人，那么，皇帝将谋杀归罪于奥古斯都就是纯粹的反讽，也可能是绝望地企图为自己开释，这种企图使他罪上加罪。但是，倘若塔西佗将提贝里乌斯呈现为无辜，那么，皇帝假装从其父亲那里得到命令就有另一番景象。

提贝里乌斯从里维娅那里得知谋杀的真相时，他置身于一个无能为力的位置。他几乎不能踏前一步，承认其母为事件负责，因为那会指控她"亵渎最高的秩序"。②提贝里乌斯也不能说他本人负责，因为该责任不是他的。因此，他被迫给出这样的印象：责任在于奥古斯都③——奥古斯都已死，他免于任何指控。这是唯一可取的选择；然而，它使提贝里乌斯被迫以中伤奥古斯都的记忆来开始自己的统治，而这个人在几章之后将会成神（1.8.1, 11.3），提贝里乌斯在其统治期间多次援引这个人的好榜样。④事实上，提贝里乌斯的同代人很可能会将他目前的行为视为这种孝道的早期的（如果不是冷酷的）证明，⑤既然元首看上去认可他有权撤销的命令；但塔西

---

① 参上文。Syme（前揭），页485，认为塔西佗的叙述"没有清晰的答案"。

② 这是S. Jameson的措辞，《奥古斯都与珀斯图姆斯》（"Augustus and Agrippa Postumus"），载于 *Historia*, 24, 1975, 页314。

③ 但要记得，我们不知道这印象如何表达出来（注释15）。

④ 对此熟悉的主题，参Seager，（前揭），页174-177。

⑤ 正如C. S. Kraus所观察到的；也参Hohl（前揭），页354。

佗的读者知道,提贝里乌斯不得不首先佯称有[奥古斯都的]命令,通过这一佯称——他坚定地维护这一借口(6.1 simulabat[佯称]是未完成时])——他有效地否认 pietas[虔敬]的美德,甚至在他有机会声称自己虔敬之前。①在故事的开头,塔西佗选择词语 patris[父亲]而非 Augusti[奥古斯都],该选择巧妙地突出了这些反讽。②

因此很清晰,塔西佗远非把提贝里乌斯描述成一个有罪的恶人,而是描述成无辜的受害者。这个故事作为一个整体确实有意义,正如学者们相信的那样;然而,理由不在于它描述了提贝里乌斯许多谋杀中的第一桩,而是在于,它展现了王座背后的权力如何从一开始就使用残酷的行动,包括谋杀,连提贝里乌斯本人都不放在眼里。为了对比强调提贝里乌斯在卷一此处的罪责,我们引用过《编年纪事》卷13 的开头(Prima nuouo principatu mors⋯ignaro Nerone per dolum Agrippinae paratur[新皇朝的第一桩死亡⋯⋯是在瞒着尼禄的情况下被阿格里披娜谋害死的]),这开头现在反过来提供了一个映衬,而非对比。在卷13开篇,塔西佗特地告诉我们,新皇朝的第一桩死亡由尼禄母亲安排,尼禄毫不知情,这正是卷一事件的重复;差异在于,13.1.1 明确陈述了尼禄不知情、其母的罪责,1.6.1 的 noui principatus[新皇帝的]是一个含糊的属格,我们回顾时会发现,它似乎是一连串欺骗中的第一个,塔西佗在整个段落中都以这些手法欺骗读者,正如我们已经注意到的。而他的现代读者都照例受骗(见上文第二部分)。

---

① 这种"双重聚焦"是塔西佗的典型笔法:如 1.8.6:prouisis etiam heredum in rem publicam opibus[甚至预先使其继承人拥有力量对付/造福国家],Goodyear 详细讨论了 in = against 还是 for,答案取决于暗含的观点。同样的问题出现于 3.24.2,参 Woodman-Martin 的相关论述。

② Hohl(前揭)页354 注释3 将下面看法视为他的观点的一部分:我们应该为 patris[父亲]补上"珀斯图姆斯的",而非"提贝里乌斯的"(两种情况下指的都是奥古斯都,他在公元4 年7 月26 日同时收养了这二人)。

在我们的故事中,里维娅的角色与先前的叙事保持完美一致,而这段叙事又预示着卷 12 的结尾。① 在先前一个片段,即塔西佗在序言中宣告的第二个部分(见上文),我们已得到里维娅的运作方式的综合印象。在奥古斯都死前,民众担心她 impotentia[篡权](1.4.5);人们传言,她要为奥古斯都之死负责(1.5.1);她助提贝里乌斯登基(1.5.3 – 4)。当前的情节显示,新皇帝的首次行动让民众对她产生极大的恐惧:她秘密操纵,提贝里乌斯蒙在鼓里。这一主题以后将再度出现,那时,提贝里乌斯决定隐退到卡普里阿(Capri),其母的不断干预据说是他的最终决定的理由之一(4.57.3:"还有一种说法,说他是由于他母亲专横的性格才被迫出走的,他不能容忍他母亲同他分享统治权,可是又不可能把她除掉,因为他的政权正是从她的手里取得的")。

不过,里维娅并非单枪匹马:提贝里乌斯也是萨鲁斯提乌斯的受害人。苏特假定塔西佗让提贝里乌斯成为罪人,以此为起点,他认为皇帝正"试图将舆论谴责转移到萨鲁斯提乌斯身上";② 然而文本中再没有更进一步:正是萨鲁斯提乌斯本人在一次挽救自己性命的成功努力中,同时使提贝里乌斯摆脱尴尬的元老院听证。文本中用大写字母书写的词语[译按:中译用宋体]突出了萨鲁斯提乌斯的作用(见上文),这些词显示了提贝里乌斯与百人团长谈话和萨鲁斯提乌斯与里维娅接触之间的反讽关系。前一个场景,提贝里乌斯坚持认为他没有发布命令(neque imperasse sese),必须在元老院提供谋杀的理由(rationem facti reddendam apud senatum);后一个场景,萨鲁斯提乌斯实际上告诉里维娅,提贝里乌斯既不知道如何当"统治者"或者 imperator[皇帝](eam condicionem esse imperandi…),也不知

---

① 对此参 Martin(1955,前揭),页 123 – 124。因为 1.5 预示着 12.66 – 8,而 1.6.1 预示着 13.1.1,所以这是另一个证据支持如下论点:1.6.1 开始了一个新部分,正如 13.1.1 以同样方式开始了新的一卷。

② Shotter(前揭),页 360。

道理由究竟该提交给谁(ut…ratio…uni…reddatur)。①这是一幅描绘一个消息不灵的皇帝的图画,他不知道权力的现实状况,被迫依赖于一个有权势的谋士的建议。②

这幅图画也与余下的提贝里乌斯叙事相一致。我们在卷二再次遇到了萨鲁斯提乌斯,在那里,一个假冒的珀斯图姆斯突然出现,提贝里乌斯因此受到考验(39-40)。但是当然,此时已经是三年之后,提贝里乌斯在这期间学到了当 imperator[皇帝]的一些门道。皇帝将此事交给了萨鲁斯提乌斯(2.40.2:dat negotium Sallustio Crispo):塔西佗没有作进一步的评论,但他肯定在享受这一语境的讽刺意味,肯定在品尝提贝里乌斯那卑躬屈膝的行动。萨鲁斯提乌斯安排人手去逮捕那个冒充者,这个骗子也像之前真正的珀斯图姆斯一样,被谋杀了。不过,倘若卷二的这段情节展示了提贝里乌斯已经学到统治的门道,随后的事件就要展示,他所受的教育还远远不够。在提贝里乌斯叙事的第一段情节中,元首受萨鲁斯提乌斯操纵,这是他在卷四受谢雅努斯操纵的精确反映。不同之处只在于,萨鲁斯提乌斯的秘密操纵所导致的危险只是提贝里乌斯与百人团长之间发生了一场闹剧般的会面,而谢雅努斯所导致的危险几乎摧毁了提贝里乌斯。因此,这段珀斯图姆斯之死的情节,其意义就在于,它把提贝里乌斯描绘成依赖于他人并受他人影响,这种描绘在卷六结尾

---

① 也参 Koestermann(1961,前揭),页 339。这里有一个理论上的可能性:萨鲁斯提乌斯的言辞 eam condicionem esse imperandi[发布命令的一个重要条件]若从字面理解,可以指提贝里乌斯的一种特殊命令(杀害珀斯图姆斯),因此这些词语确证了提贝里乌斯的罪责;但上下文似乎排除了这一可能性。事实上,可以认为,这种解释之下,萨鲁斯提乌斯的其余建议("只对统治者一个人汇报,理由/账目才能保持平衡")将成了多余,因为百人团长实际上已经上报给提贝里乌斯。(注意,塔西佗让萨鲁斯提乌斯使用了一个比喻,这个比喻适用于一个以财富闻名的人。)

② T. E. J. Wiedemann 博士提醒我,"邪恶的教诲师"这一主题似乎是描写僭主的标准。

提贝里乌斯的讣告中再度出现(51.3),并就此结束了提贝里乌斯叙事的框架。①

五

珀斯图姆斯之死位于塔西佗的提贝里乌斯叙事的开端(见上文第二部分),这令其意味深长,尽管如此,这个位置引起了解释上的最后一个问题。下一段情节以 At Romae[在罗马]开始(1.7.1),古德伊尔为这个词作注时,引用了马丁如下的观察:②

> At Romae 是塔西佗一个常见的过渡形式,他以此表明从国外(或者罗马城外)转回城中,但此处 At Romae 是多余的。倘若它的正常功能是使叙事从一个地方转移到另一个地方,那么,它在此对照什么呢?不是与第六节的任何东西对照,而是与第五节对照[诺拉(Nola)的事件]。因此,卷六在结构上显示为主要叙事的离题话。

塞姆同意这个说法:第六节是"离题话,短语 At Romae(7.1)显示了这一点,第七节回到了 5.4"。③然而,根据塔西佗本人的序言,第六节是提贝里乌斯叙事的开端(见上文第一部分),这一节怎么可能同时是"叙事主干的离题话"呢?

马丁与塞姆的评论暗示,第六节的事件与第七节一样,都发生在罗马。但这与第六节开头第一句不合:谋杀珀斯图姆斯大概发生

---

① 对提贝里乌斯的讣告的这种解释,参 Woodman,《提贝里乌斯的讣告》。
② Goodyear 相关论述。
③ Syme,《罗马论文集》(*Roman Papers*,iii,Oxford,1984),页1024,注释37。

在普拉纳西亚岛,正如我们已得知的(1.3.4),珀斯图姆斯流放于此。正是在第一句之后,叙事发生了时间上的颠倒,正如我们已看到的(见第三部分)。接下来的两个句子——在文本中以[e]与[f]标出——是句子[d]所描述的行动的结果,句子[d]位于第六节结尾。换言之,第六节除了第一句外,都位于下面这件事的框架之内:提贝里乌斯不在元老院讨论珀斯图姆斯被杀(1.6.1,"提贝里乌斯在元老院里根本没有提这件事"……1.6.3,"不要使提贝里乌斯把任何事情都交给元老院")。

提贝里乌斯可以在元老院讨论谋杀的头一个机会,直到1.8.1的primo senatus die[在元老院的第一次会议上]才出现。不过,这次会议在时间上似乎位于第七节的许多事件之后,而非仅仅位于提贝里乌斯召集元老开会的敕令之后(1.7.3)。换言之,元老院没有讨论谋杀是对第八节第一句的提前描述,它越过了第七节的事件。而且,因为提贝里乌斯的沉默框住了第六节所有的内容——除了第一句(见上文)——所以从这个框架的表面似乎可以推测,第六节大部分都偏离了事件的主要叙述时间。①主要的叙述时间可以扼要地显示如下:

  (1)1.6.1:新皇帝继位后所犯下的头一件罪行就是杀死了阿格里帕·珀斯图姆斯

  (2)1.7.1:在罗马,执政官、元老和骑士都在争先恐后地想当奴才

  (3)1.7.3:发布敕令召集元老到元老院开会

  (4)1.8.1:在元老院的第一次会议上,他只许人们讨论奥

---

① 然而,必须承认,框架的结尾句子[d]在时间上要早于框架的开头句子[e],而且,[d]的时间在[b]后面,[b]尽管在离题话的框架内,但却是该节最早的事件,除了珀斯图姆斯被害之外;因此[b]非常重要。根据1.7.1使用的At Romae,可以认为,人们会把[b]-[d]设想为发生于罗马之外的地方:倘若如此,唯一可选择的地点就是从诺拉至罗马——奥古斯都的送葬(转下页)

古斯都葬仪的问题

(5)1.6.1:提贝里乌斯在元老院里根本没有提这件事[即珀斯图姆斯之死]

短语 At Romae 引入执政官、元老和骑士的反应(1.7.1),这种引入并非不自然,因为它对照的是珀斯图姆斯的被杀,这件事发生在普拉纳西亚岛。谋杀珀斯图姆斯不仅是"新皇帝的首次行动",Primum facinus noui principatus[新皇帝的首桩罪行]也是提贝里乌斯的故事主干的开端——得知塔西佗在其著作第一节设定的节目单后,我们就应该期待这样的节目。

(接上页)行列的旅程中,由提贝里乌斯与(可能还有)里维娅护送。但这一假设预设了,下面两件事发生时,送葬队伍还没到达罗马:奥古斯都驾崩的消息从诺拉传到普拉纳西亚,以及百人团长带着珀斯图姆斯死亡的消息从普拉纳西亚回到提贝里乌斯那里。这样一段情节,尽管有可能(正如 J. M. Carter 先生向我强调的)但却隐含着紧张的事件时间,这些事件本身并不确定,且富于争议(参 Martin[1981,前揭],页 254 注释 18),从整体而言,我宁可选择假设,第六节除首句珀斯图姆斯被害外,都被设想为发生在罗马。

提贝里乌斯登基

伍德曼（A. J. Woodman）撰
曾维术 译

一

公元 14 年秋，可能是 9 月 17 日，元老院发生了一场所谓的"登基辩论"，这场辩论要处理提贝里乌斯继承奥古斯都的仪式问题。[1]现代学者对此辩论产生了浓厚兴趣，许多人着迷于这些问题：提贝里乌斯到底在哪个时刻继位，其继位的宪法含义是什么。[2]对于这

---

[1] 学者们将这场辩论等同于奥古斯都圣化问题的辩论，后者根据铭文得知。参 Goodyear,《塔西佗的〈编年纪事〉》(*The Annals of Tacitus*, Cambridge, 1972) 对 1. 10. 8 的讨论。除非特别说明，文中关于《编年纪事》的出处均来自卷一。

[2] Goodyear 页 171 - 172 有一份文献，他本人对此亦有所讨论(页 169 - 176)；还有 Kampff,《帝国早期的三次元老院会议》("Three Senate Meetings in the Early Pricipate")，载于 *Phoenix*, 17, 1963；Seager,《提贝里乌斯》(*Tiberius*, London, 1972)，页 50 - 57；D. Flach,《提贝里乌斯登基》("Der Regierungsanfang des Tiberius")，载于 *Historia*, 22, (1973)，页 551 - 569；Levick,《政治家提贝里乌斯》(*Tiberius the Politician*, London, 1976)，页 68 - 81；Sage,《塔西佗与提贝里乌斯的登基》("Tacitus and the Accession of Tiberius")，载于 *Anc. Soc.*, 13/14, 1982/3；J. H. W. G. Liebeschuetz, 载于 C. Deroux 编，《拉丁文学与罗马史研究》(*Studies in Latin Literature and Roman History*, 1986)，iv, 页 354 - 357；P. Schrömbges,《提贝里乌斯所谓的分配帝国》("Zu den angeblichen Reichsteilungsplänen des Tiberius (Dio 57. 2. 4)")，载于 *RhM*, 135, 1992, 页 298 - 307；Griffin,《塔西佗, 提贝里乌斯与帝制》("Tacitus, Tiberius and the principate")，载于 Malkin 与 Rubinsohn 编，*Leaders and Masses in the Roman World*, Leiden, 1995, 尤其是页 37 - 43。早期有价值的讨论收进了 Koestermann 与 Goodyear 的注疏里。

场辩论,有三种描述从古代流传到我们手里:塔西佗《编年纪事》(1.10.8-13.5),苏埃托尼乌斯的提贝里乌斯传记(24-25),狄奥(57.2-3);但许多学者倾向于重视塔西佗,因为大家同意,塔西佗的描述"最全面","当然是我们手中最好的一种描述"。①

普遍认为,塔西佗带着典型的恶意来叙述,从一种令人不快的角度来描绘提贝里乌斯。那种不快首先在于皇帝的伪善。在1995年出版的最新的塔西佗研究中,辛克莱(Sinclair)说道:"早在叙述提贝里乌斯的统治的时候,塔西佗就使用了这类特别的事件,以便总体观察统治者的性格与他的公开声明所具有的欺骗性。"②同年,格里芬(Griffin)——最近讨论该辩论的作家——走得更远。她一边说该辩论"为塔西佗呈现了一个绝妙的开头",一边解释"帝制的虚假能具体化为新皇帝虚伪"。③

在接下来的讨论中,我首先关注的既不是年代学的或宪法上的事件,也不是"真正发生了什么"的问题或者提贝里乌斯是否"真的"伪善的问题,最后这一个问题无论如何将现代学者划分为不同的阵营。④相反,我计划检审塔西佗的描述,看看学者们对此描述的解释是否合理。

二

塔西佗描述了元老院的一场会议,这场会议由元老院成员与提

---

① Goodyear,页169与176;参Levick,前揭,页78。
② Sinclair,《说教的纪事家塔西佗》(*Tacitus the Sententious Historian*, University Park, Pa., 1995),页82。
③ Griffin(前揭),页36。
④ 参Seager(前揭),页56-7,Syme,《罗马论文集》(*Roman Papers*, iii, Oxford,1984),页942对此作出评论。

贝里乌斯的一系列交易组成,该段描述结尾(13.5)的两个词——negare[拒绝]与rogari[请求]——恰当地总结了这场辩论:元老们不断请求,提贝里乌斯不断拒绝。第一次交易(10.8 – 11.3)确立了辩论的方式,对这次交易的解释是接下来的一切的要害:

> 奥古斯都的葬仪总算顺利地过去了。奥古斯都随即被元老院宣布为神,元老院并且决定用一座神殿来奉祀他。在这之后,提贝里乌斯就成了人们祈求的对象。他在元老院发言时,对帝国的伟大和他本人因能力薄弱而感到的信心不足作了各种各样的说明。他说:"只有圣奥古斯都的智慧才配得上这样一副沉重的担子。当他奉奥古斯都之召前来同他分掌大权的时候,他本人根据自己的经验,深知治理国家是一件多么困难、多么需要碰运气的事情。因此他认为,在一个要依靠许多杰出人物来维持的国家里,这些人不应当把全部责任推到任何个人的身上去。如果一些人共同协力的话,那么国家的治理就要容易得多了。"不过,这些话与其说诚恳,不如说高贵。而且提贝里乌斯的讲话方式,甚至在他不是故意隐瞒自己的真实意图时,也永远是曲曲折折、吞吞吐吐,永远是晦涩难解的。这或许是出于他的本性,或许是由于习惯。既然现在他尽力不使自己的真实感情有丝毫流露,因此他的话就变得更加暧昧、含混、不可捉摸了。可是元老们害怕的却正是皇帝看出他们似乎已猜透了他的心思,于是他们就纷纷悲叹、痛哭并祈求起来。他们向上苍和奥古斯都的神像伸手祷告,又匍匐在提贝里乌斯本人面前乞怜。

塔西佗以这一说法开始:元老们把宗教荣誉颁给已死的奥古斯都之后(10.8),转而乞求活着的提贝里乌斯(11.1)。我们不知乞求的内容,但这些内容无疑与执政官的正式提议相关,塔西佗只在描述临近结尾的时候才提到这些提议(13.4 relationi consulum)。不管怎样,①乞求后面紧接着提贝里乌斯的回应(11.1),塔西佗以间接引语翻译了过来,列维克(Levick)总结如下:"这是在拒绝承担 regendi cuncta onus[全部统治职责],要求国家中大量杰出人士的帮助。他们不应将所有责任都推给一个人,而应自己承担责任。这是塔西佗所讲述的言辞的主题。"②

接下来是塔西佗本人对提贝里乌斯的评论(11.2)。评论由两部分组成,第一部分是典型的格言:"这些话与其说 fides[诚恳],不如说 dignitas[高贵]。" fides 在此是什么意思?根据塔西佗词典,该词的意思是"真诚(sincerity)",譬如 bona fides[真诚]。事实上,邱奇(Church)与布罗德里布(Brodribb)的确把该词翻译成"真诚"(good faith)。③ 弗诺(Furneaux)在其教科书版选择了"诚实"(honesty);布德版编者(Budé editor)维耶米埃(P. Wuilleumier)选择了 franchise,或者说是"坦诚"(frankness)、"坦率"(candour)。④拉姆齐(Ramsay)喜欢"真诚"(sincerity),而辛克莱的版本("高贵超过真诚")相当接近马丁(Martin)的("高贵而不真诚")。⑤无论选哪一个词,共识似乎都很清晰。

塔西佗的第二部分评论延伸到观察皇帝的晦涩。"这里的一个句子是塔西佗所认为的理解提贝里乌斯性格的线索。塔西佗不考虑任何可能解释提贝里乌斯的犹豫的理由,除了虚伪。"⑥这样,塔

---

① Syme,《塔西佗》(*Tacitus*, Oxford, 1958),页 410 注释 7,认为乞求包括 relatio[提议],我想这不大可能(参下文)。

② Levick(前揭),页 76 – 77;也参 Griffin(前揭),页 39 – 40(也参下文注释 36[译按]本书页 60,注①)。

③ Gerber-Greef, 426b; Church & Brodribb,页 7。

④ Furneaux,《编年纪事一至六卷》(*Cornelii Taciti Annalium Libri I – IV*, 1897),页 222; Wuilleumier,页 16。

⑤ Ramsay,页 24; Martin,《塔西佗》(*Tacitus*, London, 1981),页 113; Sinclair(前揭),页 82。

⑥ Martin,(1981,前揭),页 113。也参下文,注释 29[译按]本书页 55,注①。

西佗评论的两个部分加起来旨在证明,皇帝的言辞不真诚、虚伪。换言之,元首的意思与他所说的话相反:正如格里芬最近描述过的,"塔西佗旨在展示提贝里乌斯不真诚……假装自己不想要权力,其实想要"。①

这种解释似乎由这一段最后一部分确证(11.3),塔西佗为我们呈现了元老们对提贝里乌斯发言的反应,杰克逊(Jackson)在洛布本里翻译如下:"但那些元老担心他们可能显得懂得提贝里乌斯,逐渐变成悲叹、哭诉与乞求。"很明显,元老们已经看穿了提贝里乌斯的不真诚,不过,害怕在提贝里乌斯面前表露出他们对他的洞察,他们决定从字面上理解他的发言,并[假装]抗议。结果,皇帝带着他渴望已久的权力,浮出水面。整个场景成了相互配合的虚伪的例证。辛克莱称之为"客套",马丁称之为"猜字谜",塞姆称之为"庄重的谐剧"。②这些语言完全回应了苏埃托尼乌斯,他对这场登基辩论的著名描述是"一场非常无耻的哑剧(pantomime)"(《提贝里乌斯》24.1)。③

第一次交易由提贝里乌斯的言辞(11.1)与元老们的反应(11.3)组成,作者的评论将这两者隔开(11.2),并影响我们对这两者的理解。一旦塔西佗在中间的段落告知我们提贝里乌斯不真诚,那么很明显,言辞与反应都相互支持;而这种关系显得如此牢靠,似乎没有任何人质疑过它。

---

① Griffin(前揭),页37。

② Sinclair(前揭),页170;Martin(1981,前揭),页113;Syme(1958,前揭),页410。也参 Goodyear,页173–174。

③ impudentissimo mimo(Gronovius: animo 手稿)。这一校正得到广泛接受,但 H. Lindsay 在其最近的注疏里似乎不这么认为,《苏埃托尼乌斯:〈提贝里乌斯〉》(*Suetonius: Tiberius*,1995,页108–109)。

三

然而,这里有一些令人不安的特征。塔西佗首次评论的比较公式——plus…dignitatis quam fidei[与其说诚恳,不如说高贵]——带有典型的塔西佗式讽刺的各种特征。① 可是,值得思考的是,一段言辞能否被描述为既高贵又缺乏诚恳。根据传统解释,fides 被赋予了一层道德含义(sincerity, good faith),dignitas 也一样:辛克莱回应了马丁的版本"高贵而不真诚",正如我们所看到的。可这怎么可能?高贵(dignitas)的在场与真诚(fides)的缺席不相容,正如从其他作家那里看到的,这两个词常常出双入对,最著名的当属西塞罗的用法;② 很难将这两个特定的术语对立起来。塔西佗本可以说提贝里乌斯的言辞"显得"(appeared)高贵但"是"(was)不真诚,但他没有这样做:erat[是]明显统领整个句子。同一卷稍后的地方(52.2 - 3),塔西佗将对比提贝里乌斯关于日耳曼尼库斯所说的话(in speciem uerbis adornata[炫耀言辞装饰])与关于杜路苏斯所说的话(fida oratione[诚恳的演说]);但在我们这个段落里,并没有像 in speciem[炫耀]这类表述。在我看来,将 fides 解释为"真诚",如果不是一

---

① 参 Pippidi,《关于提贝里乌斯》(Autour de Tibère, Bucharest, 1944),页 50 注释 1;Plass,《风趣与纪事写作》(Wit and the Writing of History, Madison and London, 1988),页 50 - 4。

② 参西塞罗 Fam. 13.32.2, 13.53.1, Fin. 2.76; Bell. Alex. 26.1;李维 36.26.3; Flor. 1.6.6。两个术语的紧密关系,参 J. Hellegouarc'h,《共和时期政党和关系拉丁词汇汇编》(Le Vocabulaire latin des relations et des partis politiques sous la république, 1963),页 388 - 397。柏拉图的确有"高贵的谎言"这一概念[参 C. Gill,载于 Gill 与 Wiseman 编,《古代世界的谎言与虚构》(Lies and Fiction in the Ancient World, 1993),页 52 - 53],但这几乎与那些相信提贝里乌斯虚伪的人的立场无关。参下文,注释 35[译按]本书页 58,注②。

个难以克服的困难,至少也是一个极大的障碍。

　　传统观点也没有仔细考虑塔西佗对皇帝的晦涩的评论(11.2)。评论本身非常著名,人们常常把它从文本中独立引出,作为提贝里乌斯讲话习惯的例证;①但学者很少注意到它们在原来段落中的位置。塔西佗以一种"陪衬"引入评论,他告诉我们,提贝里乌斯的言辞习惯性地含混(Tiberioque…obscura uerba);之后他说,在这特定场合,皇帝努力并且成功做到使自己更加含混(tunc uero…implicabantur)。似乎不证自明的是,这一精心构造的描述旨在强调皇帝在这场辩论里说话的含糊程度;可是,根据对该段落的传统解释,元老们毫不费力就理解了提贝里乌斯:他们害怕表露出对提贝里乌斯的了解(quibus…uiderentur),这预设了他们已经理解得很好。因此,在塔西佗的作者评论(11.2)与元老们的反应(11.3)之间,似乎有一种不连贯。

　　这种不连贯取决于 quibus…uiderentur 的寻常翻译:"他们担心自己可能显得理解了他。"但这样一种看似很普遍的解释,违反了句法。柯尔特曼(Koestermann)认为,"连接词 metus si 是相当罕见的",他明显将 metus si 理解为 metus ne 的等价物[译按:拉丁文中表示害怕、担忧、禁止一类的词后面跟连接词 ne,ne 没有实际含义]。②他引用了三个所谓类似的用法,均来自塔西佗,均得到古德伊尔的回应。③柯尔特曼首先对比了《纪事》4.72.2:Cerialis autem, metu infamiae si licentia saeuitiaque imbuere militem crederetur, pressit iras。尽管古德伊尔正确地将这一例子留在了末尾,但令人非常惊讶的是,他毕竟引用了它,因为 si 很明显跟 metus 毫无关系:"但凯里阿里斯(Cerialis)担心丢脸,如果人们认为他灌输士兵放纵和残酷的话,于是就抑制住自己的愤怒。"古德伊尔本人的第一个类似例

---

　　① 如 Pippidi(前揭),页 37;Mellor《塔西佗》(*Tacitus*, New York and London,1993),页 92。

　　② Koestermann 相关论述;"si 代替 ne",正如 Ruperti 直率的评论。

　　③ Goodyear 相关论述。

子来自《编年纪事》卷十六(5.2):quippe grauior inerat metus, si spectaculo defuissent multis palam et pluribus occultis ut nomina ac uultus, alacritatem tristitiamque coeuntium scrutarentur。但这里的意思很清晰:"因为,倘若他们错过了这样的场面,他们会感到更加恐惧"。再一次,si 从句并非取决于 metus。最后一个例子同样来自《编年纪事》(11.28.1):igitur domus principis inhorruerat, maximeque quos penes potentia et, si res uerterentur, formido, non ian secretis colloquiis sed aperte fremere。但这个段落不但没有出现 metus,而且词语顺序似乎就排除了将 si 与 formido[害怕]连起来考虑的做法:"特别是那些掌权的人,如果事情发生了变动,就害怕。"总之,在 metus ne 的意义上,metus si 并没有类似的例子。相当自然的是,《拉丁词语宝典》(Thesaurus Linguae Latinae)没有收录任何所谓的例子(包括登基辩论中的这个)。①在我们的段落里,metus si 必定有一个不同的含义;但是,一旦我们否认 quibus…uiderentur 的传统意思,我们就改变了元老们的反应与提贝里乌斯所谓的不真诚发言之间的关系,传统对整个段落的解释都依赖于这种关系(参上文第二部分)。因此我们需要另行解释该段落。

四

在我看来,有两个困难妨碍了学者在阅读这一段落时达成一致。首先是一个先入之见。因为塔西佗在别的地方将提贝里乌斯呈现为虚伪的人,学者们就假定塔西佗总是这样呈现提贝里乌斯,而且此刻也将他呈现为虚伪的人:"提贝里乌斯的假装是该传统的内在部分。"②事实上,我们看到,在这个段落中,他所谓的虚伪被理

---

① TLL 8.909.38 – 910.11。

② Syme(前揭),页 422 – 423,引用了苏埃托尼乌斯《提贝里乌斯》24 – 25 关于登基辩论的记述。

解为描绘所遵循的大纲(参上文)。第二个困难是,学者们倾向于将该段落视为提贝里乌斯的宪法位置的某种不完美的蓝图,而非发展着的戏剧记叙。倘若想正确地阅读该段落,我们必须尝试不带偏见地理解塔西佗的用词,并且注重皇帝与元老们交易的次序。

让我们再次观看提贝里乌斯的发言(11.1)。它由两对句子组成。第一句,元首说只有奥古斯都的心智才能够独自(solam)管理帝国的 moles[大事];① 下一句,他说他本人帮助过奥古斯都,因此知道他的责任(onus)的性质。塔西佗将责任描绘为困难(arduum)、受制于运气(subiectum fortunae),好像是要带上山的重担,在无尽 longus labor[乏味劳作]的循环中,总是被命运推下来。② 以隐喻来逃避,是提贝里乌斯言辞的典型特点,③ 但在这个例子中,将元首同化为西绪弗斯(Sisyphus),无疑有助于营造总体的含混效果。

第二对句子中的第一句,提贝里乌斯说,元老们不应将所有东西都委托于(omnia…cuncta)一个人(unum…solam);下一句,他说,若干人(plures…unum)会更容易(facilius…arduum)分担(sociatis…partem)重担(laboribus…onus…molis)。现在,意识到如下这点至关重要:后一对句子的含义并不清晰。提贝里乌斯可能暗示采纳一项安排,这项安排与通行于奥古斯都时代的安排类似(他在第一对句子里刚提到过),不同的只是,处于奥古斯都位置上的他需要几个助手(plures)。这正是列维克从这个句子推测出的意思(参上文)。然而,尽管这一系列清晰表达的词语链无疑会使人猜想这的确就是皇帝的暗示,可是,他的词语并非与一个更极端的计划不相容:他希望完全退出公共生活,让元老们自己接手处理国事。稍后,我们会

---

① 对 solam 的此种解释,参 Woodman《提贝里乌斯的讣告》("Tacitus's Obituary of Tiberius"),载于 *CQ*,39,1989,页 199 与注释 12;注释也参《牛津拉丁语词典》词条 4。
② 参贺拉斯,C. 2.14.19–20。
③ 参 Woodman-Martin 论 3.12.4。

看到哪一个猜测正确,但讲辞本身决定性地留下悬疑。

正如我们看到的,塔西佗本人对讲辞的首次评论,是说它 dignitas 多于 fides(11.2)。既然我们有理由怀疑 fides 这里不是意味着真诚,我们必须问问它到底是什么意思;既然作者将 fides 归诸于一段演说(in oratione tali),那么,注意 fides 是演说内含的标准品质,当然就并非无关紧要:在西塞罗论修辞术的作品里,fides 常常与 oratio 合并。①该术语的确切含义在"可信性"与"信任"之间变化,取决于不同视角,而在目前的段落里,假定前者正确最为自然。②而且,我们也应注意到,dignitas 也几乎是演说文本的技术术语,在其中被译为"印象深刻"。③塔西佗说的是,在一段演说里,像提贝里乌斯刚发表的那一段,与其说具有可信性,不如说令人印象深刻。这是一个事实陈述,而非道德判断。塔西佗不是在说提贝里乌斯本人不真诚,而是说他的言辞缺乏可信性,是那种几乎不指望听众相信的讲辞。但后来的结果是,元老们真的相信它——这是以反意连词引入他们的反应的原因(11.3"可是,元老们……")。

倘若元老们要相信元首的发言,他们就必须首先理解他说了什么。正如我们看到的,作者这一部分评论,剩下的就是要强调提贝里乌斯在此场合独特的隐晦。塔西佗没有在别的地方说过皇帝言不由衷(即他不真诚);④塔西佗真正说的是,皇帝试图隐藏起真实意思(nitenti ut…abderet),而结果是不确定与含混(in incertum et ambiguum)。这一陈述严格对应于上述对提贝里乌斯言辞的分析。

---

① 参 Rhet. Herenn. 1.17,西塞罗 Inu. 1.25, 34, De Or. 2.156, 3.104, Part. Or. 27;TLL 6.1.683.16–28。总论见昆体利安 5.10.8 以下。

② Jackson 在勒布版的翻译是"与其说有说服力,不如说庄严",可是,既然后一个形容词是含混的,就不知道这句话的确切意思是什么。

③ 参 TLL 5.1.1136.15–37(oratoria),OLD 2c。

④ Pippidi(前揭,页 37)与其他学者相似(参注释 12),从表明"假装"的段落移动到我们这个段落,对此他评论说:"同样自然,他向我们表现出他仿佛力求将其真实情感掩盖在一种晦涩的语言之下。"塔西佗的文本并无这样的证据。

提贝里乌斯以这样的方式说话,他的言辞可以有两种不同的解释(ambiguum),无法确定(incertum)哪一种正确。他的发言可能暗示着,他的计划可能是通行于奥古斯都时代的安排的变种。但是,如果元老们回想起二十年前,记起公元前 6 年,提贝里乌斯刚刚得到保民官的权力后,突然隐退罗得岛,长达六年,他们就可能得出结论,对提贝里乌斯言辞的正确解释,可能是更极端的那一个。他们不能确定哪一个正确,但提贝里乌斯的保民官权力在前一年才刚刚恢复,现在,其父亲去世一个月,他拒绝在元老院的首次会议中讨论自己的位置(1.8.1)。历史将要重演吗?小心驶得万年船,因此元老们激烈地抗议提贝里乌斯(11.3 at patres……)。但塔西佗直接省略不说他们抗议的[提贝里乌斯要承担的]责任确切是什么:毕竟,他们无法绝对肯定,他们正在抗议的是什么。

元老们的激动反应(in questus……effundi)之前是一个关系从句,在这个关系从句中,塔西佗描写了他们的担忧:quibus unus metus si intellegere uiderentur。这句棘手的从句到底什么意思?词语 unus metus si 是某种常规的拉丁习语的例子:一个名词受 unus[一个]或 solus[唯一]或指示词之类修饰,quod,cum,ut 或 si 从句解释这个名词。① 在这种语境下,si 引入"一个实义的从句,表达事实或者假定

---

① 参 Leumann/Hofmann/Szantyr,《拉丁语语法》(*Lateinische Grammatik*, ii. Syntax und Stilistik, Munich, 1972),666(S366(c))。尽管他们区分了这种从句与那种"依附于主句"的 si 从句,他们还是认为我们这个段落是后者的一个例子;Koestermann 的注释似乎不点名地依赖于《拉丁语法》的解释,但他的意思并非十分清楚或者易懂。Carmody《塔西佗的虚拟句》(*The Subjunctive in Tacitus*, Chicago,1926,页 133 – 134)正确指出,"si 从句也出现在塔西佗那里,解释 metus,in eo 等",他特别引用了我们这个段落,补充道:"在上面整个段落中,由于正式或非正式的间接引语,虚拟语气都是间接的。"也参 Woodman-Martin 论 3.6.1,Martin-Woodman 论 4.33.2,Durry 论普利尼. Pan. 11.4,虚拟语气参李维 5.8.9 una spes erat si ex maioribus castris subueniretur[一个希望是更大的兵团前来拯救]。

的事实",①我认为,目前的例子的意思是,"他们的一个担忧正是在他们看来理解了的东西"。根据这种解释,videri 是 sibi videri[在他们看来]的省略,②而且,通过补充元老院所认为的情况,它确实认可了塔西佗对提贝里乌斯的隐晦的强调。提贝里乌斯特别隐晦,但是,元老们尽管不确定,还是认为他们理解了提贝里乌斯——这就是以相反连词(11.3 at)引入他们的反应的第二个理由。

根据对段落整体的这种新解释,这段情节旨在强调的,不是元老院共同的虚伪,而是它卑微地屈服于元首,完全依赖于元首。奥古斯都统治了四十五年之后,邦民们已经不能想象其他生活方式,塔西佗在早前已经说过这点(1.3.7-4.1):

> 年轻一代的人在阿克提乌姆一役战胜之后出生,甚至老一辈的人大部分也都在内战时期诞生;剩下来的人又有谁看见过共和国呢? 结果,随着共同体的改变,纯洁的古风荡然无存:平等已过时,所有人都盯着元首的敕令,只要奥古斯都还年富力强,足以维持他本人、他全家以及和平,当前就不会有什么忧愁。

但奥古斯都现已驾崩,而提贝里乌斯在承担职责之前,可能就会退休。毫不奇怪,元老们充满了担忧与抗拒。

---

① *OLD* si 12(参 c)。

② 参 *OLD* video 21,在那里,许多例子都像这里一样,后接一个表感觉或认知的不定式动词或者 sim。当然许多例子都是第一人称,但我认为,uiderentur 是模仿性的,模仿元老们自己所说的话(参 15.2.1 uidebar):参西塞罗《国家篇》1.14.2 与 18.4 以及 Zetzel 相关论述。假定这点似乎合理:假如塔西佗想说"他们害怕自己表现出理解",他会使用 metus ne,正如他在别的地方那样(Gerber-Greef,830a)。相反,人们不能使用 metus ne 去表达拉丁文中的思想"害怕他们所理解的东西"。

五

这样一种解释,一方面基于皇帝的真诚,一方面基于元老们的担忧,使得随后的激动反应完全有意义,这种反应反过来促使提贝里乌斯诉诸另一种劝说方式:他戏剧性地下令取出 libellus[文件],并命人宣读(11.3)。那是奥古斯都亲手写就的小册子,奥古斯都在其中详细列举了帝国的财产与范围(11.4)。学者们很自然地意识到,提贝里乌斯诉诸这种干预,目的在于支持他的公开发言;①但这一干预的效果却是触发元老们与元首的进一步交易(12.1–3):

到了这时,元老院就更降一格,提出了最卑微的恳求。这时提贝里乌斯偶然地说了一句话:尽管他觉得自己没有力量负起整个国家的重担,但他仍然愿意把分配给他的任何一个部门的工作担任起来。于是阿斯尼乌斯·伽路斯(Asinius Gallus)就问道:"恺撒,请问,你希望把哪个部门的工作分配给你呢?"这个出其不意的问题使他一时茫然不知所对。他沉默了一会儿,定了定神,回答说,他宁愿把全副重担都卸下来,因为对于这副重担中的任何一个部分的工作,无论是接受或是推辞,他都深感踌躇。伽路斯从提贝里乌斯的面色看出他很不高兴,于是就辩解说,他向提贝里乌斯提出的这个问题,并不是要他把那不可分割的职权分出来,而是想要他亲口承认,国家乃是必须由一个人来统治的一个有机整体。

朗诵小册子的内容甚至使元老院下降到更卑微——但仍然不确切的——恳求(12.1)。在此期间,提贝里乌斯偶然(dixit forte)说

---

① 参 Levick(前揭),页 77;遭到 Kampff(前揭),页 33–34 的否定。

道,尽管他不配承担整个 res publica[共和国],但他会守护交给他的任何一部分的责任。这是一个关键性的评论,需要仔细分析。

提贝里乌斯的评论的第一部分表达了他缺乏能力,这以不同的词语重复了此前第一段言辞里说过的话,即只有奥古斯都能够独自掌控帝国(11.1)。现在,似乎很自然就想到,他的评论的第二部分——要求承担帝国的一部分——也重复了首段言辞,他说过,更多的人更容易分担责任。但塔西佗提到"偶然"(forte),这排除了这种可能性:皇帝现在在重复此前精心表达的一些东西。①我们因此被迫推测,他现在说的东西不同于早先的言辞;而且,既然他现在明说,他准备承担部分责任,那么我们也被迫推测,他先前的言辞尽管模棱两可,仍然想要他的听众做好他完全退出的准备。②事实上,这是他那字斟句酌、十分隐晦的语言的原因(参 11.2 suspensa…et obscura uerba):他知道自己的退出可能带给元老院的后果,因此试图礼貌地[将这一信息]透露给他们。这样,提贝里乌斯在 12.1 的评论证明了,尽管元老们只是"认为"他们理解了他的意思(11.3 uiderentur),事实上他们是对的;既然提贝里乌斯如今说一些不同于此前的话,那么可以推测,元老们那些基于自己的理解的抗议,产生出一些效果。

以下事实确证了此种解释:只有在这时候,在提贝里乌斯明说他准备承担部分责任的时候,伽路斯问他,他愿意承担哪一部分

---

① 伽路斯的插话确证了这点(参下文)。倘若重复本身就是目的(即,如果提贝里乌斯正在坚决地、礼貌地提醒元老们,他想要承担一些责任),我们会期待塔西佗说诸如 iterum dixit[他又说]。

② Forte[偶然]也排除了这一观点:塔西佗笔下的提贝里乌斯真的一直想要一个合作者,他的公开言辞是某种"高贵的谎言",旨在警告元老院,使他们接受看起来是妥协的某种东西。假如塔西佗真的想要这样做,他不得不用诸如 quasi forte[好像碰巧]这样的字眼,这似乎的确就是 Furneaux 相关论述中认为塔西佗已写下的东西("好像没留神地")。

(12.2)。伽路斯的问题迫使皇帝陷入短暂的沉默。但之后,他回过神来,回答说,选择或避开任何一部分,都与他的留下有冲突,他宁可选择全盘退出。对于伽路斯的问题,提贝里乌斯的回答令人震惊,这种回应令人难以置信,倘若他一直想管理帝国的一部分的话;他本人承认说,他自己的选择是全盘退出(in uniuersum),这就确证了他的原初意图是完全退出。但提贝里乌斯的偶然评论与伽路斯的尖锐问题注定产生不幸后果,正如塔西佗继续描写的那样。

伽路斯意识到提贝里乌斯的怨愤,他因此处于难堪的境地,于是试图打圆场,说他问这个问题的目的,不是要提贝里乌斯分割不能分的东西,而是要提贝里乌斯本人承认,国家的机体乃是一个整体,需要由一个人的心智去统治(12.3)。然而,提贝里乌斯的怒气并未得到缓和(12.4),这几乎不令人感到意外,因为尽管伽路斯的第一个 ut 从句[译按:即"并不是要他把那不可分割的职权分出来"]旨在使提贝里乌斯确信,他并不想问狡猾的问题,这个从句却与第二个 ut 从句[译按:"想要他亲口承认……"]一样,坚持要求帝国不能遭受分配。因此毫不奇怪,阿尔伦提乌斯(L. Arruntius)作了一个与伽路斯相似的要求,也冒犯了提贝里乌斯(13.1)。可是,正如元老们在 11.4 的抗议让提贝里乌斯提出承担部分责任(12.1),伽路斯与阿尔伦提乌斯的干预似乎也使他收回了自己的提议,我们再没有进一步听到这方面的信息。或者,伽路斯与阿尔伦提乌斯已经劝服了提贝里乌斯,让他明白自己的提议事实上并不可行,或者,他们的干预让提贝里乌斯怒火冲天,一气之下,提贝里乌斯回到原初更极端的想法。无论哪一个猜测正确,哈提里乌斯(Q. Haterius)与司考茹斯(Mamercus Scaurus)稍后的干预似乎基于提贝里乌斯完全退出的前提下(13.4)。而这似乎并不与塔西佗结束辩论的含混句子相冲突(13.5):"提贝里乌斯对于所有人的哭闹与个人的抗议感到厌倦,他逐渐让步——没有到达接受统治权的地步[suscipi a se imperium],而是不再拒绝,允许元老们的请求。"①

这样,根据这种对塔西佗描述的新解释,登基辩论显得几乎是转了一个圈。提贝里乌斯一开始就想全盘退出;元老们担惊受怕,他们通过抗议,从提贝里乌斯那里得到一些妥协性的暗示,可是,由于元老们进一步的反应,这种暗示反过来似乎又遭到抛弃。提贝里乌斯最后也似乎没有比开始的时候多走一步。

六

进入同一次元老院辩论的其他主题(14-15)之前,塔西佗使用传统的离题话手法(13.6),显示他正在总结提贝里乌斯继位的主题。②然而,为塔西佗注疏的学者以及为提贝里乌斯作传的纪事家都一致认为,在进入其他主题之前,塔西佗应该插入解释性的材料,这种材料如今却出现在几个章节之前的7.6-7。为了以另一种方式放置材料,塔西佗把对提贝里乌斯的推搪行为的解释调至7.6-7,而在他的史料源头里,这些解释附着于或者内在于登基辩论的描述。三种考虑似乎导致了这种学术共识:在目前的语境中,解释性的材料据说难以置信、格格不入;极为相似的材料伴随着苏埃托尼乌斯与狄奥笔下的登基辩论描述;最后,塔西佗据称渴望在其提贝

---

① Griffin(前揭)引用了13.5,证明塔西佗掩盖了合作者的观念(上文注释8[译按]本书页48,注②),并将材料处理为"直接的提议与对权力的否定"(41);但Griffin没有考虑塔西佗叙述的戏剧性与发展的特性。注意到这点很有趣:狄奥区分了全然拒斥帝国与要求搭档或协助者(57.2.4:"开始时他坚持说要放弃一切统治……后来他要求一些搭档与协助者")。

② 参Woodman-Martin,页500(索引:digressions, separating or closural function of)。节14-15的主题在9月17日讨论,这是一个假定;至少我知道不能确定。

里乌斯的叙事里尽早突出元首的特征,这些特征稍后将成为焦点。① 然而,这种广为传播的、有影响力的论点,没有适当考虑解释性材料出现的背景,比起学者们所意识到的,这个背景本身提出了更多的问题。

七

7.6—7 的材料之前是如下的段落(7.3—5):

> 甚至在发布敕令召集元老到元老院开会时,他所使用的也只不过是他在奥古斯都时期取得的保民官的权力。他的敕令的内容十分简洁,措辞也非常谦逊:"他想和元老们商量料理父亲后事的问题,而他又不能不守在他父亲的遗体的旁边。这是他敢于执行的唯一的国家大事。"尽管在口头上是这样讲,在奥古斯都逝世的时候,提贝里乌斯就以统帅的身份向近卫军发布了口令;他拥有哨兵、卫士等等宫廷的一套人马;他到广场和元老院去的时候都有士兵卫护着;他写信给军队时所用的口吻,俨然是已经做了皇帝。他在任何地方都不犹豫,除了在元老院里讲话时。

塔西佗正在讨论提贝里乌斯用来召集元老院成员的敕令,提贝里乌斯召集他们召开上文的元老院会议。这是提贝里乌斯

---

① 参 Koestermann,《塔西佗〈编年纪事〉》(*Cornelius Tacitus:Annalen*,Heidelberg,1963—1968),页 89;Goodyear,页 141 与 176;Martin,《塔西佗〈编年纪事〉的结构与阐释》("Structure and Interpretation in the 'Annals' of Tacitus"),载于 *ANRW*,2.33.2,1990),页 1510。

的第一次统治,塔西佗认为它发生于九月初。①塔西佗解释说,该敕令只是根据提贝里乌斯的保民官权力发出(7.3),它措辞简洁,主旨明确(7.4):提贝里乌斯仅商议奥古斯都的荣誉问题,他不能离开奥古斯都的遗体,那是他声称有权守护的唯一的公共责任。②然而,自奥古斯都逝世始,提贝里乌斯给予近卫军的口令就 ut imperator[像一位皇帝],③其他各种显示皇帝行为的迹象也证据确凿,其中最后的迹象(7.5"写信给……")以典型的塔西佗式"补充从句"结尾("任何地方都不……讲话时");④而这一补充极端成问题。

文法学家、注疏家、评论家之类都一致认为,cum 从句[译按:即"除了在元老院里讲话时"]是反复性的,其意思是"无论什么时候";⑤观察这种共识所导致的结论不无裨益,倘若有这种结论的话。弗诺与古德伊尔完全没有得出结论。马丁说,塔西佗那个是"概括性的陈述",陈述里提到的习惯,提贝里乌斯"在统治期间一直保有"。⑥柯尔特曼的评论尽管并非没有含糊,但他似乎也同意马丁("提贝里乌斯永远犹豫"),并暗示说,塔西佗指涉提贝里乌斯在登基辩论中的行为,稍后他将描绘这些行为(10.8 – 13.5)。⑦然而,塔西佗先前给出了提贝里乌斯 cunctatio[犹豫]的诸原因,马丁的主

---

① 有可能的一个日子(9 月 4 日),参 Sage(前揭),页 306。

② 学者们争论,id…unum[这……唯一]是指提贝里乌斯伴随遗体,还是(可能有些奇怪)指他召集元老院会议:参 Furneaux 相关论述。通过提及遗体,塔西佗暗示,敕令在从诺阿返回的路上发出。

③ 就像塔西佗其他地方一样(如 3.60.1,4.39.2),ut 是含混的(as 或 as if):只有我们看到 tamquam,才知道它指 as if。

④ 参 Kohl,《塔西佗的补充句》(Der Satznachtrag bei Tacitus,博士论文,University of Würzburg,1959),尽管这一例子没有得到讨论。

⑤ 参 Carmody(前揭),页 110;Furneaux 与 Koestermann 相关论述;Martin(1990,前揭),页 1509 以及注释 34. Goodyear 没有作评论。

⑥ Martin(1990,前揭),页 1509 – 1510。

⑦ Koestermann 相关论述。

张立即与第一个原因相矛盾(7.5):塔西佗说,首要的是顾忌日耳曼尼库斯(ex formidine ne Germanicus……),这是如此具体的指涉,几乎不可能指贯穿"提贝里乌斯统治期间"的东西。倘若我早先对登基辩论的分析正确(参上文第四、五部分),柯尔特曼的观点也不可接受。提贝里乌斯在登基辩论中所抱怨的责任是,元首统治过于繁重(11.1"庞大的帝国","如此多大事","重担","艰辛",12.1"整个国家"),这是一个不断重复的主题(如3.54.5"我的辛劳",56.4"众所周知的辛劳",69.4"元首足够的负担"):解释提贝里乌斯的犹豫原因的清单里,并没有提及这种繁重的特点,(尤其是)它并没有成为首要的原因,这两点至少也令人感到意外。我们需要另行解释塔西佗的句子。①

在我看来,学者们的失误在于没有意识到塔西佗的补句是省略的,我们必须根据主句中的 tamquam adepto principatu,为 nusquam cunctabundus 补充上 de adipiscendo principatu:"他写了一封信给军队,好像已经取得帝位似的,〈在获取帝位这件事上〉,他在任何地方都不犹豫,除了在元老院发言的时候。"一旦以此方式详细说明句子的全部含义,塔西佗的意图立即变得十分清晰:提贝里乌斯在元老院里一点也不谈"获取帝位"的问题。换言之,补句所指的是,提贝里乌斯拒绝在元老院第一次会议谈帝位的问题:该句子从不同的角度重复了早先段落出现的敕令(7.4"仅商议奥古斯都的荣誉问题")。因为学者们已经相信,cum 从句是反复性的——但根据我这种解释它并非反复性——他们就没有看到塔西佗作了一个对比:对比奥古斯都死后(7.5 defuncto Augusto)提贝里乌斯在元老院外面

---

① 提贝里乌斯的 cunctatio 不是指发言犹豫。尽管元首在元老院的发言有时会犹豫(如4.31.2),在接下来的两场辩论中他没有这样的迹象(8.1,8.4,8.5;11.1-2,13.4)。(我认为8.1 的 passus 暗示发言,但那也不一定;而我同意 Martin[1981,前揭],页113 及注释16:11.2 的 suspensa 指"字斟句酌"。提贝里乌斯在12.2 当然陷入了沉默,但那是另一种情况。)

各种元首般的行为，与同一时期他不肯谈及他作为元首的正式地位。①时机到了，在元老院第二次会议上，提贝里乌斯就会谈这个问题。这种极为不同的解释，可以通过检验塔西佗在下一个段落给出的原因来证明。塔西佗在7.6-7继续为提贝里乌斯的犹豫给出原因，②这个证据同时证明，7.6-7的材料不可能像学者们认为的那样，指涉登基辩论。

八

塔西佗为提贝里乌斯的犹豫提供了三个原因，第二个与第三个原因分别以 et[此外]和 etiam[还]与第一个原因相连接(7.6-7)：

> 他这样做主要是因为对于日耳曼尼库斯还有所顾忌：要知道，日耳曼尼库斯这时在国内声望极高，又有许多罗马军团和行省的大批辅助军队作为自己的后盾。他害怕日耳曼尼库斯会立刻夺取帝位，而不愿在那里等待将来再传给自己。此外，提贝里乌斯为了向舆论让步，还想要人们把自己看成是奉国家之召而被推选出来的，而并不是由于奥古斯都的妻子暗使阴谋和奥古斯都在晚年收养了他。后来我们才看到，他的犹豫还被引入到观察元老们的意向：他一直把人们的每一句话、每一个表情都曲解成是犯罪行动，并且深深地记在脑海里。

---

① 学者们对 cum 的解释，可能受到潜意识的影响：他们渴望将之与"绝不"意义上的 nusquam 作对比。
② 在我检验过的学者中，只有 Sage（前揭）似乎得出 nusquam…loqueretur 的相似结论（他通过一条不同的、几乎是直觉的路径），但他并未得出关于7.6-7 的不可避免的结论（参页307 与314）。

马丁只是反映了学者们的共识,他说道,三个理由"没有多少或者没有可信性","它们摆在文本这里有些古怪"。① 但这一共识之所以产生,是因为学者们既误解了这些原因在解释什么,正如我们刚看到的(第七部分),也误解了单个原因(特别是第二个)实际的含义是什么。倘若我们接受这一点:这些原因指登基辩论之前提贝里乌斯的犹豫(nusquam cunctabundus nisi…),倘若我们正确地解释每个原因,我们就会发现,这些原因十分可信,而且与文本结合得天衣无缝。

塔西佗提出,提贝里乌斯拒绝在元老院第一次会议谈及"获取帝位"的问题,其主要原因是恐惧日耳曼尼库斯。记得这一点很重要:在这一时期,要是提贝里乌斯退出或者死去,日耳曼尼库斯"会作为恺撒一家的长子继位"。② 倘若提贝里乌斯同意以各种正当的形式和仪式"获取帝位",他就会冒激怒自己养子的风险,他的养子十分接近皇冠,这正是塔西佗言辞的焦点:"假如他选择立刻夺取帝位,而不愿在那里等待。"根据这整个句子,很明显,塔西佗眼中的提贝里乌斯不知道日耳曼尼库斯的意图;他的不知情也不可能很快得到纠正,因为正如我们稍后得知,奥古斯都死时,日耳曼尼库斯远在高卢(1.31.2,33.1)。考虑到这种不知情,考虑到无数有利条件站在日耳曼尼库斯那边——塔西佗及时地记录了这些条件("在国内声望极高,又有许多罗马军团和行省的大批辅助军队作为自己的后盾")——提贝里乌斯很可能担心,他自己立即正式"获取帝位"会使日耳曼尼库斯有发动内战的念头。当然,他的恐惧结果证明是毫无根据(1.34.1);但提贝里乌斯那时并不知道[日耳曼尼库斯忠心],而且塔西佗将日耳曼军团描述为渴望内战(1.31.1)。③ 过些日子再来讨论"获取帝位",提

---

① Martin(1981,前揭),页110;(1990,前揭),页1510。

② T. E. J. Wiedemann,CAH^2x.页206。

③ 事实上,塔西佗描述兵变时,通篇都使用内战的语言(1.16.1,36.2,49.1);同时代的Velleius以等待一场即将来临的灾难的方式来谈这场兵变(124.1)。

贝里乌斯这样做可以履行适当的家族与外交礼貌,还可以让自己确信日耳曼尼库斯的位置。①根据西格（Sage）,对日耳曼尼库斯的恐惧"跟稍后叙述的辩论毫无关系"。②这当然正确;③但是,提贝里乌斯将继位从八月中旬推迟到九月中旬,其首要原因是恐惧日耳曼尼库斯,这完全有说服力。

第二个原因广受误解。列维克（像其他人一样）相信,塔西佗正在解释提贝里乌斯在第二次元老院会议中的行为,列维克说:"古代作家并不羞于给出自己的解释[即解释提贝里乌斯在登基辩论中的行为]。对于塔西佗而言,谨慎与狡猾隐藏在元首的犹豫背后:提贝里乌斯想迫使元老院向他承诺,想自己看起来像他们自由选择的候选人。"④同样,塞姆说提贝里乌斯"希望在'共和国'的呼唤与召集之下统治,而非靠一个女人的阴谋与一个老人的收养坐上权力的宝座"。⑤古德伊尔在其为登基辩论所做的介绍性注释中,回溯目前的段落:"他仍然想自己看起来靠元老院的共识而坐上那个位置,'想要人们把自己看成是奉国家之召而被推选出来的,而并不是由于奥古斯都的妻子暗使阴谋和奥古斯都在晚年收养了他'。"⑥这些解释也出现在柯尔特曼、布伦特（Brunt）、马丁、西格那里,⑦连接这些解释的共同线条是这一假

---

① 塔西佗的要点关乎日耳曼尼库斯个人（参上文注释50[译按]本书页58,注②）,那些在7.6的语境中讨论兵变的学者（如Levick,（前揭）,页72-5)模糊了这些要点。

② Sage（前揭）,页314及注释115。

③ Goodyear仍然认为首要原因有些可信性（页140-1）,即使他相信这段话放错了位置。

④ Levick（前揭）,页71。

⑤ Syme（1958,前揭）,页481。

⑥ Goodyear,页175。

⑦ Koestermann,《塔西佗〈编年纪事〉的开篇》("Der Eingang der Annalen des Tacius"),载于 Historia,10,1961,页342;P. A. Brunt,《皇帝维斯帕斯阿努斯的法》("Lex de imperio Vespasiani"),载于 JRS,67,1977,页97;Martin（1990,前揭）,页1510;Sage（前揭）,页307。

定:ut 从句代表了提贝里乌斯"想要"或"希望"的某些东西。在塔西佗的文本中,没有这一假定的证据。相反,这些学者都没有考虑词语 dabat…famae,古德伊尔本人在别的地方翻译为"他向舆论让步",①相当正确。如果有区别的话,这些词语的含义就是,ut 从句代表了提贝里乌斯不希望的一些东西。元首在让步。什么让步呢?

如果 fama 指舆论,那么可以推测,根据塔西佗,当时有一个重要的团体想合乎体统地将提贝里乌斯的位置定性为元首("想要人们把自己看成")。只要缺乏这种礼仪,提贝里乌斯的位置就有争议,没有与罗马国家及其人民的尊严保持一致("由于奥古斯都的妻子暗使阴谋和奥古斯都在晚年收养了他")。可是,在元老院第一次会议,提贝里乌斯明显拒绝这样的礼仪,甚至不让讨论(7.4,7.5,参 8.1)。因此,那一让步在于,他允许元老院第二次会议讨论这些问题。"他在任何地方都不犹豫,除了在元老院里讲话时(7.5)",这个句子与第二个原因的逻辑关系,可以由下面这段改述说明:"为何提贝里乌斯在元老院首次会议不愿谈登基的问题?一个原因是,作为向舆论的让步,还会举行第二次会议,'以便人们把他看成是奉国家之召而被推选出来'。"逻辑天衣无缝。②

---

① Goodyear 相关论述;Furneaux 相关论述,Furneaux 正确地解释了宾格的省略,"宾语从 ut…uideretur 得到补充",他引用了 2.58.1"为了向日耳曼尼库斯致敬,愿意在幼发拉底河的河岸上和他会晤",对此 Goodyear 补充上 3.69.5"考虑到……出身于尤尼乌斯家族,准许他退休到库特诺斯岛去"。在她的注疏里,N.P. Miller 阐明了其他学者所认为的滑动(slide):"他向舆论让步:他应该……",即"为了尊重舆论,他希望……"。这样一个注释只是揭示出学术共识没有根据。

② 那些相信传统对塔西佗笔下的提贝里乌斯的看法的人,可能禁不住从第二个原因推断,提贝里乌斯原来决定不经过任何礼仪就去统治,不顾针对他的诋毁(7.7 per uxorium…inrepsisse),他屈服于礼仪,只不过是对舆论让步。但这样一个推断与同一传统观点的一个本质要素相冲突,即提贝里乌斯在登基辩论中的发言(11.1)并不真诚,恰恰旨在从元老们那里得到明确的支持。此外,倘若提贝里乌斯如此坚决地去统治,以至于选择不去使自己的位置合乎礼仪,那么,他几乎不可能关心贵族们如何看待他(7.7)。

第三个原因的困难集中在词语 inductam［引入、扮演、穿上等］上,大部分学者都将它理解为"穿上"或者"戴上"一个面具、斗篷或伪装的比喻义。①古德伊尔根据拉丁语法,正确地严重质疑此种解释,②但更关键的反对来自逻辑,这种逻辑上的反对意见当然关乎目前对"在任何地方都不犹豫,除了在元老院里讲话时"的解释(参上文第七部分)。提贝里乌斯在元老院第一次会议上不愿发言,这是事实:他没有谈及他的位置问题(7.5,8.1)。如果 dubitationem 指那一犹豫,正如似乎可以合理接受的那样,那么,iuductam 不可能指"穿上"或"戴上",这会导致逻辑上的矛盾。③因此更有可能的意思是"引入",正如《拉丁语宝典》所表明的:"他的犹豫被引入到观察元老们的意向。"④

再一次,在八月中旬到九月中旬的背景下,这个原因意义非凡。塔西佗已经告诉我们,最著名的人物也最虚伪(7.1):在这情景下,提贝里乌斯希望知道自己在他们心目中的位置,就再自然不过了。第二个原因中的词语"舆论"表达了一般的感觉,第三个原因是这种感觉的正面描述,塔西佗适时地给予我们例子,看看提贝里乌斯如何实践。在元老院第一次会议上,提贝里乌斯的策略是"观察元老们的意向"(8.4:梅撒拉的例子)。

---

① 如 Furneaux 与 Koestermann 相关论述;OLD 词条 15a。
② Goodyear 相关论述。
③ 宾格+不定式的"遥远效果"可忽略不计,因为限制性动词(cognitum est)似乎给出了作者对间接言辞的同意。
④ TLL7.1.1238.1-2(省略 ab eo)。Powell 教授认为,这里的意思是引起/激起［对他人(主要是元老们)］的"怀疑":参 OLD induco 6a。苏埃托尼乌斯《提贝里乌斯》30 里的同一个动词也出现类似的古怪之处,参 P. A. Brunt,《奥古斯都政制下的元老院角色》("The Role of the Senate in the Augustan Regime"),载于 CQ,34,1984,页 424。

九

现在,我们已经轮流检验过三个原因,我们可以问,为何塔西佗费尽心机,以如此复杂详细的细节去解释一个场景,而现代读者甚至几乎无人意识到这个场景在文本中的在场。问题的答案是,无论从哪个角度看,提贝里乌斯都不愿在元老院第一次会议上谈及他的位置,这令人瞩目。塔西佗写作《编年纪事》之前的一个世纪,发生过无数权力交接,包括一段时期的世袭,乃至内战的极端竞争。然而,有一个人,尽管被认为是继位者(参 3.3),拒绝讨论确立他的位置。正如我们可以从塔西佗那里推测,同时代人甚至更感困惑。他们知道,奥古斯都已经选择了提贝里乌斯作为继位者(10.7 successorem),他们得知奥古斯都驾崩的同时,亦得知提贝里乌斯"主事"(5.4)。他们的第一反应是,自发涌向新统治者,发出正式的效忠誓言(7.1–2),而另一方面,提贝里乌斯立即像元首一样行事(7.5)。在这种情景下,毫不奇怪,塔西佗会在三个不同场合提到提贝里乌斯拒绝[商讨登基](7.4"只商议他父亲的荣誉",7.5,8.1),之后含蓄地表明提贝里乌斯履行诺言(8.3"随即讨论荣誉问题")。身处一个有权力确定统治地位的团体,新元首拒绝在第一时间讨论他的地位,这确实引人瞩目;而且,既然塔西佗将提贝里乌斯第二次辩论时的让步描述成回应舆论(7.7"屈服于舆论"),这一描述就预设了一次拒绝,这次拒绝如此显著,以至于舆论要求纠正它。

提贝里乌斯屈服于舆论,暗示出有一份第二场辩论的公告;但从三个原因的顺序可以推断,提贝里乌斯的同时代人不知道他的犹豫何时结束,或者换一个说法,不知道他对一场辩论的让步何时会得到颁扬。无论我们是否把这一让步,视为提贝里乌斯的观点或作者观点的聚焦(focalizes),①第二个原因仅仅暗示还会发生一场辩论,日期并没有暗示出来。当然,第一与第三个原因合起来暗示出某种时间刻度(辩论会发生在提贝里乌斯得到日耳曼尼库斯的保证以及他对贵族的意向有足够了解之后);但是,这两个原因都不能代表,提贝里乌斯的同时代人在奥古斯都死后得到什么公共信息。第三个原因明确说到,事情后来才公开(7.7"后来我们才看到"),而第一个原因,由于其非常的性质(7.6"害怕日耳曼尼库斯"),当时几乎不可能公开,只能充当作家对事件的解释。

因此,提贝里乌斯的同时代人处于无知与悬而未决的状态,②正是这种状态提供了背景,使得塔西佗在 10.8 – 11.1 继续提贝里乌斯的登基主题:"奥古斯都的葬仪总算顺利地过去了。奥古斯都随即被元老院宣布为神,元老院并且决定用一座神殿来奉祀他。在这之后,提贝里乌斯就成了人们祈求的对象。"典型的塔西佗式讽刺常常抓住现代读者的注意力。凭靠这种讽刺,延置的名词 preces[祈求]所具有的宗教含义,通过与 templum et caelestes religiones[神殿与尊为神]并置而得到激活:元老们好像从一个死去的神转向一个活着的神。但是,这样的讽刺不应掩盖这一事实:祈求也意味着解脱,元老们带着这种心情恳求提贝里乌斯结束悬而未定的状态,他使他们待在这种状态太久了。

---

① 可以另一种方式提出这个问题。倘若正是提贝里乌斯聚焦"屈服",我们必须推测,塔西佗正暗指或想象一份敕令,提贝里乌斯在其中说他屈服于舆论压力。倘若"屈服"就是作者评论,塔西佗可能从登基辩论回想起提贝里乌斯原初的几分勉强。(很明显,从提贝里乌斯的观点无法得出词语"由于奥古斯都的妻子暗使阴谋和奥古斯都在晚年收养了他",尽管可能认为是他的同时代人作出此种聚焦:这样一种解释并非与大众的渴望(famae)不一致,大众渴望确认提贝里乌斯作为元首的位置,正如从本文上文可以看到的。)

② 人们关于奥古斯都的意见那部分(9 – 10),以叙述的方式表达出这种悬疑未决,塔西佗将之标记为离题话(从 8.6 sepultura 到 10.8 sepultra…perfecta)。

现在,除了那种犹豫本身,元老们没有得到任何证据,表明一旦正式授予其帝位的时候,提贝里乌斯不会"登基"。可是,那种犹豫现已结束,第二场辩论已经召开,这一事实意味着拒绝"登基"已无法想象。①因此,当提贝里乌斯开始回应元老们的祈求时(11.1),他的言辞旨在让别人觉得几乎不可信(11.2"与其说具有可信性,不如说令人印象深刻":参上文)。但是,作为元老们的推断(即他们考虑到提贝里乌斯当前的犹豫与他之前的历史),他们明白那可怕的、即便是含混的真相:提贝里乌斯似乎要拒绝当元首。因此他们的抗议、泪水与誓愿倾泻而出(11.3)。

在我看来,上述分析所依赖的假设无可争辩:7.6-7 的诸原因表面上与 7.5 的 cunctatio[犹豫]相连,实际上相互排斥。换言之,塔西佗区分了 cunctatio loquendi[言辞的犹豫](7.5)与 recusatio imperii[对皇权的拒绝](11.1)。因为没有其他作家这样做过,所以不难理解,学者们如何被误导,以为 cunctatio 与 recusatio 是同一回事,还以为对这所谓同一现象的解释,被简单地安插在更早的一个地

---

① 在此问题上,塔西佗的读者比提贝里乌斯的同时代人知道得更多,正如我们刚看到的,提贝里乌斯的同时代人不知道第一与第三个原因。每个原因都暗示,提贝里乌斯将在适当的时候确认自己的元首位置:倘若在他就要得到帝位的时候,他不想接受这一命令,那他等待日耳曼尼库斯或贵族们就毫无意义了。因此,在读者看来,提贝里乌斯在 7.3-7 与 10.8-11.1 期间改变了主意。塔西佗没有为这一运动提供明确的理由,无疑是因为,他希望自己的叙述模仿登基辩论中提贝里乌斯的听众那毫无准备的感觉;但是,既然提贝里乌斯以引用奥古斯都的能力开始发言,而在 10.7 塔西佗叙述了所谓的奥古斯都贬损提贝里乌斯(ne Tiberium quidem…quaesiuisse),这种并置具有极强的暗示,并与塔西佗对提贝里乌斯的总体刻画相当一致:这个人甚至在开始之前就泄气了。而且,塔西佗说到第一与第三个原因时的腔调,已经向读者提出这样的问题:倘若提贝里乌斯没有得到日耳曼尼库斯与贵族们的肯定,他会干什么(参注释 65[译按:本书页 63,注①]对"屈服"的讨论);无论如何,提贝里乌斯改变主意这一点,本身不会阻止他在辩论期间为了回应元老们的压力(12.1)而妥协,又或阻止他不顾辩论结局的含混(13.5)而继续统治。

方,在更早的这个地方里,那些解释既悖于情理,又稀奇古怪。①

十

在先前的分析中,我呈现了一种激进的新解释,以此说明塔西佗处理提贝里乌斯登基的段落,这种解释几乎涉及这个段落的每个方面。其中出现了一个尤其令人瞩目的结论:没有证据表明,塔西佗把提贝里乌斯刻画成一个装模作样的、虚伪的元首,用格里芬的话来说(前揭),他装得"不想要权力,实际上他想要"。②然而,这种

---

① 同时代人 Velleius 没有提到过这三个原因(但提到一个 uotum[誓愿]),他并没有区分 cunctatio loquendi[言辞的犹豫]与 recusatio imperii[对皇权的拒绝](124 - 125.1):倘若我们认为塔西佗精确记录了"真正发生过的事",我们就不得不推断,提贝里乌斯的同时代人根据更早前他拒绝确认自己的位置这件事,来解释9月17日他对皇权的拒绝,这种做法并非不自然(即,从回顾的角度看并没有区分言辞的犹豫与对皇权的拒绝)。另一方面,如果 Velleius 记录精确,我们必须认为,塔西佗以个人化的、更可信的方式,呈现了苏埃托尼乌斯与狄奥那里出现过的相似材料。Velleius 也作了有趣的表述:"只有这个提贝里乌斯几乎一直拒斥皇权,其他人为了获得皇权,不惜开战。"(124.2)在我的相关注疏里,我认为,Velleius 脑海里想着从八月中到九月中这段时期(即从奥古斯都驾崩到登基辩论),而他的对比人物(alii)可能是马里乌斯(Marius)。此时我不说对自己的观点有多自信,尽管它得到了 Sage(前揭)页295注释10的支持;但我对塔西佗的分析已经显示,提贝里乌斯在第一场辩论中的沉默多么重要,直到九月中这种沉默才得到修正:因此,奥古斯都死后这段时期的确关键。所有这些证据表明,K. Wellesley 的理论是错的,他认为登基辩论在九月初就发生,参《提贝里乌斯登基的日子》("The dies imperii of Tiberius"),载于 JRS,57,1967,页23 - 30。

② 相反,如果我在注释67[译按:本书页71,注①]中的分析是对的,塔西佗的读者正被告知,提贝里乌斯曾经准备接受权力,但改变了主意。因为学者们常常假定,塔西佗笔下的提贝里乌斯在某种程度上是"真正"的提贝里乌斯,我们值得投入更多的思索。倘若有提贝里乌斯的同时代人,处理(转下页)

恼人的结论是否站得住脚,取决于对某个段落中的一个短句的解释,这个段落仍有待讨论,其问题也比大部分学者已经意识到的多得多。

塔西佗以谋杀珀斯图姆斯开始其提贝里乌斯的叙事(6.1-3),之后,他在第7节(1-3)继续说:

> 但这时在罗马,执政官、元老和骑士都在争先恐后地想当奴才。一个人的地位越高,也就越是虚伪,越是急不可待地想当奴才;他需要控制自己的表情:既不能为皇帝的去世表示欣慰,又不能为一位皇子的登基表示不当的忧郁。他流泪时要带着欢乐,哀悼时要带着谄媚。执政官塞克斯图斯·彭佩乌斯(Sextus Pompeius)和塞克斯图斯·阿普列乌斯(Sextus Appuleius)二人首先向提贝里乌斯恺撒宣誓效忠。然后在这两位执政官的面前,由近卫军长官塞乌斯·斯特拉波(Seius Strabo)和粮务长官盖乌斯·图尔拉尼乌斯(C. Turranius)宣誓效忠。再后是元老、士兵和普通人民。因为提贝里乌斯不管做什么事情,总是要执政官先开始,仿佛过去的共和国依然存在,而他本

(接上页)能力不如 Velleius,但却(像他一样)根据言辞的犹豫来看待对皇权的拒绝(注释68[译按]本书页72 注①),他们将从提贝里乌斯在元老院的发言中(11.1)得出,提贝里乌斯在过去几个星期都一直在骗他们:他并没有改变主意,但却假装想要权力,实际上他却不想要!这不仅恰恰跟现代学者所假定的相反,而且有助于解释提贝里乌斯伪装的名声(这种名声可能正来源于此),正如我们从 Tab. Siar. IIb. 16 所知道的,在他的统治早期,这一名声就流传在外。然而,从 7.6-7(注释67[译按]本书页71 注①)可清晰得知,这不是塔西佗本人的观点:反讽的是,正是塔西佗本人提供了证据,证明一个不伪装的提贝里乌斯。就算我们接受一般的观点[D. Timpe 有所讨论,《帝国早期的延续性研究》(*Untersuchungen zur Kontinuität des frühen Prinzipats*,1962),页 51-5],认为 1.46.1 的 cunctatione ficta[假装的犹豫]指提贝里乌斯在"获取帝位"时的犹豫而非 1.47.3 处的犹豫,但因为该短语出现在间接引语中,所以不会与我对登基情节的解释相矛盾。

人还不能肯定是否应当掌握统治大权似的。甚至在发布敕令召集元老到元老院开会时，他所使用的也只不过是他在奥古斯都时期取得的保民官的权力。

在罗马，执政官、元老、骑士都争着当奴隶，①他们虚伪、争着拍马的程度，与他们的个人地位成正比(7.1)。执政官首先向提贝里乌斯宣誓效忠(7.2 consules primi)，接着是两个 praefecti[长官]、元老、战士与人民。接下来的句子以 nam[因为]开头(7.3)，似乎与前一句有因果或者解释的关系；事实上，per consules incipiebat[执政官先开始]与上文的 consules primi[执政官首先]似乎有词语上的连接。但任何这样的关系都要求我们(根据 incipiebat[开始])推断，正是提贝里乌斯本人怂恿宣誓，并使执政官首先发誓。正如柯尔特曼所看到的，这并不可能。②塔西佗已经告诉我们，总体的反应是自发的(7.1)：现在暗示说宣誓由提贝里乌斯本人发动，这样一点意义也没有。③而除了执政官，还有谁能首先宣誓呢？

还有其他问题。这个句子也以一个补充结尾，这个补充由 tamquam[仿佛]引入，明显由一个熟悉的、变化了的夺格短语与主格形式的形容词组成："好像古老的共和国依然存在，而他还未决定

---

① 并置词语 Romae[罗马]与 ruere[冲，争着]可能旨在让人想起贺拉斯 Epod. 16.2 Roma…ruit，这里包含着复杂的词源学双关语，参 Macleod，《论文集》(*Collected Essays*, 1983)，页 218 – 219。我也好奇，下文的 consules primi 是否反讽地引用李维 2.1.8 primi consules(尽管该短语或基于该短语的变化在李维其他地方以及其他作者也重现过)：李维这个段落后面几乎紧接着(9)词语"[布鲁图斯]让渴望新自由的人民宣誓，没有一个罗马人容忍王政"。

② Koestermann 相关论述，尽管细节不同。

③ 事实上，这段独特的宣誓的一个明显特征是，它应该是自发的，参 Weinstock，《神圣的优利乌斯》(*Divus Julius*, Oxford, 1971)，页 225 引 Res Gestae 25.2 "全意大利都自发向我宣誓"；然而，Kampff 使用我们的段落来证明提贝里乌斯"要求宣誓效忠"(1963:27)。

是否统治似的",人们将这个句子理解为,提贝里乌斯丝毫没有犹豫不决,而是绝对想要权力。①这个补充如何与成问题的主句相连,或者与更大的上下文相连?古德伊尔一如既往,没有作注释。柯尔特曼将它描述为对提贝里乌斯假装的共和主义的预期,从而将句子[译按:即主句+补充]解释为一个整体:他以一般意义来理解动词("提贝里乌斯习惯于从……开始")。可是,就算我们不断容忍词语 cuncta[一切]的修辞夸张,这种解释还是有各种缺陷。首先,不幸的是,元老院第一次会议似乎就与柯尔特曼相矛盾,在那里,正如塔西佗本人告诉我们的,是提贝里乌斯而非执政官规定了辩论的方式(8.1"在元老院的第一次会议上,他只许人们讨论奥古斯都葬仪问题")。其次,像 3.60-3(尤其注意 3.60.1 与 3.63.1-2)这样的情节整个意义都将失去,倘若塔西佗已经告诉我们,提贝里乌斯会在"一切事情"(cuncta)上采取共和的特征。最后,与之相反的是,塔西佗在 4.6.2 总结公元 14-22 年——他的提贝里乌斯叙事有一半记述这些年的事——时,他一点也没有暗示提贝里乌斯的伪装,根据柯尔特曼的解释,塔西佗以此处这种有计划的特写呈现了他的伪装。这种不连贯有助于强调,调和一个一般化的主句与补充从句的反事实主张,逻辑上相当困难:倘若提贝里乌斯"习惯于凡事以执政官开始",这跟某人"好像还没决定是否统治"怎么可能一致呢?必定到有一个时刻,伪装不再是伪装,而变成现实。总之,这些反对意见暗示,塔西佗的句子不可能有柯尔特曼所希望的一般意义。②

---

① 参 Gerber-Greef 1623b(标题 falsam speciem indicat 之下)。Kohl(前揭)也没有讨论这一补充。

② 提贝里乌斯展示了对元老院的敬意(respect)甚或尊重(deference),这已是老生常谈,尽管如此,传统对 7.3 的解释必然把一种相当不寻常的关系(尤其与执政官)归诸于他。塔西佗稍后会说 sua consulibus…species,但他也这样说裁判官,也提到低级的行政官以及一般意义的元老院(4.6.2);Velleius 同样提到行政官与元老院(126.2)。只有苏埃托尼乌斯似乎只挑出执政官(《提贝里乌斯》31.2),而他的单一例子似乎至多可以说模棱两可。

弗诺认为,塔西佗指一个 interregnum[无王时期],即从奥古斯都驾崩到(可能是)提贝里乌斯的位置得到确认:在这段时期,提贝里乌斯凡事从执政官开始,"好像他还没拿定主意去统治"。①这一主张使主句与补充从句之间没有了逻辑问题,但尽管如此,同一节的后半部分否决了它(7.5):在塔西佗归诸于提贝里乌斯的主动行动中,并没有执政官作用的痕迹,而这恰好在这段无王时期内。那么,如何解释这个成问题的句子?

很明显,在同一节稍后,根据塔西佗的看法,提贝里乌斯还没有"获取帝位"(7.5"俨然是已经做了皇帝"):元首位置的确认留待以后进行,在元老院第二次会议进行。反过来,这一仪式取决于如今臭名昭著的执政官的提议(13.4"执政官的提议");我认为,塔西佗说提贝里乌斯"一切通过执政官开始",就是指这回事。根据这一解释,句子可以翻译为:"事实上,提贝里乌斯的整个统治都从执政官开始。"换言之,cuncta[一切]并非修辞性的夸张,并非指一系列独立的事件的开头,而是在总体的意义上使用,在典型的塔西佗式委婉的意义上使用(参 1.1.1"奥古斯都接受一切";1.3.3"那里一切都倾向于提贝里乌斯";1.11.1"一切统治责任")。incipere[开始],以某种扭曲的形式也是典型的塔西佗用语,它纯粹是一个及物动词的范例,塔西佗几乎专门用它来指代元首统治的开始,几节之后又这样用了一次(1.19.2 incipientis principis),古德伊尔在那里引用了柯尔特曼的对比例子。②最后,此处执政官行动的优先与他们在上一个句子的优先(7.2 consules primi)形成了一种关系,这种关系通过 nam[因为]的常规用法而得以表达,nam"既巩固了前一

---

① Furneaux 相关论述。

② 相似的表达参李维30.27.11"为了平静的诸神而开始去除一切",30.30.12"最大胆地开始一切"。塔西佗的未完成时态属于一般用法,文法学家将之归为过去表达意图、期望或计划的行动的用法。参《阿古利可拉传》13.15.1"借此,布列塔尼库斯完成其十四年的生命",14.45.2"与之相伴,导致了谴责"。

个陈述,又肯定了下一个句子"。① 非常讽刺,罗马第一位帝王的继任受益人,竟会使自己的位置依赖于这样一种行动:这种行动由典型的共和国官员,以典型的共和国方式履行。②

  这种解释不仅避开了柯尔特曼与弗诺所面临的反对意见,而且解释了这个句子与前一个句子(参上文)的关系。不仅如此,词语"好像古老的共和国还存在似的"非常利索地突出了内在于 9 月 17 日的提议中的反讽。然而,倘若该句子的主句指登基辩论,这一指涉就仅仅使补充从句中"(好像)他还没拿定主意去统治"的问题更为紧张:因为,只要这些词语暗示提贝里乌斯的确想要权力,③ 它们就为传统的观点——提贝里乌斯在登基辩论中的发言并不真诚(11.1)——提供了迟来的(即便是形单影只的)支持。可是,既然提贝里乌斯所谓在那场辩论中的不真诚取决于对两个关键段落的解释(11.2 – 3),而正如我相信我已证明的(上文第三部分),这种解释站不住脚,那么,此处预示任何这类不真诚都是反常。通过简单的权宜之计——在"共和国"后面而非"未确定是否掌权"后面断句,可以去除这种反常:④

    因为提贝里乌斯的整个统治都要从执政官先开始,仿佛过去的共和国依然存在似的,而他本人还不能肯定是否应当发布

---

  ① G. H. Poyser,《nam 的一个用法》("A Usage of nam"),载于 *CR*, 2, 1952,页 8 – 10(在第 9 页)。

  ② 倘若剥夺读者那种明显反讽的理解,读者会感到失望,那么,他们可以补充"事情会改变"这一思想[译按:可能指没有最终的论断],如果他们愿意的话。

  ③ 参上文注释73[译按:本书页 75 注①]。事实上,这些词语并不必然有这一含义,但我不准备在此详细讨论这一问题。

  ④ 塔西佗其他类似的句子开头,参 14.33.1 ibi ambiguus an…;在塔西佗的手稿中,我们的段落有两个分号,在 tamquam 之前和 imperandi 之后,这样划分是应该的。最近对更为出名的一个段落(3.65.1)重新句读,参 *MH*, 52, 1995,页 111 – 126。

命令。甚至在发布敕令召集元老到元老院开会时,他所使用的也只不过是他在奥古斯都时期取得的保民官的权力。

众所周知,古典文本的句读并没有什么神圣性可言,这个小小的改动,使得我们清楚,两个结果从句指两个不同场合。

根据重新句读,塔西佗就跟前一个情节一样(6.3),利用了这一事实:imperare 在上下文中意味着"发布命令"。塔西佗刚刚提到,执政官首先宣誓效忠(7.2),现在他慢慢说道,提贝里乌斯整个统治都从执政官开始,这是对共和国实践的反讽回应(7.3"好像古老的共和国还存在似的")。这一共和国实践反过来引领塔西佗进入提贝里乌斯对共和国权力——保民官权力——的使用,提及这点,叙述就回到了元老院首次会议之前("发布敕令召集元老到元老院开会时")。既然使用保民官权力代表着最低限度地运用权力("甚至⋯也只不过⋯除了"),①塔西佗这个陈述排在短语"不能肯定是否应当发布命令"之后,就非常合适了,因为塔西佗的陈述阐明了这个短语。②重新句读的段落,其表达本身似乎无懈可击,并与上下文配

---

①　在此连接上,我们可以注意到,注疏家或者忽略(如 Koestermann 与 Goodyear)或者误解(如 Furneaux)了司考茹斯在 13.4 的评论"既然提贝里乌斯从来没有用自己的保民官权力否决过执政官的建议,因而人们便很有可能指望元老院的请求都会实现"。司考茹斯的意思并不是说,提贝里乌斯没有否决提议,而是说他没有使用保民官的权力去否定,这是一个挖苦的影射:提贝里乌斯早前"只"使用保民官权力去召集元老,开他统治的第一次会议(7.3 ne⋯quidem⋯nisi)。

②　值得强调,praescriptione 是一个专门术语(参 OLD 1),指敕令的标题与开头,可能写着 Ti. Caesar Aug. f. tr. Pot. xv,正如 Levick(前揭),页63 所提到的公元 13/14 年(EJ 81)的一枚硬币上面写着的。根据我的句读,ambiguus imperandi 是塔西佗推测自这样的 praescriptio,或者是对它的注解。进一步说,就词语 ambiguus 暗示着双重性而言,提贝里乌斯在 7.3 最低限度地使用权力,这为下文 7.5(sed⋯)树立了一个对照,在那里,他使用的权力(ut⋯tamquam⋯)比已经拥有的大,而且 imperator 一词回应了 imperandi。

合得天衣无缝;稍后,在登基辩论中,提贝里乌斯想尽办法避免确认其地位,我们可以总结,此处已经预示了他的勉强,在那种情况下,ambiguus imperandi 将有一层特别的、强调的含义("未确定是否当元首")。①

十一

塔西佗是公认的难读、欺骗性强的作家。同时,《编年纪事》是极为常见甚至经典的文本。塔西佗对优利乌斯 - 克劳狄乌斯朝的反讽观点,影响了一代代研究者与学者;他对帝国早期的看法,也是我们的看法。从中产生了一个悖谬:正是对他非常熟悉,使学者们意识不到他的文本多么难读、多么有欺骗性。

奥古斯都死后,提贝里乌斯发现自己控制着局势(5.4),但他拒绝立即确认自己的位置(7.5);发布命令时,他既依赖最小的权力(7.3),也依赖他并未正式接受的权力(7.5);尽管他想在后一场辩论确认自己的位置(7.6 - 7),他却以完全退出的尝试来开始那场辩论(11.1);那一退出的尝试让位于妥协性的计划:他应得到协助者(12.1);当那一妥协似乎遭到抛弃时,他回到了宪法上的不稳定地位,自奥古斯都驾崩以来,他就处于这种地位(13.5);尽管他没有承

---

① 同样,7.7 的第二个原因有一个回顾性的共鸣,因为,如果跳出上下文,人们可以将它理解为这种暗示:提贝里乌斯选择全然避开一个确认的过程,这个过程只会让他完全退出政治的计划变得更加困难,而且,正是作为对舆论的让步,他才会屈服于那一过程。事实上,第一和第三个原因似乎预先排除了这种理解(参上文注释67[译按]本书页 71 注①),除非我们假定,提贝里乌斯的确拿不定主意(ambiguus imperandi);参上文注释65[译按:本书页 70 注①]。值得注意的是,根据塔西佗(13.5),辩论在没有确认提贝里乌斯的位置时就结束了(参上文);根据苏埃托尼乌斯,"提贝里乌斯还是接受了帝国的权力,他以此种方式暗示希望有一天能摆脱它"。

认自己接受权力(13.5),但他接下来统治了二十余年;尽管他似乎放弃了妥协性的计划,但他在实践中马上将之付诸实施:他让自己的儿子日耳曼尼库斯与杜路苏斯作为自己的助手。这不是传统的肖像,也不是关于一个假装的、虚伪的僭主;这是对一个人细腻、可信的描画:他的责任感永远与其退出政坛的渴望相冲突,他真的"未确定是否掌权"。这是完美的——完美的塔西佗式——反讽,提贝里乌斯最终会发现,自己处于最后一位助手谢雅努斯的控制之下,这位助手的一项成就就是劝服他完全退出政治生活,而在公元14年秋的登基辩论中,他就表达过这样的渴望,尽管用晦涩的语言。

编年形式,讣告与塔西佗的主题

金格拉斯(Marie T. Gingras) 撰
曾维术 译

塔西佗的《编年纪事》中,没有哪卷像卷三那样如此显著地处理讣告与葬礼形象。在这一卷里,塔西佗突然选择纳入数量惊人的讣告,并描述了两场葬礼。第1至6节日耳曼尼库斯(Germanicus)的葬礼与第76节优尼娅(Junia Tertulla)的葬礼构成该卷的框架,在这个葬礼组成的框架之内,塔西佗记录了维普撒尼娅(Vipsania)(3.19)、撒图尔尼努斯(L. Volusius Saturninus)与克利司普斯(Sallustius Crispus)(3.30)、克维里尼乌斯(P. Sulpicius Quirinius)(3.48)以及卡皮托(C. Ateius Capito)与撒罗尼努斯(Asinius Saloninus)之死(3.75)。三十年前,塞姆(Syme)注意到,塔西佗有意将全部讣告不均衡地分布于《编年纪事》——绝大部分(《编年纪事》的存世部分有十二个"死亡告示",其中九个)出现于第一个六卷编组,①而且,直到卷三过半,《编年纪事》才出现讣告。②然而,迄今为止,没有令人满意的解释可以说明,塔西佗为何在卷三记录如此多的死亡。

金斯伯格(Ginsburg)与塞姆最近详细考察了卷三的讣告。③ 两

---

① [译按]学界按内容为塔西佗的纪事作品划分章节,其中一个理论是六卷成一组。

② Ronald Syme,《塔西佗笔下的讣告》("Obituaries in Tacitus"),载于 AJP 79,1958,页20。

③ Ronald Syme,《西佗如何写〈编年纪事〉前三卷》("How Tacitus Wrote Annals I–III"),载于 Historiographia Antiqua, Symbolae 6, Leuven, 1977, 页231–263。J. Ginsburg,《塔西佗〈编年纪事〉的传统与主题》(Tradition & Theme in the Annals of Tacitus),见 Classical Studies, New York, 1981, 页57以下,尤见页61。

人都认识到讣告的结构功能：传统的编年纪事把讣告安排在年尾；通过坚持或忽视这种安排，塔西佗强调或无视叙事上的纪年断裂——他的编年形式具有片段性质，这使得叙事因纪年而中断。塞姆与金斯伯格也都认识到，某些人的讣告具有文学功能：这些讣告有助于刻画并预示谢雅努斯在卷四的登场，因为它们呈现了类似的野心家的生活。① 然而，尽管塞姆承认，塔西佗对讣告的布置在细心的读者那里收到显著效果，但塞姆认为，第一个六卷编组主要围绕日耳曼尼库斯与谢雅努斯展开，这使得塞姆把一切与这两个人物没有直接联系的叙事，都视为不过是"日耳曼尼库斯的故事结束后，填充卷三的材料"。② 金斯伯格注意到，卷三集中描写讣告，卷一卷二却没有讣告，这点非同寻常，然而她没有细察这一现象。因为她的兴趣在于这种以讣告来标志年尾的编年纪事用法，个别讣告的内容对她而言是次要的。

但仔细检查这些死亡告示的细节会显示出，卷三的讣告有更重要的目的。卷三记录了岁月的变迁：从日耳曼尼库斯之死到谢雅努斯的发迹。它的葬礼与讣告无疑阐明了《编年纪事》卷三的主题目的：塔西佗正在记述旧秩序的死亡，其表面的(ostensible)代表人日耳曼尼库斯，于卷三开篇入土为安。塔西佗也在记述新秩序的胜利，其代表人谢雅努斯，于卷四开篇粉墨登场。塔西佗使用编年纪事的讣告传统，定期记录共和国自由(libertas)的逐步消亡，这一自由与跟日耳曼尼库斯有关的人相连；也记录了皇室的奴役(servitium)对罗马的腐蚀，其最典型的代表是谢雅努斯。③ 塔西佗的作品

---

① Syme 承认讣告的文学功能(如，讣告能"丰富行文")与结构功能；他也暗示讣告有主题上的目的，见《塔西佗笔下的讣告》，页30，页20。Ginsburg，前揭，页39-41，列举了讣告的结构、文学与主题上的用法，但没有详细分析。

② Syme,《西佗如何写〈编年纪事〉前三卷》，页247-248。

③ 全面讨论塔西佗作品中自由(libertas)一词的意义与暗示，将大大超出本文的范围。大体上，我同意 Ch. Wirszubski，见 Ch. Wirszubski,《自由：(转下页)

向来如此：叙事的结构影响着他对重大纪事主题的呈现。因此，我们必须首先检验塔西佗的手法：他通过安排葬礼描写与讣告，来操纵编年结构；这样做时，他使卷三的叙事远离"日耳曼尼库斯卷"与"谢雅努斯卷"。再者，考察塔西佗对日耳曼尼库斯与优尼娅的葬礼的刻画——这两场葬礼框住了卷三——显示出，塔西佗在卷三关注自由主题与奴役主题的对抗。最后，细读卷三的讣告会显示，在卷三的叙事范围内，塔西佗如何利用编年纪事的讣告传统来推动同一主题议程。

塔西佗叙述卷三的起首年——公元 20 年时，两次离开编年纪事传统。首先，直到该卷第二节结尾，他才提及公元 20 年的执政官，然而，一年的叙事通常以提及执政官为起点。尽管塔西佗确实提到了两位执政官，但他只在一个粗略的评论中提了一下，这一评论指出，两执政官伺候寡妇阿格里披娜登陆布伦地西乌姆（Brundisium）（3.2.3）。"执政官瓦列里乌斯（M. Valerius）与奥列里乌斯

（接上页）罗马一种的政治思想》（*Libertas as a Political Idea at Rome*, Cambridge, 1968），页 122："在奥古斯都治下，显贵们（nobiles）丧失了他们事实上的特权：他们不再有领导公共事务的自信……"我相信，这些讣告所哀悼的自由，正是昔日元老院尊严（dignitas）的丧失，以及发表演说与意见、影响公共政策的自由的丧失，这种丧失有时出于被迫，有时出于默许。塔西佗如何根据自己的行为规范与当时的道德习俗来看待这种丧失，这在本文中仅略为触及。我关注的是，塔西佗为下列问题提供的证据：提贝里乌斯的同时代人对这种丧失的看法，以及这种丧失对帝国早期纪事的影响。塔西佗自己对自由的思考，在《阿古利可拉传》得到更精确的表达（如，参塔西佗在 Agr. 42.4 的著名评论）。似乎确有其事的是，塔西佗作为优利乌斯－克劳狄乌斯朝的纪事作家，与作为多米提亚努斯恐怖统治的幸存者，对自由的看法的确有差异。另参 W. Liebeschuetz,《塔西佗〈阿古利可拉传〉中的自由主题》（"The Theme of Liberty in the Agricola of Tacitus"），载于 *CQ*, 新刊 16, 1966, 页 126 - 139，尤见 134 以下，以及 M. Ducos,《塔西佗作品中的自由：个人权利或个体驾驭》（"La liberté chez Tacite: droits de l'individu ou conduite individuelle?"），载于 *BAGB*, 1977, 页 194 - 217，他非常中肯地批评了这一谬误：塔西佗的自由概念包罗万有、始终如一。

（M. Aurelius）——现在已经就任——元老们以及很大一部分人，拥集在道旁。"①提及执政官就职，这是编年纪事标志新年伊始的举动，现在降为插入的旁白。②

塔西佗甚至推迟了这份粗略的关于新执政官的公告，借此，他把卷二结尾与卷三开头的事件的不连续性降至最低。③塔西佗从而把日耳曼尼库斯直至公元19年的生前行为、他于公元19年年末的死亡（2.69－83）、公元20年年初他的骨灰回到罗马以及对披索的审判（3.1－19），描述成一个连续体。这样，塔西佗想让读者把卷三的前十九卷理解为卷二叙事的延续。塔西佗进一步强调这种统一：他将第一个死亡告示④——日耳曼尼库斯的伯母维普撒尼娅之死——放在3.19，尽管这个死亡告示与披索案之间夹杂着公元20年叙事，但它还是紧接在披索受审结束之后，而非如人们所预料的，公元20年叙事的尽头。这样做时，塔西佗就为日耳曼尼库斯死亡事件及其在罗马的直接回响，制造出虚假的编年纪事结尾。⑤他从而无视了编年纪事结构的片段性质，并为事实上横跨两个历法年的事件创作出流畅、连续的叙事。维普撒尼娅的死亡告示的内容也与主题相关，因为那里的旁白关注她的手足离奇的死亡，指控放毒与谋杀："在阿格里帕所有的孩子当中，她是唯一得到善终的人。其

---

① ［译按］原文为：consules M. Valerius et M. Aurelius (iam enim magistratum occeperant) et senatus ac magna pars populi viam complevere。

② 这一执政官纪年十分微妙，不可像 F. G. Moore 那样，仅仅把它看成真正的编年纪事的开年标志，见 F. G. Moore,《塔西佗的编年方法与卷章划分》("Annalistic Method as Related to the Book Divisions in Tacitus"),载于 TAPA, 54, 1923, 页 8, 他讨论了塔西佗不寻常与非典型的执政官纪年短语。

③ E. Koestermann 持同一意见，见 Koestermann,《塔西佗的〈编年纪事〉》(Cornelius Tacitus "Annalen", Heidelberg, 1963),卷一，页 420。

④ Syme 将自己的"讣告"定义限制于那些政治上突出的男人的死亡告示。我追随 Ginsburg 更广的讣告定义：这包括在年末对任何杰出人士的死亡的描述。

⑤ Ginsburg,前揭书，页 61。

余的孩子,一部分明显死于刀剑之下,一部分则据说被毒死或饿死。"通过这一指控,该旁白让人想起这一流言:提贝里乌斯是使日耳曼尼库斯夭折的幕后主使;由于旁白展示了提贝里乌斯有能力弑亲,该流言的可信度大为增加。①

卷二与卷三之间具有连续性,与之截然相反,卷三结尾以其明显的断裂引人注目:通过严格遵守编年纪事传统,作者在卷三结尾与卷四之间制造了这一断裂。卷三以谢雅努斯之舅布莱苏斯的胜利、两个讣告(卡皮托与撒罗尼努斯的)以及优尼娅的葬礼结尾。②塔西佗以标准的编年纪事公式引入两个讣告——同年,两位著名人物逝世(obiere eo anno viri inlustres,3.75.1)③——这样就清晰地标示出一年的结尾,并严格符合编年纪事传统。毫无疑问,塔西佗以讣告和一场葬礼结束卷三,这场葬礼的象征性与重要性明显以讽刺和悲观为特征:"没有见到布鲁图斯和卡西乌斯的胸像,但是他们二人的光芒比其他人更明亮。"(3.76.2)不仅如此,卷四开篇还清晰地标示出叙事的新阶段,这个开篇让人想起撒路斯特对卡提利纳的描述:④

---

① 仅仅在三节之前,塔西佗才刚描述过这一意见:提贝里乌斯命令披索去杀日耳曼尼库斯(3.16)。

② 据 Ginsburg,前揭书,页 33-35,塔西佗使用讣告来结束一年的叙事,这种手法是李维笔法的自然发展:李维为去世的祭司、大祭司列出年度清单。因为李维的纪事常在年尾纳入"凯旋的决议或对凯旋的驳回(the decree or refusal of triumphs)"(Ginsburg,页 111,注释 9),所以,文本 3.19.3 杜路苏斯的小凯旋式(后面紧跟着维普撒尼娅的讣告),以及 3.74.4 布莱苏斯受士兵欢呼,也都可能反映出这一李维笔法。

③ Moore,前揭书,页 6;Syme,《塔西佗》(*Tacitus*,Oxford,1958),卷一,页 313;Ginsburg,前揭书,页 35。

④ 撒路斯特的《卡提利纳阴谋》第 5 节与《编年纪事》卷四第一节有相似之处,这已引起一大群学者的注意。例如,参 Koestermann,前揭书,2.2。E. Keitel 重估了这些相似段落,颇为有趣,参 E. Keitel,《帝制与内战》("Principate and Civil War"),载于 *AJP*,105,1984,页 322。

> 阿西尼乌斯(C. Asinio)和安提司提乌斯(C. Antistio)担任执政官的一年,是提贝里乌斯在全国安谧和国内繁荣的情况下进行统治的第九年。原来他把日耳曼尼库斯的死亡看成是自己所遇到的幸事之一。但正是这个时候,命运突然搅乱了这和平的环境:提贝里乌斯本人变成了暴君,或是把权力交给残暴的人手里去。

塔西佗以标准的独立夺格结构,把新执政官的名字置于卷四开篇,凭借这一手法,他进一步强调了卷四与卷三的断裂。然而,塔西佗亦注明皇帝的统治年数——提贝里乌斯统治的第九年(nonus Tiberio annus erat),以此方式,他拐弯抹角地评论了提贝里乌斯治下的政治现实。他在卷三结尾纳入了一场胜利、两个讣告,描述了有主题意义的优尼娅葬礼,不仅如此,他还在卷四开篇强调了一对日期,一个共和的,一个帝制的,通过这些手段,他强调了卷三与卷四之间断裂,从而清晰地标示出新时代的开始。

背离编年纪事形式,将日耳曼尼库斯的葬礼描述成公元20年开头的事件,这一决定也使塔西佗可以以两个有主题意义的葬礼——日耳曼尼库斯(3.1–6)与优尼娅(3.76)的葬礼——来建构卷三。塔西佗常常在叙事中转弯抹角地作出评论,其方式是呈现两个平行的事件或人物,无论这一呈现有没有附带解说,通过比较,塔西佗要求读者得出隐含的结论。① 比较塔西佗对日耳曼尼库斯与优尼娅这两场葬礼的描述,会显示出塔西佗如何呈现共和国自由的衰亡这一主题。最明显的是,卷三开篇描述的事件,不是人们所期待的日耳曼尼库斯的葬礼,而是群众对杜路苏斯的葬礼的追忆,他们以此来对比日

---

① I. S. Ryberg,《塔西佗的讽刺艺术》("Tacitus' Art of Innuendo"),载于 *TAPA*,73,1942,页390。塔西佗以对比为纪事手法,更多的信息可参 C. J. Classen,《塔西佗:共和与帝制之间的纪事作家》("Tacitus-Historian Between Republic and Principate"),载于 *Mnemosyne*, 41, 1988, 页93–116。尤其有趣的是,Classen 考察了路贝里乌斯·普劳图斯(Rubellius Plautus)与科尔布罗(Corbulo),把他们当成类似于与尼禄平行对比的人物。

耳曼尼库斯简陋得惊人的葬仪。①接着是对杜路苏斯的葬礼的描绘：陪伴遗骨的送葬者，棺架四周的祖先胸像，广场上公开的追悼会与赞颂演说——一句话，传统规定的与后人能想到的一切（cuncta a maioribus reperta aut quae posteri invenerint cumulata）。长期以来，人们把这一段落解释为标准的塔西佗主题的例证：提贝里乌斯对日耳曼尼库斯的敌意与猜忌，妨碍了这位皇帝为自己的养子哀悼："提贝里乌斯与奥古斯塔（Augusta）没有在公开场合出现，他们认为公开哀悼有失自己的尊严，或是害怕大家注视他们的面容时，会看到伪善的表情。"(3.3.1)

细读文本会显示，塔西佗正在强调从共和国的自由到提贝里乌斯公开实行专制统治的最后环节。首先，塔西佗谨慎地写道，杜路苏斯是日耳曼尼库斯的父亲（Drusum, patrem Germanici），这让读者想起人们再三重复的主张：如果给予机会，日耳曼尼库斯会恢复共和国，并且，因为其父是自由的坚定支持者，所以日耳曼尼库斯受人们爱戴（尤参塔西佗于 1.33.1-2 的评论）。②其次，塔西佗记述道，

---

① 日耳曼尼库斯的葬礼十分简朴，这早在卷二已引人注目，其时，塔西佗描述在安提奥克举办的仓促而简单的葬礼："他的葬仪没有祖宗的雕像，也没有游行队列……得到了荣誉。"(2.73.1)的确，这里没有描述任何葬仪队列；塔西佗只提到，在火葬之前，日耳曼尼库斯的遗体陈列于广场，以显示（似是而非的）中毒表征："在火葬之前，日耳曼尼库斯的遗体被安放在安提奥克的广场上……尸体是否显示出中毒迹象，仍众说纷纭。"(2.73.4)尽管无人会指望在希腊的东方举办罗马的葬礼，但塔西佗仍明确地把这些仪式称为一场葬礼（Funus…fuit, 2.73.1），并强调传统葬仪的缺失，以此来渲染意大利的事件：那里的人们会期待一场隆重的共和国葬礼。塔西佗在安提奥克提到胸像、队列的缺失，以此方式，他引起了人们对一个葬礼队列的期待。其次，他提到日耳曼尼库斯受东方人的赞扬，人们缅怀他的德行（per laudes…fuit, 2.73.1）——在意大利为日耳曼尼库斯举办的最后的葬礼，这些缅怀活动明显缺失了。

② 对此的讨论，参 D. O. Ross，《塔西佗笔下的日耳曼尼库斯》（"The Tacitean Germanicus"），载于 YCS, 23, 1973, 页 214："塔西佗简要地强调了日耳曼尼库斯的两个方面，其一，他与皇室的优利乌斯分枝紧密相连，其二，通过其父杜路苏斯，他代表着昔日的共和国与自由。"

正是奥古斯都替杜路苏斯举办这次国葬；随后塔西佗对之进行描述：它效仿一场共和国的葬礼，但反映的是一家之治。因为，奥古斯都在游行队伍中只纳入两个望族的胸像——优利乌斯与克劳狄乌斯两家，而且杜路苏斯没有权利陈列于优利乌斯家（circumfusas lecto Claudiorum Iuliorumque imagines）。①的确，塔西佗相当准确地描述了奥古斯都统治的新方法，他在描述杜路苏斯的葬仪时，说那一葬仪是个混合体，由取自古代传统的仪式与新一代人所能想到的一切组成。这样，奥古斯都仅仅让杜路苏斯的葬礼类似于昔日共和国的葬礼；塔西佗讲得很明白，整个游行队伍，尤其是队伍允许摆放的胸像，是政治主张的一个媒介。②然而，就日耳曼尼库斯而言，不仅没有非凡的荣誉，连传统的仪式都惊人地缺乏（3.5.2）："但是日耳曼尼库斯连任何一个普通贵族所应得的荣誉都没有得到……歌颂死

---

① 描写罗马的游行队列，最经典的是波利比乌斯 6.53。对传统的共和国葬礼的探讨，参 H. H. Scullard，《罗马共和国的节日与仪式》（"The Festivals and Ceremonies of the Roman Republic"），载于 NY，1981，页 218 – 220。根据 H. Meyer，只有在帝制时期，尤其是在皇室的圈子，旧的胸像法（ius imaginum）才第一次被打破，那一法令明确规定谁的胸像能放置在游行队列中，参 H. Meyer，RE 9，1914，页 1100，词条 Imagines maiorum。Cassius Dio（46.34.2）描述了奥古斯都的葬礼，尤其关注胸像的使用：不仅皇帝本人的胸像，还有罗马建城以来的英雄的胸像，包括大庞培，但如今被奉为神的优利乌斯除外。很明显，皇室成员的葬礼所使用的胸像，应该有政治含义，这是奥古斯都政策的一个标志。还有一个类似的以肖像来表达政治观点的用法，出现在《编年纪事》5.4，其时阿格里披娜的支持者正在示威，Susan Wood 注意到了这点，见《老阿格里披娜在优利乌斯－克劳狄乌斯朝的手段与宣传》（"Agrippina the Elder in Julio-Claudian Art and Propaganda"），载于 AJA，92，1988，页 409 – 426。

② 关于葬礼在政治上的重要性，参 Ramsay MacMullen，《罗马秩序的敌人：帝国时期的叛国，动乱与离间》（"Enemies of the Roman Order：Treason, Unrest and Alienation in the Empire"），载于 MA，1966，页 7 – 8，页 17 提供了帝国时期的证据，而且更加详细；G. Achard，《人数比与葬礼》（"Ratio popularis et funérailles"），载于 LEC，43，1975，页 166 – 178，提供了共和时期的证据，尤其是页 176 以下，提供了共和国后期的证据。

者德行的诗篇、颂词、泪水、假装的悲伤:这些古老的习俗都到哪里去了?"日耳曼尼库斯没有得到一场葬礼,因此就不仅仅是提贝里乌斯气量狭隘、妒忌贤能的结果,它更是提贝里乌斯独裁的产物:他的独裁比奥古斯都更显而易见,更明目张胆,甚至无需上演虚假的共和国自由的大戏。

与日耳曼尼库斯的葬礼截然相反,优尼娅的葬礼之所以值得留意,是因为它恪守传统。优尼娅与共和国的过去有实质性联系。① 她是乌提卡的卡图的甥女,布鲁图斯的妹妹,卡西乌斯的妻子(3.76.1);她的送葬队伍举着二十个最显要的共和国家族的胸像,包括克温克提乌斯家、曼利乌斯家(3.76.2)。

进一步讲,优尼娅的葬礼是唯一一个这样的死亡告示,它相对于一个历史事件来确定死者的死亡时间:优尼娅的去世是菲利披之役以后第六十四年的事情(3.76.1)。② 这一不规则尤其值得注意,因为这个历史事件,正是屋大维与安托尼乌斯于菲利披战胜布鲁图斯与卡西乌斯的共和国力量,在现存《编年纪事》的其他地方,这一事件只提到过两次。现存《编年纪事》中,塔西佗只有一次再次直接提及菲利披之役,位置在卷四第 34-35 节,其时谢雅努斯的告密者指控科尔杜斯(Cremutius Cordus)犯了大逆罪,理由是科尔杜斯发表过一部纪事,颂扬布鲁图斯,并把卡西乌斯称为最后的罗马人。由此,塔西佗将"迫害"纪事作家科尔杜斯与菲利披之役的历史联

---

① 参 PIR² 1.865。

② 《编年纪事》现存部分的三十三个死亡告示中,只有四个给出死亡年龄的些许迹象:日耳曼尼库斯(三十出头一点,2.73.2);阿尔米尼乌斯(活了三十七年,2.88.3);提贝里乌斯("这样,提贝里乌斯就在他一生中的第七十八个年头结束了自己的生命",6.50.5);沃路西乌斯("但沃路西乌斯却死得十分光荣,他活到九十三岁,13.30.2)。在这每一个例子,年龄都是从有生之年算起。而且,记录这些人的死亡年龄,或是因为死者年轻(如日耳曼尼库斯与阿尔米尼乌斯的情形),或是因为年迈的高龄(提贝里乌斯与沃路西乌斯)。然而,优尼娅那里的日期并不为了显示死亡年龄。

系起来,科尔杜斯的死亡再明显不过地象征了帝制的政治压迫情况。塔西佗在卷一2.1转弯抹角地提到菲利披之役——布鲁图斯与卡西乌斯横死之后,共和国已丧失了武装力量——这进一步强调,他把这场战役与共和国自由的衰亡联系起来。塔西佗以此独一无二的方式刻画优尼娅之死:他提及这场独特的战役,以及这些人的失败与死亡,以便告知读者,优尼娅的一生包含了共和国最后的时光、共和国的毁灭以及帝制的兴起。因此,优尼娅之死意味着,罗马与共和国最后活生生的联系亦消失殆尽,早在卷一,我们就注意到,这些联系何其微弱:剩下的人又有谁真正见过共和国呢?(1.3.7)

从另一方面看,优尼娅也是共和政治的最后一抹余晖。在遗嘱里,她忽视了皇帝(Caesarem omisit, 3.76.2);①她受到来自讲坛上的赞扬,得到了其他一切与显贵死亡有关的葬仪:"提贝里乌斯并不反对为她举行葬礼、在广场的讲坛上宣读对她的颂词以及其他传统仪节"(3.76.2)。她的葬仪队列只明显缺少一样东西:那些在塔西佗眼中代表着共和国自由的人物胸像,这些人与优尼娅的一生联系得最为紧密——没有见到布鲁图斯和卡西乌斯的胸像,但是他们二人的光芒比其他人都更加明亮(3.76.2)。

正如卷三开篇,日耳曼尼库斯的葬礼揭示出罗马自由失败的另一面相——在这样一位皇帝治下,罗马无法回到共和国:他甚至不允许那些有可能恢复自由的人,披上共和政治的虚饰;优尼娅以其血统、生活方式以及最后的意愿与遗嘱,甚至以其葬礼仪式与共和国联系在一起,她的葬礼结束了卷三,同时提醒了我们,那些代表着

---

① 参塔西佗对遗嘱的评论,包括皇帝(《阿古利可拉传》43.4):"大家知道,在阿古利可拉的遗嘱中,宣布他的贤妻、孝女和皇帝同为他的继承人;皇帝对于这一点表示很高兴,好像这是褒颂他的一个肯定的表示。他的头脑不断地被阿谀奉承的言语蒙蔽到这种地步,以致他甚至不能体会:只是暴君才会被一个慈父当作继承人的。"

共和国及其美德的记忆的人,已经死去。对于那些不可能真正恢复共和政治制度的人,例如老女人优尼娅,可以允许一些虚饰,甚至允许展示短暂的自立。但是,之所以允许这些虚饰,是因为优尼娅仅仅代表共和国的记忆,而非共和国的临近,更不是它潜在的回归。

在这两个把卷三框住的葬礼之间,塔西佗提及了其他六位罗马人的死亡:维普撒尼娅,杜路苏斯之母,皇帝提贝里乌斯的前妻(3.19);撒图尔尼努斯与克利司普斯(3.30);克维里尼乌斯,埃米里娅·列庇妲的前夫(3.48);以及撒罗尼努斯与卡皮托(3.75)。若把这些讣告理解成一个序列,它们也描绘出一个衰退过程,与框住卷三的葬礼所象征的过程一样。

日耳曼尼库斯葬礼之后的首个讣告,记述了维普撒尼娅之死。她是杜路苏斯的母亲、提贝里乌斯的首任妻子,随后嫁给了阿西尼乌斯·伽路斯,在卷三第 19 节,塔西佗粗略提及她的死亡。然而,她的死亡告示同时服务于结构与主题上的目的。首先,如我们所见,它的位置在公元 20 年叙事的中间,标志着日耳曼尼库斯这一片段结束。其次,我们已注意到,塔西佗说维普撒尼娅是阿格里帕的孩子中唯一一个自然死亡的人,她的手足或被谋杀,或据说被毒杀、饿死,无一例外。像优尼娅一样,塔西佗纳入维普撒尼娅,是把她作为一个逝去年代的太平象征,在这个例子里,这个年代意味着接近权力并不以残酷告终。提及她的手足的最终死亡,预示着卷四、卷五与卷六将记述提贝里乌斯的残忍。

接下来是《编年纪事》第一对配对的讣告,亡者是撒图尔尼努斯与克利司普斯,这对讣告标志着公元 20 年的结束。如同日耳曼尼库斯与优尼娅这对平行葬礼一样,塔西佗再次邀请读者比较这两位杰出的罗马人的生平。塔西佗呈现这对讣告,其目的与随后卡皮托与撒罗尼努斯的讣告一样,是为了给读者呈现人物的生涯,以例证新政客类型的兴起、旧政客类型的灭亡。新政客通过为皇帝效劳而得势(potentia),旧政客取得权力(auctoritas),则依靠个人的优异，以及担任遴选出来的官职，为国家服务(3.30.14)：

> 年底，两个著名的罗马人沃路西乌斯和克利司普斯去世了。沃路西乌斯出身于古老的家族，然而他家中的人过去的最高官阶只到行政长官。他本人的官阶一直到执政官，这样便提高了他家的声望。而且，他除了执行监察官的职务而选择了骑士阶级出身的法官之外，他还第一个积累了大量财产，从而使他家的声望又极大地提高了。克利司普斯的出身是骑士，他是罗马著名的纪事作家撒路斯特的姊妹的孙子，撒路斯提乌斯把他过继到自己的家里来，并让他用了自己的名字。这样一来，他就有了取得高级职位的机会；但是他却愿意追随迈凯纳斯(Maecenas)的榜样：他虽然没有元老的身份，可是在势力方面却超过了许多接受过凯旋式或担任过执政官的人物。他那典雅和讲究的生活作风与罗马古老的风气相反，他那豪富的和阔绰的排场已接近于奢侈了。不过在这些情况下面，却有一副强有力的头脑，能应付最重大的事件，他越表现出嗜睡与慵懒，其实越精力旺盛。在迈凯纳斯活着的时候，他是仅次于迈凯纳斯的人物；迈凯纳斯死后，他就成了皇帝最信任的人，参预了皇帝的一切机密大事。在杀死阿格里帕·珀司图姆斯这件事上，他参预了机密。但是到他晚年的时候，他和皇帝之间的友谊却只是处于貌合神离的状态。迈凯纳斯的情况也是这样，这或许由于，势力很少能维持长久；或者是双方都有了厌倦情绪，有时是皇帝没有东西可以再给，有时则是宠臣再也没有东西可以请求了。

沃路西乌斯的讣告简短，而且没有不同寻常的材料。事实上，这是标准的编年纪事讣告，给出死者的名字，之后是他的家族的地位，他的生涯，结尾是一段非常老套的表扬——沃路西乌斯留下的财产，比他所继承的要多。总而言之，沃路西乌斯是昔日罗马美德的典范，正如他的生活及其模范的一生所反映的。①

克利司普斯的讣告与沃路西乌斯的讣告连在一起，像沃路西乌斯一样，克利司普斯选择为国家服务，以此来度过一生。但两者的相似到此为止。克利司普斯出身骑士家族，由其母系的舅父、伟大的纪事作家撒路斯特收养，从而晋升高级官位。与沃路西乌斯的讣告不同，接下来不是标准的生平，而是传记速写：塔西佗描写了一个靠为皇室效劳而获得权力的人。他与过去决裂："与古老的风气相反"；他并不渴望空洞的荣誉，而追求真正的权力："他虽然没有元老的身份，可是在势力方面却超过了许多接受过凯旋式或担任过执政官的人物"；毫无疑问，他亦与其养父的信条决裂，因为他沉迷于放纵，而纪事作家撒路斯特谴责的正是放纵："克利司普斯那典雅和讲究的生活作风[与古老的风气相反]，他那豪富的和阔绰的排场已接近于奢侈"。在所有这些事情上，拿迈凯纳斯跟他比较，比沃路西乌斯更好。

塔西佗继续描写克利司普斯，所用的措辞，与他在卷四用在谢雅努斯身上的措辞，以及克利司普斯自己伟大的舅父撒路斯特用来描写卡提利纳的措辞，没什么不同。②塔西佗小心地归类克利司普斯的得势。首先，克利司普斯是迈凯纳斯的党羽，效仿迈凯纳斯的

---

① 增加自己的祖产是值得赞扬的行为，普鲁塔克把这一观点归于老卡图（《老卡图》21.8）。亦可参 John H. D'Arms 对此观点的评论，《古代罗马的商业与社会地位》("Commerce and Social Standing in Ancient Rome")，载于 MA, 1981, 页 21 与注释 3—5。沃路西乌斯可能不是其家族第一个积累财富的人（参 D'Arms, 页 69—71）。然而，塔西佗呈现这一共和国的传统主题，是为了深化老共和主义者沃路西乌斯与新政客克利司普斯之间的对比。

② 关于塔西佗刻画的谢雅努斯与撒路斯特笔下的卡提利纳之间的相似，尤参 Koestermann, 前揭书, 卷二, 页 35；Syme,《塔西佗》卷一, 页 353；B. Walker,《塔西佗的〈编年纪事〉：纪事写作的研究》(The Annals of Tacitus: A Study in the Writing of History), 1960, 再版于 Manchester, 1968, 页 75—76；R. H. Martin,《塔西佗与他的前辈》("Tacitus and his Predecessors")，收于 T. A. Dorey 编, Tacitus, London, 1969, 页 135—136 以及注释 91。

生活方式,并光荣隐退至奢侈的生活中去(Maecenatem aemulatus)。像谢雅努斯一样,克利司普斯不知疲倦,但他宁可将精力隐藏于嗜睡与慵懒的面具之下:"不过在这些情况下面,却有一副强有力的头脑,能应付最重大的事件,他越表现出嗜睡与慵懒,其实精力就越旺盛。"他一直是迈凯纳斯的密友,直到迈凯纳斯死去;克利司普斯这样就成为帝国秘密的参与者,塔西佗醒目地提醒读者,克利司普斯参与了谋杀阿格里帕·珀司图姆斯一事:"在迈凯纳斯活着的时候,他是仅次于迈凯纳斯的人物……在杀死阿格里帕·珀司图姆斯这件事上,他参预了机密。"最后,正如迈凯纳斯一样,他的一生在安全的退休生活中结束:"迈凯纳斯的情况也是这样,这或许由于,势力很少能维持长久。"

总而言之,克利司普斯是迈凯纳斯与谢雅努斯之间的桥梁。迈凯纳斯从不公然犯法,他似乎避开政治生活与权力;谢雅努斯则渴望提升自己的地位,他勾引皇储的妻子,在她的帮助下谋杀皇储,从而在事实上统治着罗马,并造成灾难性的后果。克利司普斯,如同他的前辈与接班人,只可能是帝制的产物。①

接下来,卷三 48.1 - 2 提到了老克维里尼乌斯之死。他的一生也是在帝制之下获得成功的范例:

    大概就在这个时候,提贝里乌斯请求元老院给予克维里尼

---

①   D. Kehoe 证明了,比起狄奥或苏埃托尼乌斯,塔西佗如何更强烈地聚焦于克利司普斯在阿格里帕·珀司图姆斯之死上扮演的角色,见《塔西佗与克利司普斯》("Tacitus and Sallustius Crispus"),载于 *CJ*,80,1985,页 247 - 254,尤见页 249 以下。Kehoe 说道,塔西佗把克利司普斯视为独裁之下的秘密状态的典范,只有在不对任何人负责的独裁政治之下,这种秘密状态才有可能。在早期皇帝的治下,这些皇家大臣具有连续性与相似性,H. McCulloch 对此作了评论,见《塔西佗〈编年纪事〉中的叙事动机》("Narrative Cause in the 'Annals' of Tacitus"),载于 *Beiträge zur klassischen Philologie*,160,Königstein,1984,页 39 - 40。

乌斯以国葬的待遇。他原是拉奴维乌姆(Lanuvium)的市民,和古老的苏尔皮奇乌斯贵族家族没有任何关系。但他是一名不知疲倦的士兵,积极服务国家,终于在圣奥古斯都的治下当上了执政官,稍后因为攻占奇里奇阿(Cilicia)边界以外的赫莫那地人(Homonadenses)的一些要塞,他又取得了凯旋的勋记。后来他虽再度被任命为当时驻节在亚美尼亚(Armenia)的盖乌斯·恺撒(Caius Cæsar)的顾问,但他自己对于当时在罗得岛(Rhodes)的提贝里乌斯也同样尊敬。这一情况现在是提贝里乌斯在元老院透露出来的,他还赞扬了克维里尼乌斯对他本人的忠诚服务,但同时却谴责了洛里乌斯(Marcus Lollius);他指责洛里乌斯曾唆使盖乌斯·恺撒采取了执拗的、惹人生气的态度。不过其他人在想到克维里尼乌斯时却不是很愉快,因为我曾经说过,他迫害过埃米里娅·列庇妲,而且他晚年的行为既卑鄙又飞扬跋扈。

像克利司普斯一样,克维里尼乌斯属于新时代,因为他与古老的苏尔皮奇乌斯贵族家族毫不相干。相反,跟克利司普斯与谢雅努斯一样,他并非元老出身,或者说他来自自治市(ortus apud municipium Lanuvium);①他是一个不知疲倦的战士(impiger militiae),最后

---

① 关于"自治市人"(municipalis)这类词的中伤性质,参 Syme,《塔西佗》,卷二,页 620-621。J. H. D'Arms 最近不同意 Syme 的观点,D'Arms 并不认为自治市出身必定是个污点,参 D'Arms 的论证,见《罗马帝国早期上层人士对自治市人及其城镇的态度》("Upper-Class Attitudes towards viri municipales and their Towns in the Early Roman Empire"),载于 *Athenaeum*, 62, 1984, 页 440-467,尤见页 455-460 对 Tacitus 的讨论。若脱离文本,我会同意 D'Arms 的观点:克维里尼乌斯的出身并不一定是为污点。但是,塔西佗一再提醒,克维里尼乌斯与苏尔皮奇乌斯贵族家族毫无瓜葛,而且他出身于自治市;谢雅努斯与我所引的克维里尼乌斯之间具有相似性,塔西佗上述提醒则是这种相似的整个纽带的一部分,一旦考虑到这点,克维里尼乌斯讣告的上下文便使塔西佗的提醒带贬斥意味。

在奥古斯都治下晋升至执政官,并由于在奇里奇阿立下战功而获得凯旋勋记。但是,克维里尼乌斯以新方式延续他的政治生涯:他成为小盖乌斯的顾问,并与提贝里乌斯发展友谊,其时提贝里乌斯正流放于罗得岛。由于这些作为,他受到了提贝里乌斯的赞扬,并得到了国葬。

然而,下面这些人想到克维里尼乌斯时,却没什么好感:他们忆及克维里尼乌斯如何对待自己出身名门的妻子埃米里娅·列庇姐,想起他仗着年老无嗣来获得权力:"不过其他人在想到克维里尼乌斯时却不是很愉快,因为我曾经说过,他迫害过埃米里娅·列庇姐,而且他晚年的行为飞扬跋扈(Praepotens)。"①于是,我们再次得到这种人的生平和讣告——他代表着在奥古斯都与提贝里乌斯治下获取权力的途径,在这个例子中,克维里尼乌斯既以传统、合法的方式履行公共服务,从而获得权力,也以新的、帝国的方式获取权力,同时还基于自己无嗣而获得私人的权力。

撒罗尼努斯与卡皮托的讣告是卷三最后的讣告,这两个讣告出现在公元22年叙事的结尾,紧随其后的是有关优尼娅葬礼的描述。像沃路西乌斯与克利司普斯的讣告一样,在这里,塔西佗把两个杰出人士的讣告连接在一小节之内(3.75.1–2):

> 这一年,两位著名人物去世。一个是撒罗尼努斯,他所以有名是因为他是阿格里帕和阿西尼乌斯·波里欧(Asinius Pollio)的孙子,是杜路苏斯的兄弟,又和提贝里乌斯的一个孙女订

---

① 克维里尼乌斯强行与其妻埃米里娅·列庇姐离婚的故事,参3.22。Praepotens是一个相当负面的词语,塔西佗在别处用来指被释奴隶(1.7.14, 3.47.3);指公民(《纪事》4.31.5);这个词出现在《编年纪事》5.2.10与《纪事》2.91.20,其语境实质上都是否定的。在塔西佗的文本,只有在此处,praepotens才用来修饰一个非个人的名词,见《塔西佗词典》,词条praepotens。塔西佗对克维里尼乌斯晚年的分析,回避了他早年的好表现、元老院的生涯,而把他放进皇室大臣的圈子。

了婚。另一个是我前面已提到过的那个卡皮托。由于他在法学方面的杰出成就,他在元老院中获得了首要的地位。但是他的祖父只是苏拉手下的一名百人团长,他的父亲最高也只做到行政长官。由于奥古斯都的加速提拔,他担任了执政官,从而得以因这一地位而取得了比另一位著名法学家拉贝欧(Labeo Antistius)更高的威信。这两位和平时代的大师是在同一个时代产生出来的。拉贝欧刚正不阿的性格使他在民众当中有更高的声望,但卡皮托随和迁就的性格则使他更能讨皇帝的欢心。拉贝欧最高只做到行政长官,这一点看起来他受到了不公正的待遇,但是他却换得了人们的尊重。卡皮托虽然做到了执政官,但是他的成功却招来了怨恨。

撒罗尼努斯与卡皮托之间难以作比较。因为撒罗尼努斯的讣告仅限于列出其祖先、通过他自己的婚姻以及他父亲的婚姻建立的亲戚关系。不像沃路西乌斯,这里没有列出撒罗尼努斯的生平。虽然他的家谱应该为其飞黄腾达铺平道路,但他显然没捞到高级官位。①有鉴于此,塔西佗让读者得出明显的结论:在帝制统治之下,贵族背景不再意味着权力。

撒罗尼努斯的搭档、法学家卡皮托,得到一份更长的讣告,正如文本 3.30 克利司普斯的情形一样。再一次,正如克利司普斯的例

---

① 参 PIR² A.1221 与 A.1253。塔西佗在此记录了阿西尼乌斯·撒罗尼努斯为人所知的一切,可能撒罗尼努斯被等同于格涅乌斯·阿西尼乌斯,蓝色的保护人(patronus Puteolanorum)(CIL 10.1682)。撒罗尼努斯是杜路苏斯同母异父的兄弟,他是阿西尼乌斯·伽路斯与维普撒尼娅所生,维普撒尼娅是提贝里乌斯首任妻子,见 Koestermann,前揭书,卷一,页 564:"他是阿西尼乌斯·伽路斯与提贝里乌斯前妻维普撒尼娅的儿子,因此被称为杜路苏斯的同母异父兄弟。"如果他确实没捞到一官半职,塔西佗的意思一定是,家庭与姻亲现在足以保证"名人"这一称号。要是他死得太早,未能扬名立万,那么人们必定会问,塔西佗使用讣告如此精挑细选,他究竟为何选择纳入撒罗尼努斯的讣告?

子,卡皮托属于新类型。①塔西佗不仅含蓄地拿撒罗尼努斯跟卡皮托比较,正如人们从先前配对的讣告得到的预期,他还直接拿另一位杰出的法律专家拉贝欧与他对比。塔西佗选择纳入拉贝欧,仅仅基于纪事的需要,而非史实的需要。拉贝欧先于卡皮托去世,可能有十二年之多。②这样,在该讣告提及拉贝欧,就是一种年代倒错,从史实上看纯属多余,它因此仅仅有助于强调卡皮托所代表的品格类型。③

  这两位法律专家,哪一位赢得作者的尊重,立刻一目了然。卡皮托之所以成功,是因为他本人攀上了奥古斯都;拉贝欧之杰出,则因其技艺(ars)。拉贝欧也明显与过去相连,因为他生前以洁白无瑕的自由闻名,④尽管他只做到副执政,但由于人们意识到有人在

---

 ① 卑微的出身(avo …praetorio);讨皇帝欢心(Capitonis … probabatur);不称职的晋升(consulatum … Augustus)。

 ② 拉贝欧先于卡皮托去世,这一点由学者从卡皮托对拉贝欧的陈述中推断出来,该陈述记录于 Gellius NA 13. 12. 1。拉贝欧似乎已经熟悉公元10年的希拉尼奥元老院决议(the SC Silianum),参词条 Antistius 注释34;Dig. 29. 5. 1. 17。因此,他可能先于卡皮托死亡十二年之多,但不会多于十二年。更多的内容请参 Koestermann,卷一,页565。

 ③ 而且,拉贝欧的父亲安提斯提乌斯·拉贝欧作为诛杀暴君同盟的成员之一,死于菲利披之役。塔西佗尽管没有直接提及这一事实,但它把拉贝欧与即将登场的优尼娅联系起来,后者的葬礼及其与弑君的关系,正是塔西佗所强调的,这也增加了拉贝欧与共和国自由的联系。

 ④ 拉贝欧与共和政治、自由、古风的这种联系,并非塔西佗的一个发明。例如,Aulus Gellius 记录了一则拉贝欧的轶事,这则轶事出现于卡皮托所写的一封信中:卡皮托写道,拉贝欧博学多才,但对自由有一种过度的、疯狂的热爱(libertas quaedam nimia atque vecors,NA 13. 12. 2),因为拉贝欧似乎执着于坚持从字面解释法律。D. Nörr 在《罗马的法学家:传统主义抑或进步?》("I giuristi romani:tradizionalismo o progresso?"),载于 BIDR,23,1981,页9 – 33,讨论了拉贝欧的守法主义所采取的政治立场:因此,从传统中为新政制吸取力量,是自发的;拉贝欧因此并非没有可能以拒绝加强保民官权力的方式,立即攻击元首奥古斯都,因为众所周知,奥古斯都直到公元前23年,还再次执掌保民官权力。扩大保民官的权力等同于扩大元首的权力。因此,它们是证明古罗马人的记录的政治理由。

迫害他,他死后还是备受尊崇;①卡皮托则招人厌恶,人们妒忌他当上执政官,并从中萌生出恨意。

塔西佗在卷三安排了配对的讣告,还呈现了这些被纪念者恰成对照的一生,通过这些手段,他追踪了在罗马取得权力的方式的变化。在沃路西乌斯与克利司普斯的例子中,新与旧可以并存:沃路西乌斯能以往常的遴选官职获得权力,克利司普斯可以通过为皇室效劳而得势。进一步来说,克利司普斯心知肚明,一旦时机成熟,就得告老还乡,正如迈凯纳斯之前做过的。然而,克利司普斯的权力比其导师更加危险,因为克利司普斯牵涉到宫廷谋杀与阴谋。到了卷三倒数第二节,标准的共和国政治生涯一去不返。撒罗尼努斯有限的荣誉,不是源自他为国家所做的服务,而仅仅来自他的家庭纽带。卡皮托的生平则例证了这一点:甚至不称职的人都能盖过称职的人,只要他们巴结新的奴役(obsequium)统治。

这样,塔西佗在卷三纳入讣告,其选材的着眼点在于例证该卷的中心主题——共和国自由的衰亡,新共同体兴起,获取权力与地位的新方式的兴起——这新方式就是奴役(servitium)与顺从(obsequium)。因为,卷三涵盖了历史的这些年头,在这些年里,一种尤为显著的变化发生了——甚至奥古斯都虚假的共和国外衣也脱落了,现实政治(Realpolitik)的新秩序锻造完毕,其最明显的代表就是谢雅努斯的生涯,这个人的戏剧性登场,仅仅发生在一节之后,发生在卷四的开篇。

---

① 塔西佗夸大了对拉贝欧的迫害,如果不是虚构的话。参 Syme,《塔西佗》,前揭书,卷二,页 761,亦参 R. S. Rogers,《卡皮托与提贝里乌斯》(*Ateius Capito and Tiberius*, Naples, 1964),卷一,页 123。再一次,塔西佗对史实所作的解释或润色,是为了使拉贝欧的讣告成为帝国压迫的另一范例:在随后的章节,这种迫害将愈演愈烈。

提贝里乌斯的卡普里阿之旅

伍德曼(A. J. Woodman)撰
曾维术 译

一 证据

《编年纪事》卷四覆盖了公元23-28年,它追溯了提贝里乌斯当政的故事的转折点。塔西佗从一开始就为我们准备了灾难。他以合适的撒路斯特(Sallustius)式语言提及 fortuna[命运](4.1.1:"命运突然搅乱了这和平的环境:提贝里乌斯本人变成了暴君",参撒路斯特《卡提利纳阴谋》10.1),还有"神对罗马的愤怒"(4.1.2),在这之后,我们得知,公元23年"提贝里乌斯的帝制开始堕落"(6.1)。①现代史家同意,这一堕落的一个关键因素是皇帝在公元26年决定离开罗马,塔西佗在第41节(公元25年)忧郁地预示了这次转移,最后依照时间顺序,在4.57.1记载了这一事件。苏埃托尼乌斯(Suetonius)是这一标志性事件的另一主要资料来源,比较他的处理与塔西佗的处理,不无裨益。②

(第一句是苏埃托尼乌斯的说法,第二句是塔西佗的说法)

---

① 除非特别注明,给出的《编年纪事》的出处都是指卷四。
② 苏埃托尼乌斯《提贝里乌斯》39-41。有特别意义的,用斜体[译按:中译用楷体]标出。

[a]他隐居到康帕尼亚;[39]
皇帝终于到康帕尼亚去了。[参下文 abscessus][57.1]

[b]几乎每个人都坚信并公认他不再会回罗马来了,并且不久就会死在那里。[39]
占星术士说……他不可能再回来了,对于那些认为提贝里乌斯不久即会死去并且公开向大家宣扬的人来说,这种说法简直是致命打击。[58.2]

[c]这两个预言差一点应验了。[39]
人们不久就会发现技艺和虚假之间的狭窄边界,而真相又是被什么黑暗掩盖起来的。[58.3]

[d]他再没有回到罗马。[39]
说他不会再回到罗马,这话没有说错。[58.3]

[e]几天后,当他去塔拉奇附近(这里紧接着就是洞窑的坍塌灾难)。[39]
那时恰巧提贝里乌斯遇到了一件十分危险的偶发事件(这里紧接着就是洞窑的坍塌灾难)。[59.1-2]

[f]他遍游康帕尼亚,在卡普阿建造了卡皮托神庙,在诺拉建造了一座神庙献给奥古斯都,这些都是他旅游的借口。[40]
提贝里乌斯在康帕尼亚奉献了一些神殿,[67.1,参57.1"提贝里乌斯终于到康帕尼亚去了。在表面上,他是为了在卡普阿把一座神殿献给朱庇特,在诺拉把一座神殿献给奥古斯都。"]

[g]他动身去卡普阿。[40]
他躲避到卡普里阿岛。[67.1]

[h] 提贝里乌斯特别喜欢这个小岛,因为……(这里紧接着描写这个岛)[40]

我倾向于相信,最吸引提贝里乌斯的正是这个岛的偏僻,因为……(这里紧接着描写这个岛)(solitudinem eius placuisse maxime① crediderim, quoniam……)[67.2]

[i] 但他被人民坚持的请愿立即召回,因为费迪纳发生坍塌……(这里紧接着圆形剧场的惨剧)[40]

在费迪纳着手兴建圆形剧场(这里紧接着圆形剧场的惨剧)[62-3]

[j] 他回到陆上,准许大家来见他;[40]

[k] 这尤其是因为他在当初离开罗马时,曾下令不许任何人打扰他,沿途也不许任何人来见他。[40]

他曾发布敕令,不许任何人打扰他的私生活。[67.1]

[l] 他又回到小岛,全然不理国事了。[41]

他过去有多专注于国事……[67.3]

苏埃托尼乌斯所给予我们的,当然是此次行程最自然的描述。自罗马开始,皇室扈从顺着阿披亚大道(the Via Appia),南行至洞窟,在那里,洞穴在宴会期间坍塌(参[e]);之后,沿着内陆的阿披亚大道到达卡普阿和诺拉,以便奉献神庙(参[f]),最后到达卡普里阿(参[g])。塔西佗的描述显然相似,②甚至环境的细节描写也十

---

① Maxime 修饰 placuisse:参 Gerber-Greef,792b。
② 塔西佗没有明说,洞窟的故事(上文[e])实际上发生于旅行中,但他用来引入的词语("那时")与苏埃托尼乌斯的用词十分相似,后者的确将此事件归入行程("几天后")——很自然,因为洞窟位于罗马至卡普阿与诺拉的途中。塔西佗在此问题上的含糊,无疑归因于他对提贝里乌斯离开的理由的总结,这种"插入"稍微打断了叙述。参 Syme,《塔西佗》(*Tacitus*, Oxford, 1958),页 695。

分相似,①两位作者似乎使用相同的资料来源。然而,两种描述之间有一显眼的差异。苏埃托尼乌斯连贯地描写皇帝的离程,从第39节开始贯穿始终,塔西佗则不然:从57.1至59.2,塔西佗为我们呈现此次发生于公元26年的旅行的开端的各个方面(57,理由和动机;58.1,扈从;58.2 – 3,流言;59.1 – 2,洞窟事件),之后,他十分突然地中止了叙述,直到几节之后,在67.1 – 3(参[f])才回到此次旅行的叙述主线,②这离下一年,即公元27年(67.4)的结束只有区区两个句子。从罗马到卡普里阿的旅程,几乎不可能耗费如此长的时间,③这与苏埃托尼乌斯那相反的证据差别甚大。苏埃托尼乌斯明确说道,公元27年费迪纳圆形剧场的坍塌发生在提贝里乌斯定居卡普里阿之后(节40,尤参[j]);塔西佗如此彻底地打乱这次旅行的叙事,似乎暗示圆形剧场的坍塌(62 – 3,参[i])发生在提贝里乌斯定居在卡普里阿之前(67.1)。④

　　这给我们提出了问题。塔西佗是一个有时能够连接最漫长的事件序列的作家,⑤为何他在此选择插入描述圆形剧场的坍塌,插

---

① 苏埃托尼乌斯在[c]处的灵巧评论,与塔西佗典型的哲学化评论形成鲜明对比,但两位作者的主观性似乎分享着早先的同一个源头(他们下一个陈述都以 nam 开始[d])。

② Koestermann 对67.1的注疏是唯一有助于理解该问题的观察。在此问题上他说,"塔西佗现在陪同提贝里乌斯踏上他的卡普里阿之旅,并在58.2 再次拾回断掉的线索"(他应该说59.2,参上文注释4[译按]本书页102,注②)。

③ 尽管提贝里乌斯之前已在康帕尼亚待了一整年,公元21 – 22年(参塔西佗《编年纪事》3.31.1 – 64.1)。Koestermann 选择了一个居中的观点:"因为有关离题话的叙事延长至两年,所以提贝里乌斯在康帕尼亚逗留了更长的时间,延长至公元26年末。"如果我理解正确,这个评论似乎与他下一个陈述相冲突(参下文注释10[译按]本书页104,注①)。

④ Koestermann:"67节的叙事在时间上先于费迪纳坍塌与罗马大火(节62以下),因为塔西佗重提57.1的'在康帕尼亚奉献神庙。'"

⑤ 如《编年纪事》12.31 – 40,对此最方便的就是参 Goodyear（转下页）

入其他各种似乎无关的话题,从而打断一段单一的、相对较短的情节,而这段是最能决定统治走向的情节之一?

《编年纪事》最新的注疏家柯尔特曼(Koestermann)正确地主张,塔西佗这样做"出于创作的理由",①我的目的正是阐明这意味着什么。

二 结构

我们看到,塔西佗在两个地方处理去往卡普里阿的旅行:57.1-59.2 与 67.1-3。注意这一点很重要:在后一部分恢复叙述这次旅行时,塔西佗重复了早先已经提到过的几个方面。于是,67.1 的实际隐退("他躲避到卡普里亚岛")回应 57.1 的"远离罗马"、"退隐(abscessus)";67.2,皇帝渴望隐居("最吸引提贝里乌斯的正是这个岛的偏僻"),回应 57.2"隐居时不和人们会面";②67.3,皇帝不理政事,耽于享乐("他过去有多专注于国事,现在就有多沉溺于享乐与邪恶的活动"),回应 57.1"掩盖残酷与淫乱"、57.2"偷偷享乐"③以及 58.3-59.2 的许多文字(参下文)。

(接上页)《塔西佗》(*Tacitus*, Oxford, 1970),页 24,他提到 Kroll,《罗马文学解读研究》(*Studien zum Verständnis der römischen Literatur*, Stuttgart, 1924),页 371 以下。

① "塔西佗出于创作的理由,打破时间上的关系,这与苏埃托尼乌斯《提贝里乌斯》40 节不同,塔西佗这里,提贝里乌斯并不知道费迪纳惨剧,也没有从陆地返回。"

② 这一特定短语专指提贝里乌斯先前在罗得岛的逗留,但我们显然打算将它理解为也指卡普里阿。参注释 12[译按]本页注③。

③ 这一短语连同我们文本中紧排在它前面的短语(参注释 11[译按]本页注②),可能应该直接跟在 57.1"掩盖残酷与淫乱"之后;参 J. P. V. D. Balsdon, *CR*, 61, 1947, 页 44 以下对文本移位的可能性的讨论。[对参 Martin-Woodman 对 57.2 的讨论。]

而且，67.1 处塔西佗回到旅行主题时所使用的词语（"这时，提贝里乌斯在康帕尼亚奉献了一些神殿"），实际上几乎等同于 57.1 引入这次旅行时所使用的词语（"皇帝终于到康帕尼亚去了。表面上，他是为了奉献神殿"）。塔西佗重复了观点甚至词语，这样，他就以圆周运动的方式，再次处理这一旅行。古希腊以降皆熟悉这种写作方式，它叫作"环形结构"，①尽管此手法在诗作里最常见，②但也能在纪事散文里看到。修昔底德的前 23 节是其中一个范例，③但塔西佗《纪事》卷三有一个出色的例子。塔西佗先描写了卡皮托大火，之后，塔西佗写道（71.4），"这样，门没有被打开的卡皮托神殿就烧起来了。没有人保护它，也没有人劫掠它"；接着，就有弗伦克尔（E. Fraenkel）所谓的"神殿的葬礼演说"，④这段演说直至下一节结尾，塔西佗在那里总结说（72.3），"这就是当时所烧掉的神殿"。这里，两端各有一个句子标示出环形结构。而在《编年纪事》我们的例子中，这一手法不仅仅是重复句子，而且重复观点与词语；⑤但两个例子的最终结果是一样的——插入的叙述似乎被这

---

① 参 A. Lesky，《希腊文学史》（*History of Greek Literature*，1966），索引，词条 Ring composition。

② 拉丁文例子见 Williams，《罗马诗歌传统与独创性》（*Tradition and Originality in Roman Poetry*，Oxford，1968），索引，词条 Ring composition。

③ 参 F. E. Adcock，《修昔底德及其纪事》（*Thucydides and his History*，1963），页 91 以下，他提到 R. Katicic，《修昔底德纪事卷一中的环形结构》（"Die Ringkomposition im ersten Buche des Thukydideischen Geschichtswerkes"），载于 *WS*，70，1957，页 179 – 196。也参 N. G. L. Hammond，《修昔底德卷一中的序文以及其他部分的思想安排》（"The Arrangement of Thought in the Proem and in other parts of Thucydides I"），载于 *CQ*，2，1952，页 127 以下。

④ Kleine Beiträge (1964)，ii. 页 594。

⑤ 关于这种扩展类型的环形结构，对比 C. O. Brink 的评论，参《贺拉斯论诗》（*Horace on Poetry*，1971）ii. 页 453 – 454。

些重复成分"框住"。① 作为一个基本的艺术手法,环形结构适合于各种精心构造。正如我们看到的,它的本质就在于在叙述的开头与结尾制造一些重复,而在环形结构所框住的叙述之内,常常有相似的结构呼应,这些呼应常常十分复杂。② 我相信,打断塔西佗所叙述的皇帝的卡普里阿之旅的部分(59.3–66.2),情况就是这样。如果我从第 62–63 节费迪纳圆形剧场的惨剧开始解释,那就再轻松不过了。

费迪纳惨剧的过程(我标为 A^1)从 62.1 持续到 63.2,塔西佗在那里提到了一些领导人的 generosity[慷慨](B^1),以此总结这段情节;塔西佗补充说,他们的赈灾工作让人想起古时的习惯(C^1):"显赫家族全都打开了大门……令人联想起我们祖先的那些做法,他们……对于负伤者是从不吝惜给予赠赐和照顾的。"正如文本显示,这两节有三个主要观念。下一个连接的句子出现在 64.1("在人们对这次灾祸记忆犹新的时候,罗马城又遭遇了一场非同寻常的大火,结果整个凯利乌斯山[monte Caelio]被烧光了"),这个句子引入了第二组话题,罗马的凯利乌斯山发生的大火及其余波(64–65)。塔西佗寥寥几句就打发了惨剧的过程(A^2),接着(64.2)他记录了皇帝的慷慨(B^2)。塔西佗说,提贝里乌斯在赈灾中所扮演的角色,集中体现于这一事件:在废墟中发现了提贝里乌斯那毫发无损的雕

---

① 参 W. A. A. van Otterlo,《希腊文的环形结构概念研究》(*Untersuchungen über Begriff…der griech*, Ringkomposition, 1944),页 3,"整体的一部分被框住了",尽管他的定义的其余部分比这里讨论的类型更为狭窄。拉丁散文中由句子构成框架(李维),参 H. Klinghöfer, *Philol. Quart.*, 4, 1925,页 321 以下;拉丁诗歌中句子框架(卢克莱修),参 P. H. Schrijvers,《恐惧与神圣的愉悦》(*Horror ac Divina Voluptas*, 1970),页 154。还可参考 J. J. Keaney,《亚里士多德〈雅典政制〉中的环形结构》("Ring Composition in Aristotle's Athenaion Politeia"),载于 *AJP*, 90, 1969,页 406–423,我在论文出版时才碰到这篇文章,对于那些不能理解 van Otterlo 著作的读者来说,这篇文章提供了一些有用的介绍性评论。

② 参 Fraenkel 对埃斯库罗斯《阿伽门农》205 的论述,他解释了其中复杂的内部交错配置结构;对比卡图路斯的一些长诗的结构(尤参 Williams, 1968,前揭)。

像(64.3),这一事件使得塔西佗回忆起古时的一起类似事件(C^2),这反过来又促成对凯里乌斯山古时的称谓的介绍(65节;再次 C^2):"慷慨的赠赐……过去也遇到过……祖先……先前。"

我们因此得到了两段相似的情节,每段情节各由两小节构成,而66.1的另一个连接句子确证了这两段情节的相似性,在那里,塔西佗有意并置这两件事,以对比随后关于告密行为的描述:"但是当贵族们表示的善意和皇帝的慷慨得以减轻因事故而受到的损失的时候,那变得越来越猖獗、越来越有害的告密者却依旧进行着疯狂活动,丝毫也没有减弱。"①每段情节中,塔西佗都为我们处理了三个主要观念(惨剧、慷慨和古时)。不过,第一段情节详写了惨剧,只简要提及领导人的慷慨,简要回忆了过去;第二段情节简要提及惨剧与皇帝的慷慨,却通过考古式的补述扩展了对过去的回忆。因此,与思想趋向上的相似不同,这种处理在篇幅上是交错配置的。

66.1的连接句子稳妥地将第66节并入先前两段情节,尽管其主题(告密者)在62-65的确没有呼应。但既然我们观察到第62-65节中那种技艺高超的安排,我们就应该问,第66节是否对应于第62节之前的东西,并因此确证正在浮现的相互结构。(很自然,我们不能提及67节之后的内容,因为该节的第一部分塔西佗已回到其对旅行的叙述。)

从结构来考虑,我认为可以正当地忽略就在62节之前的那一节。它是公元26年的最后一节;它全部由讣告组成,纯粹是编年纪事家用来总结一年的叙事的传统手法。②它只是叙事的一个插入成

---

① Procerum[贵族]重拾了63.2的 procerum;此处用于提贝里乌斯的largitio[慷慨],在字面上重拾了63.2的 largitione,表明皇帝的 munificentia[慷慨]像63.2的 proceres[显贵]的活动一样,都被称赞为与古时相仿的习惯。

② 参Syme,《塔西佗》(*Tacitus*,Oxford,1958),页313以下,《塔西佗笔下的讣告》("Obituaries in Tacitus"),载于 *AJP*,79,1958,页18以下,页30以下。

分，不会以某种方式对周围结构产生影响。①

因此，塔西佗把我们抛回到叙事的前一部分，毫无疑问，那部分处理告密者的主题（59.3 – 60.3；参 59.3 开端的 accusatorum［控告者的］，还有 66.1 连接句子的 accusatorum）。这样，我们看到57.1 – 59.2 对应于 67.1 – 3，现在我们以同样的方式看到 59.3 – 60.3 对应于 66.1 – 2。在图表的帮助下，我们能够最清晰地了解这些对应，还有费迪纳惨剧与凯里乌斯山惨剧之间的那些对应。②

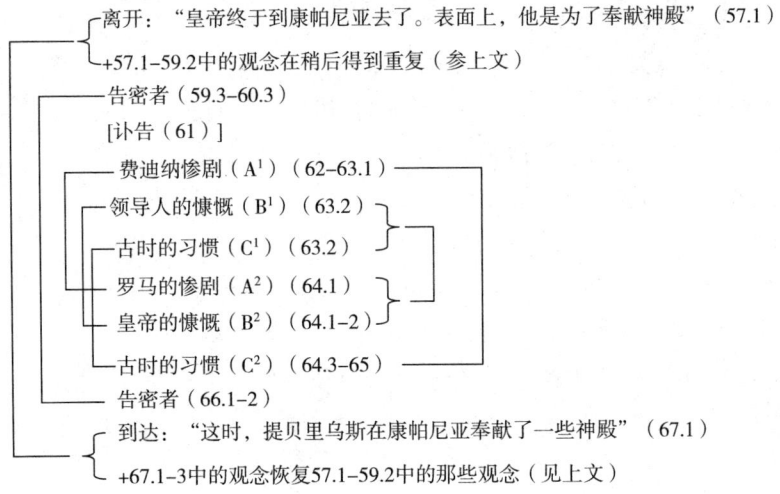

提贝里乌斯的卡普里阿之旅

- 离开："皇帝终于到康帕尼亚去了。表面上，他是为了奉献神殿"（57.1）
- +57.1–59.2中的观念在稍后得到重复（参上文）
- 告密者（59.3–60.3）
- ［讣告（61）］
- 费迪纳惨剧（A^1）（62–63.1）
- 领导人的慷慨（B^1）（63.2）
- 古时的习惯（C^1）（63.2）
- 罗马的惨剧（A^2）（64.1）
- 皇帝的慷慨（B^2）（64.1–2）
- 古时的习惯（C^2）（64.3–65）
- 告密者（66.1–2）
- 到达："这时，提贝里乌斯在康帕尼亚奉献了一些神殿"（67.1）
- +67.1–3中的观念恢复57.1–59.2中的那些观念（见上文）

根据我这部分讨论所说的，很明显，塔西佗在卷四这部分叙事里精心安排了材料。不过，这一安排是否成功仍然是一个问题，除

---

① 尽管如此，61 节与 66 节之间还是有某种一致：各对比了一对人物，其中一位是出自名门望族；各有一个显贵辜负了自己家族的传统。这当然确证了塔西佗用心写作这整个部分。

② 左边的对应指主题的关系，右边的对应指处理篇幅。

非我们详细考察这部分叙事的内容。

三 内容

我对这些章节的内容的评论,将局限于两个主要部分,旅行的第一部分(57.1 – 59.2),费迪纳惨剧(62 – 63)。

首先是这次旅行。为何塔西佗不讨论提贝里乌斯在康帕尼亚奉献神殿,而只是在 57.1 与 67.1 简要地提及?似乎有两个理由。神殿这一主题(这次在亚细亚)已经占据了 57 节之前的前两节;继续直接而详细地讨论康帕尼亚的神殿,会颇为单调,因此塔西佗简单地叙述了皇帝的意图以及最后的既成事实(fait accompli),不作评论。这是为了 variatio[变奏]。我们也应注意到,整个第 57 节都由皇帝前往康帕尼亚的各种动机组成,奉献神殿只是其中之一。实际上,塔西佗更关注其他更不令人愉快的动机,诸如提贝里乌斯的邪恶倾向。这是塔西佗典型的 insinuatio[逢迎],这种逢迎一直持续到节 58,在那里,他通过出色的讳语强调皇帝失职。在 58.2 – 3,塔西佗采用了两个短语,这两个短语可以理解为,塔西佗把提贝里乌斯视为一个归来的流放者(patria careret[离开祖国]),他回来攻击城邦,因为城邦显然抛弃过他(saepe moenia urbis adsidens[常常在城墙脚下])。①塔西佗使提贝里乌斯看起来像马里乌斯(Marius)的化身。然而,塔西佗也将提贝里乌斯描写成 libens[自愿的]:他是一个自愿(willing)的流放者,不是遭其邦民排斥;而且,因为他的真正职责是元首(参 38.1 论述的提贝里乌斯在元老院

---

① 在这种意义上的 patria carere,参西塞罗《致阿提库斯》3.26,Valerius Maximus 3.8.4。adsidere,参 Koestermann 在此的评论,"在我们听来有带着'敌意的围攻'之意"。该动词在这一意义上的例子,除了他所举的,还可加上 R. O. A. M. Lyne,*Latomus*,28,1969,页 694 以下。

的发言），根据上文描述，他也应该受谴责。这是典型的塔西佗用语。

其次，费迪纳圆形剧场坍塌事件(62－63)。塔西佗开始这段情节时，将它比作一场军事灾难(62.1)："一件意想不到的灾害竟而引起了像是大规模战争那样的灾难。"他准备以战争领域的譬喻处理这整个惨剧；更特别的是，因为这是一座建筑遭受灾难（圆形剧场），在一般军事领域里，最合适的比喻是被围攻的城邦，在被围的城邦里，可以期待建筑的崩塌。塔西佗想用这些术语处理这段情节，几乎不令人惊讶。被围与沦陷的城邦是古代纪事家极其流行的话题，①那些关于被围的城邦的段落，也变成了关于残酷的谚语，②像昆体利安(Quintilian)这样的理论家，详细教导了如何处理这些话题。③昆体利安为这种描述设想出的两个主要部分。首先，城邦实际的崩溃——塔西佗在其描述里也用到昆体利安这里提到的大部分细节。④ 其次，掠夺败北者，夺取战利品，这些活动并不太适合诸如费迪纳这样的灾区，因此塔西佗省略了它们。但这并非说，塔西佗的写作的修辞、戏剧性就变得少些。注疏家注意到，塔西佗精心

---

① 参 P. G. Walsh,《李维》(*Livy*,1961),页 191 以下,参维吉尔《埃涅阿斯纪》2.746:"在沦陷的城邦中我见过比这更惨的吗？"也参注释 26[译按]本页注②。

② 如西塞罗《我的家》(*De domo sua*) 37.98"在那些沦陷的城邦里,他们碰巧还活着",撒路斯特《卡提利纳阴谋》52.4"在沦陷的城邦里,无人生还",《纪事》1.30"制造沦陷城邦的景象",卡图路斯 62.24"还有什么比敌人所造成的沦陷城邦更残酷？",奥维德《变形记》12.225"沦陷是城邦的景象"。[还有撒路斯特《致恺撒》2.3.4,Vretska 注；李维 24.39.6；G. M. Paul,《沦陷的城邦》("Urbs Capta"),载于 *Phoenix*,36,1982,页 144－155]

③ 昆体利安 8.3.67－70,参 Spengel 编《古希腊修辞学》,ii,16 中的 Hermogenes,以及 Rhet. Herenn 4.39.51(H. Caplan 在那里所引用的相关例子载于 Loeb 本,页 358 注释)。

④ 昆体利安提到：倒塌的屋顶（"屋顶倒塌的声音"）、混乱（"各种呼喊此起彼伏"）、紧抱着的亲人（"一些人紧紧拥抱着亲人"）、妇幼的恸哭（转下页）

构筑的混乱场景(63.1:"他们时而甚至发生争吵,因为尸体的面貌已经看不清楚,但是体形和年纪的类似却使人们错认了亲人")如何可在两位最富修辞的作家那里找到对应,这两位作家是茹福斯(Curtius Rufus)和小塞涅卡(the younger Seneca)。①

塔西佗本人承认"沦陷城邦话题"的流行,②根据这一证据,可以毫无疑问地认为,他以这些术语描写圆形剧场,纯粹是因为该话题在作家与读者群中都十分流行。确实,正如我们所看到的,他的处理如此富于修辞,我倾向于认为,他这段情节的史料并不比苏埃托尼乌斯的多(《提贝里乌斯》40):"费迪纳两万多观众在观看斗剑表演时因圆形剧场坍塌而丧生。"③展示完他那栩栩如生的描述本

(接上页)("幼儿与妇女的恸哭")、残酷的命运("在那些日子被厄运看守着的老人")。塔西佗提到:倒塌的建筑("里面挤满了人的庞大建筑物向里或是向外倒塌下来,结果把大量观众和站在四周旁观的人摔下来,压到下面了")、混乱("因为人们还不知道罹祸的都是哪些人,而这种未能确定受害者的情况使得受惊的范围更加扩大了")、妇幼的在场("男女做伴"[一个令人印象深刻的短语,参 H. Tränkle,载于 *WS*,81,1968,页 128],"不分老幼……")、他们恸哭("在夜里他们只能靠着他们的妻子儿女的尖叫声和呻吟声来分辨了")、失去亲人("他们为自己的兄弟、亲戚或父母而痛哭")、残酷的命运("那些在惨剧刚一发生就立刻被摔死的人倒是摆脱了痛苦的折磨,人们遇到这类的灾祸也只能是这样的命运。更可怜的是那些被砸断了肢体但还没有死亡的人")。

① 茹福斯 8.3.13:"苍白渗进了无血的面庞,无法分清谁是谁。"塞涅卡《特洛伊妇女》1112 行以下:"他那高贵形体的熟悉标记、他的面庞、得自其祖先的杰出形象,都因为其身体冲击地面的重力而毁损。"

② 在该书最著名的插话中,32.1(expugnationes urbium)。

③ 这个评价与 Koestermann 的有点不同,他说:"塔西佗寥寥几笔就勾勒出这样一幅关于一场混乱的图景,异常生动。尽管叙述并非没有修辞成分……"Koestermann 也邀请我们比较普利尼《书简》6.20 所写的维苏威火山的爆发。这封信实际上写给塔西佗,为其《纪事》中的一部分内容提供了第一手的史料,如今该信件已佚。想象这点可能饶有兴味:塔西佗写作费迪纳惨剧时,再次使用了几年前普利尼应邀寄给他的关于维苏威火山的描述。但我们无法仔细考虑这个浪漫的观点,因为普利尼像他的偶像西塞罗一样(转下页)

领后,塔西佗继续证明自己那灵巧的变奏,因为巧合得很,同一年也发生了第二起惨案,罗马凯里乌斯山的大火(64 – 65)。这里,塔西佗完全没有描述灾难本身——出于同一理由,他没有在 57.1 描写奉献神殿(参上文)——相反,他集中关注[此次事件]与古时习惯的相似(64.3 – 65),从而屈从于当时的另一种喜好:考古的喜好。①看起来,在这四章中,塔西佗准备打断他所描述的重要旅行,以便在修辞上取悦其读者。

不过,塔西佗是如此轻浮的一个作家,就像这一结论所暗示的那样吗?我们更早前同意过,塔西佗在卷四这部分叙事里精心安排他的材料;我们也同意悬置这一问题:塔西佗的安排是否成功(参上文)。我们现在是时候尝试回答这个问题,同时判断他在此的写作方式是否轻浮了。这些问题的答案在于,塔西佗有能力把 62 – 65 节——事实上还有其他那些表面上无关的部分(59.3 – 60.3 与 66.1 – 2)——与旅行的叙事连接。换言之,我们必须全面判断,上

(接上页)(《致阿提库斯》2.1.1 – 2),甚至编造基本的事实,以便使它看起来像"真的"(即修辞的)历史(参 H. W. Traub,《普利尼对历史的处理》("Pliny's Treatment of History"),载于 *TAPA*,86,1955,页 213 以下,尤其是页 229 – 231)。普利尼与塔西佗两人,尽管写作的文类不同,但都在同一个传统里工作。(另一个相似的例子,亦涉及普利尼与塔西佗,可以在《编年纪事》这一卷找到。在《书简》1.20 普利尼写信给塔西佗,询问风格的问题,他说道(12):"大量琐事引出大事。"在 32 – 33 节,塔西佗有一段著名的离题话,这段离题话有关提贝里乌斯的纪事:"可是,揭开这些事件的表层向里面看一看并不是没有益处的,因为这些事件在初看时似乎是毫无意义的,但它们往往引起了历史上的重大事件。"观点是一样的;它们成了惯用说法[参 Martin-Woodman 相关论述,Woodman-Martin 论 3.31.2]。)

① 对此参 H. Peter,《恺撒时代罗马的历史文学》(*Die geschichtliche Litteratur über die röm. Kaiserzeit*,Leipzig,1897),i,页 108 以下。这部分更多的惯用语(64.1 fortuita ad culpam trahentes[为偶然事故找到罪人]),参西塞罗 *Verr.* 5.131,*Leg. Man.* 10,*Pis.* 43,*Rab. Post.* 29;维列乌斯 118.4;塞涅卡 *Clem.* 1.2.1。

述对叙事的图表分析暗示了什么。

在塔西佗实际打断旅行的叙事(59.1–2)之前,他讲述了洞窟的洞穴事件,这一事件对于回答上述这些问题十分重要。洞穴倒塌时,正是谢雅努斯救了皇帝一命,这次行动的结果是(塔西佗说),他对提贝里乌斯的影响日益增大,而且他现在能够加紧控告尼禄恺撒(59.2–3"这件事更为增加了他在提贝里乌斯眼中的分量……不管他提出了多么有害的意见,提贝里乌斯对他总是言听计从。对于日耳曼尼库斯一家人,谢雅努斯开始采取了法官的姿态")。塔西佗因此使第一段告密者的情节出现于洞穴事件。根据不同的视角,(我们会看到)同样的情况可以说出现在费迪纳惨剧。

我们已注意到(参上文),塔西佗如何在57.1–58.3以憎恶的角度将皇帝刻画成一个孤独的酒色之徒,忘却了其元首的职责。紧接其后的洞窟事件,纯粹是这一描绘的具体事例。他本应该在罗马操劳国事,却在郊区举行宴会(59.2"举行宴会");但一块下落的巨石突然(repente)粗暴(obruit)地打断了宴会,杀死了一些ministri[仆人],但并未杀死提贝里乌斯,因为谢雅努斯救了他一命:换言之,灾难中断了皇帝那不正当的享乐,但皇帝还是逃过一劫(许多人会说这不公道)。①我们现在必须对比这段情节与费迪纳惨剧。塔西佗称,提贝里乌斯统治期间很少有娱乐(62.2的词语顺序"在提贝里乌斯治下,他们远离了娱乐"几乎暗示着提贝里乌斯用法律禁止娱乐),结果,一旦真的举行娱乐活动(62.1"举行表演"),人潮就过于拥挤(参62.2:auidi[渴望])。如此拥挤招致了麻烦,而麻烦到来得突然(imrouisum)、迅猛(conferta, conuulsa, ruit, abrupta),更坏的是观众太多(62.2:"这样惨剧就变得更严重了"):事实上,灾难与死亡打断了成千上万人极为正当的娱乐,这些灾难与死亡不应该发生的程度,就跟它们无可逃避的程度一样。因此,塔西佗在这些

---

① Praeter spem euasit[违背民愿地躲过一劫],正如苏埃托尼乌斯所评论的(《提贝里乌斯》39)。

章节里为我们提供了一组令人生厌的对照:皇帝发生了什么,他的子民又发生了什么。①费迪纳惨剧因此以一种高度戏剧化的方式,与前面的洞穴事件相联系。

第二次惨剧是凯里乌斯山的大火(64-65),它有更明显的存在理由。该惨剧也是公元 27 年的一个重大事件,吸引了这位编年纪事家的注意。塔西佗使它与圆形剧场惨剧平行(圆形剧场惨剧必须详写,理由我们刚刚看到过),却以不令读者对两场相继的惨剧生厌的方式处理它,还有什么比这更好呢?塔西佗做得十分出色,他以 64.1 的连接句子把两段情节联系起来,然后交错地变化处理篇幅,以达到变奏的效果(参上文)。

另一个连接句将第二段告密者情节与费迪纳惨剧、凯利乌斯山大火相连(66.1):这里,正是塔西佗本人典型的逢迎使他能够连接第 66 节与先前的叙述:"但是当贵族们表示的善意和皇帝的慷慨得以减轻……损失时,那告密者丝毫没有减弱。"②最后,通过重复 57 节旅行叙事开始时的词语与观念,塔西佗把我们从 67.1-3 带回到起点。

我们看到,节 61 的讣告是唯一一个部分,没有在卷四这一叙事序列里起积极作用。然而,它包含了一个重要的陈述,塞姆称之为"塔西佗本人的品质证明":③"刻苦钻研传后世"。我刚刚讨论过的叙事,看上去适合提供这种 meditatio[钻研]与 labor[刻苦]的充足证据。④

---

① 63.1 透彻阐述了这种悲伤,塔西佗告诉我们,圆形剧场坍塌的后果甚至是更少娱乐。这里,反讽的意味不亚于悲伤:它几乎证明,皇帝讨厌这些场面是正确的。

② 参上文以及《编年纪事》1.72.2"虽然如此,他依然未能使人民相信他是共和制度的拥护者,因为他恢复了大逆法",另一个典型的塔西佗式连接句。

③ Syme(1958,前揭),页 624 注释 3。

④ 我非常感谢 R. H. Martin 与 T. J. Saunders 对本文初稿的评论。

权力的味道

——塔西佗笔下的公元33年

伍德曼(A. J. Woodman) 撰
曾维术 译

一

塞姆爵士(Sir Ronald Syme)发表题为"塔西佗与狄奥(Dio)笔下的公元33年"一文,距今已有二十年。①在这个枯燥的题目之下,当代最伟大的塔西佗研究者以旁征博引的方式——这已成为他的特点②——讨论了这两位大约相隔一百年的纪事家写下的这一年。塔西佗在《编年纪事》卷六的行文中描述了这一年(6.15 – 27)。该卷以提贝里乌斯的讣告结尾,在这个讣告中,塔西佗把提贝里乌斯的帝王生涯分成四个时期,四个时期一个比一个糟糕,每个时期都由一位亲戚或朋友的死亡标明(6.51.3)。③倒数第二个时期结束于公元31年处死谢雅努斯(Sejanus)一事,这位谢雅努斯一度显得是

---

① 载于 *Athenaeum*, 61, 1983, 页 3 – 23,亦载于 *Roman Papers*, 4, Oxford, 1988,页 223 – 244。后文将引自后者,缩写成 *RP*。

② 参 T. P. Wiseman,《塞姆后期:一份纪事研究》("Late Syme: a study in historiography"),载于 *Roman Drama and Roman History*, Exeter, 1998,页 135 – 152, 213 – 216。

③ 塔西佗事实上一共提到了五个时期(包括公元14, 23, 29, 31 与 37 年),但第一个时期包括了提贝里乌斯称帝之前的岁月。对此的讨论参 A. J. Woodman,《回顾塔西佗》(*Tacitus Reviewed*, Oxford, 1998),页 156 – 167。

提贝里乌斯最忠实的大臣,直到他的背叛大白于天下;不过,我们的文本缺少了这一关键情节的叙述,因为摆放这段情节的卷五几乎全卷散佚。卷六开始时,塔西佗已经让我们接触提贝里乌斯一生中最后也是最糟糕的岁月,这段时期将一直持续到公元 37 年,他的死亡。因此,公元 33 年大约位于这最后时期的三分之一处,柯尔特曼(Koestermann)把这一年描述为"恐怖统治的高潮"。①

塞姆着迷于公元 33 年,主要原因有二。②其一,他相信这一年本身就很重要,因为它构成了提贝里乌斯统治的枢纽时刻:这一年不计其数的死亡,既算清了旧账,又与过去断裂,期间各种皇族联姻则预示着未来。其二,根据这一年提供的机会,我们可以详细比较塔西佗对提贝里乌斯的描述与狄奥对提贝里乌斯的描述,这样的机会为数不多。

塞姆把塔西佗的解说描述为"连贯性与多变性的一个奇迹",在塞姆眼里,塔西佗对公元 33 年的叙事可分为两部分(6.15.1 – 20.1 与 23.1 – 27.4),由一段关于占星技艺的插话隔开(6.20.2 – 22.4)。③塔西佗提到四桩皇族婚姻,并把这四桩婚姻分成三段情节,两段摆在这一年的前半部分(6.15.1 杜路西拉[Drusilla],里维拉[Julia Livilla];20.1 卡利古拉[Caligula]),一段摆在后半部分(27.1 优利娅[Julia])。塔西佗也提到了很多死亡事件,塞姆称之为"不少于 12 个有名有姓的人的死亡",这些死亡的分布与婚姻的分布相反:三分之一摆在了这一年的前半部分(18.1 普洛库路斯[Considius Proculus];18.2 玛克里娜[Pompeia Macrina]的兄弟与父

---

① E. Koestermann,《塔西佗的编年纪事》(*Cornelius Tacitus Annalen*, Heidelberg, 1965),卷 II,页 273(论 6.15.1)。

② *RP*, 4,页 223 – 224。

③ *RP*, 4,页 224 – 225;亦参 Koestermann 对 6.15.1 的讨论;J. Ginsburg,《塔西佗〈编年纪事〉中的传统与主题》(*Tradition and Theme in the Annals of Tacitus*, New York, 1981),页 73 – 76;G. Wille,《塔西佗作品的结构》(*Der Aufbau der Werke des Tacitus*, Amsterdam, 1983),页 457 – 461, 625。

亲;19.1 马利乌斯[Sex. Marius]),三分之二摆在了后半部分(23.1 伽路斯[Asinius Gallus];23.2 – 24.3 杜路苏斯[Drusus];25 阿格里披娜[Agrippina];26.1 – 2 涅尔瓦[Cocceius Nerva];26.3 普朗奇娜[Munatia Plancina];27.2 拉米亚[Aelius Lamia];27.3 佛拉库斯[Pomponius Flaccus];27.4 玛尼乌斯·列庇都斯[M. Lepidus])。相反,狄奥只在一个简短段落里提及三桩皇族婚姻,这个段落记述这一年伊始的事件;他只列举了七个有名有姓的人的死亡,其中六个与塔西佗列举的一致。①

塔西佗与狄奥都提到的六桩死亡全是暴死,要么被处死,要么自杀,但两位作者安排它们的顺序有所不同:

塔西佗
(a) 马利乌斯
(b) 伽路斯
(c) 杜路苏斯
(d) 阿格里披娜
(e) 涅尔瓦
(f) 普朗奇娜

狄奥
(e) 涅尔瓦
(a) 马利乌斯
(c) 杜路苏斯
(d) 阿格里披娜
(f) 普朗奇娜
(b) 伽路斯

在普朗奇娜的例子中,这种顺序上的差异尤其引人注目。自十四年前介绍普朗奇娜那一刻起,即自《编年纪事》卷二中间起(43.4),塔西佗便一再而且一贯地把普朗奇娜呈现为日耳曼尼库斯(Germanicus)的敌人,尤其是他的妻子阿格里披娜的敌人。②两个女

---

① 参 RP,4,页 226。狄奥列举的第七桩死亡是维布里乌斯·阿格里帕(Vibullius Agrippa)(58.21.4),塔西佗把这个人的死亡安排到三年之后(6.40.1,根据似是而非的说法,那个人的名字是维布列努斯·阿格里帕[Vibulenus Agrippa])。

② 参 2.55.6,2.74.2 – 75.2(82.1),3.15,3.17.1 – 2。

人如今在同一年死去,我们可能期待塔西佗同时提及她们的死亡,狄奥确实这样安排她们。然而,在塔西佗笔下,阿格里披娜死后(25.1-3)紧接着是涅尔瓦的自杀,用塞姆的话说,普朗奇娜紧接着阿格里披娜死去,这样的安排貌似更合适,然而塔西佗把她移离于这个位置。① 这次移动引人瞩目,而且只能是有意为之。再次用塞姆的话说,为何塔西佗"选择打断阿格里披娜与其敌人之间的联系"?② 或者,换个不同的问法,是什么使得涅尔瓦的自杀成为阿格里披娜之死的合适后续,比普朗奇娜的自杀更合适?③ 对这个问题的回答,将涉及对"连贯性"的解释,这一解释由塞姆所发现(见第五部分以下);不过,为了看到更大的图景,我们必须开始预先讨论相关的背景(第二至四部分)。

二

公元14年,奥古斯都驾崩,随后提贝里乌斯开始掌权,塔西佗如此描述奥古斯都的葬礼日:

> 在举行葬仪的这一天,军队全部处于武装戒备状态。这种情况引起了亲眼看过或是听老一辈的人们谈过刺杀恺撒那一天的情况的人们的嘲笑:在人们新受奴役(crudi adhuc seruitii)

---

① *RP*,4,页234。

② *RP*,4,页232。

③ 塞姆对于下一事实更感兴趣:涅尔瓦的自杀(6.26.1-2)接近于27.1的简短段落,那里写到优利娅(提贝里乌斯的孙女)嫁给其下级勃兰都斯(Rubellius Blandus),塞姆解释说,这种布局上的接近是对皇帝涅尔瓦及其家族的侮辱(*RP*,4,页197-198,页234)。不过,要是塔西佗简单地调换一下涅尔瓦与普朗奇娜的死亡顺序,塔西佗就真的能并置那桩自杀与婚姻,同时又保留了阿格里披娜与其敌人之间的联系。

而恢复自由的行动又极不顺利(libertatis improspere repetitae)的那一天里,独裁者恺撒的被刺在一些人眼里就成了极为可怕的罪行,而在另一些人眼里却又成了极其光荣的功勋。(1.8.6)

塔西佗让葬礼的目击者回想恺撒被刺那天,①这个思考让塔西佗短暂地偏离主题,进入如今流行的"虚构历史"领域。②他以这样的措辞方式提到奴役与自由,好像表明,谋杀恺撒只是时机错了:要是刺客晚点行刺,等政治奴役的含义众所周知后,恢复自由可能就受益于更多的成功机会。

毫无疑问,塔西佗在此受到另一部纪事的开篇的影响。在其卷二开篇,李维处理前509年时就已注意到,路奇乌斯·布鲁图斯(Lucius Junius Brutus)出击争取自由,时机恰到好处:倘若他针对更早的国王而非针对塔尔坤(Tarquinius Superbus),向自由的过渡就不能持续,李维详细地阐述了这个反事实的观察:

> 无疑,布鲁图斯因推翻高傲的国王而获得如此巨大荣誉,但若是他出于对尚未成熟的自由的渴望,推翻的是先前的国王们中某位国王的统治,那他的行为将是提供最坏的公共服务。要知道,要是那些由牧人和外来者(逃离自己的部族的人)组

---

① 关于这一点,参 A. J. Woodman,《并非一个葬礼的注解》("Not a funeral note"),*CQ*,52,2002,页629-32。

② 比如,参 N. Ferguson 编,《虚构历史:替代品与反事实》(*Virtual History:Alternatives and Counterfactuals*,London,1997);R. Cowley,《假如……呢?》(*What If?*,New York,1999);J. North 编,《拿破仑的选择》(*The Napoleon Options*,London,2000)。亦参 Ferguson 的《战争的遗憾》(*The Pity of War*,London,1998)以及 R. Morello《李维关于亚历山大的插话(9.17-19):反事实与辩护学》("Livy's Alexander digression (9.17-19):counterfactuals and apologetics"),载于 *JRS*,92,2002,页62以及注释4。

成的平民在不受侵犯的地区的保护下获得自由和不受惩罚,在排除了对国王的恐惧之后,开始受保民官的疯狂鼓动,在他人的城市里与元老们进行争论,在他们对妻子儿女的眷恋、在需要长时间才能养成的对土地的热爱把他们的心灵融合起来之前,那将会是一种什么情形? 尚未成年的国家会因不和而松散,尽管有平静的统治权力爱护它、抚育它、培养它,使它成熟壮大后能提供良好的自由果实。

这位放逐塔尔坤的老布鲁图斯,与他的后裔,刺杀恺撒的马尔库斯·布鲁图斯(Marcus Junius Brutus),当然常常被拿来对比,尤其是这后一位布鲁图斯自己,他在自己的铸币上作了这样的比较。① 倘若塔西佗的读者意识到,塔西佗吸引他们去观察这后一次向自由的过渡——根据早先那次来得恰是时候的过渡,这后一次过渡来得太早了——这双重的聚焦可能会很好地促使他们思考,从奥古斯都到提贝里乌斯的过渡是一个来得太晚的机会。

李维曾以成熟与庄稼来比喻自由(2.1.3 libertatis immaturae[不成熟的自由],2.1.6 bonam frugem libertatis[良好的自由果实]),塔西佗则以动词 repetere 修饰自由。libertatem repetere 这一表述在西塞罗那里出现过一次,在撒路斯特的《纪事》出现过三次,李维那里则有七次,集中出现于那些民众权利受争议的情节;②但这个表述从此就在现存的作品中消失了,它的重新露面,要等到一百年以后在塔西佗这个段落里。现在,在塔西佗笔下,libertatis im-

---

① J. D. Evans,《说服的技艺:从埃涅阿斯到布鲁图斯的政治宣传》(*The Art of Persuasion:Political Propaganda from Aeneas to Brutus*,Ann Arbor,1992),页145-8。

② 西塞罗《反菲利比辞》(10.20);撒路斯特《纪事》1.51.1,1.55.6,3.48.28(见下文);李维 3.38.10,3.49.1,4.53.3 与 10(这两个例子与"第二次平民分离运动"有关),24.22.5,35.36.7,39.25.17。

prospere repetitae 这一表述与短语 crudi adhuc seruitii 构成了一个精确的交错配置,注疏家在此的通常解释是,此处的 crudi 是一个表示"未熟"的比喻。① 根据这种理解,塔西佗可能用一个比喻来形容奴役,而在塔西佗暗指的那个段落中,李维用这个比喻来形容自由。但事情远非如此简单。交错配置是一个统一的手法,因此,影响短语 crudi…seruitii 与 libertatis…repetitae 的这种统一性,暗示着无论 crudi 一词的比喻是什么,它都得到 repetitae 的支持。根据这一理由,我相信,此处的 crudi 有其另外的含义:"未消化"。repetitae 并非指惯常的译法"再次追求"(vel sim.),而是"再次端上",正如尤文纳尔(Juvenal)著名的表述:crambe repetita[端上卷心菜](7.154)。② 换言之,这个比喻是一种食物。

经证明,学者们不愿相信塔西佗会把这样一个比喻用在自由上,但事实上,用餐饮的术语来看待自由,是一个著名的传统。柏拉图在《王制》中解释,僭主从民主制中冒起,这时他说道,一个民主

---

① 例如,参 Koestermann 或 Goodyear 的相关论述。

② H. Furneaux(相关论述;参页 viii)记载道,T. F. Dallin 这位牛津公共演说家(1877 – 1880)与一位无名氏提出了对 crudi 的此种解释,这位无名氏作为一名角色,在 A. E. Housman 的《第十一首牧歌》(*The Eleventh Eclogue*)中出现:参 A. Burnett,《豪斯曼的诗歌》(*The Poems of A. E. Housman*, Oxford, 1997),页 230 – 235 与 525 – 528。《拉丁词语宝典》把 1.8.6 列入 viridis vel recens[新鲜的或最近的]这一词项下(4.1236.14),根据这部词典,在公元四世纪后期之前,没有任何例子表明,crudus 的比喻义为"未消化"(4.1235.32 – 43)。但注意昆体利安 10.1.19:"我们咀嚼(repetamus,即 repetere 的变化形式)食物,并在吞下之前就几乎溶化它,以便更容易吸收;同样,让我们把读物编得更有利于记忆与模仿,不是以一种未消化(cruda,即 crudus 的变化形式)的形式,而是通过不断的重复,使之好像已经软化、分解成流质。"这是唯一的其他段落,似乎在语义接近的情况下使用 crudus 与 repetere。我最近翻译塔西佗这个段落,保留了这个比喻。参 A. J. Woodman,《塔西佗:〈编年纪事〉》(*Tacitus: the Annals*, Indianapolis/Cambridge, MA, 2004),页 7。

共同体"渴望自由",并"喝未稀释的自由喝醉了"。① 在《论共和国》里,西塞罗翻译了柏拉图这个段落,他保留了这一比喻,② 而且在一个类似的语境中进一步引入一个相关的比喻,这个新比喻不再是模仿柏拉图的产物(2.50):"你不要用自由来满足他们[平民],而要燃起他们对自由的渴望,既然你只是让他们尝尝权力的味道。"同样,在开始他那描写内战的史诗时,路卡努斯(Lucan)说道,罗马人"不是那种人⋯⋯以他们的自由为食料,不必诉诸武力"(1.171 - 172)。

尽管塔西佗明显是这个传统的一部分,但在恺撒被刺的特定背景下,他用食物的术语指称自由,这恐怕不是简单的巧合。恺撒的行刺者发行的铸币刻有图案 LIBERTAS,另一面则画着刻瑞斯(Ceres),她是谷物女神、罗马人民食物供应的保护者;出现在这些铸币上,她似乎还是自由的女庇护人。③ 行刺者暗示,政治自由与食物

---

① 《王制》562C - D:"当,我认为,民主统治的城邦渴求自由,它碰巧有不当的执政者为统治者,且当它喝超过它应喝的未混合的酒后醉倒⋯⋯"参普鲁塔克《吕山德》(Lysander)13.8"因为他们给了希腊人呷了一口非常愉悦的自由";《吕库古、努马合论》(Comparison of Lycurgus and Numa)1.10:"让这些奴隶尝到了自由的尊严"。参 T. E. Duff,《普鲁塔克的传记:探究美德与邪恶》(Plutarch's Lives:Exploring Virtue and Vice,Oxford,1999),页 193;我从 T. Duff. 这里得到了这些互证。

② 《论共和国》1.66:"柏拉图说,如果民众不知满足的喉咙由于渴望自由而变得干渴,并有邪恶大臣帮助,他们会急切地喝光所有的自由,而不是有节制地调和⋯⋯",李维在 39.26.7 模仿了西塞罗:"如同经历了久渴,贪婪地吞咽大量未稀释的自由。"libertatem haurire[喝光自由]只在塔西佗《纪事》4.5.2 重现过,亦参塞涅卡,《论灵魂的宁静》(De Tranquillitate Animi)17.9。

③ 参 B. S. Spaeth,《罗马女神刻瑞斯》(The Roman Goddess Ceres,Austin,1996),页 98 - 100,引自页 100;也注意 P. A. Brunt,《共和国中的自由》("Libertas in the Republic"),载于 The Fall of the Roman Republic,Oxford,1988,页 281 - 350,尤其是页 346 - 349;T. P. Wiseman,《自由:共和时期罗马的神话,戏剧与意识形态》《"Liber:myth,drama and ideology in Republican Rome"》,(转下页)

供应携手而来,他们本人能促进这两件事情。这些暗示是一场正在进行的辩论的一部分,因为在此之前,恺撒的铸币也同样跟刻瑞斯与自由相连。① 自由与食物之间的联系具有传统性,这可以清楚地体现于以下事实:马凯尔(Licinius Macer),这位平民党的政客与纪事家,在一篇演说中打断了这种联系,以便取得演说效果;撒路斯特在其《纪事》中,让马凯尔在前73年发表了这篇演说。Macer 这个名字用在这里十分恰当([译按]Macer 有"瘦骨嶙峋"之意),它轻蔑地抗议道,罗马民众拿他们的自由去换取谷物救济:②"除非偶然的命运补偿了你们那些根据谷物法得来的馈赠;尽管他们以五种方式确定了一切自由,但这些方式能获得的东西不比监狱的食物多(3.48.19)。"马凯尔演说的整个主题就是"自由",而他最后两个词语(3.48.28),跟塔西佗在《编年纪事》开篇使用的词语一样:repetere libertatem[端上自由]。

自由与食物之间的联系,因此就不仅仅是一种比喻,而且是共和国后期政治生活的一个特征,在公元前23年,这种联系还有一个举足轻重的余波。那是奥古斯都执掌保民官权力的一年,这种权力让人产生放心的联想,因为保民官总是保护平民、对抗僭政的官员。③同年,发生了一场谷物供应危机,皇帝将这个问题交付给年

(接上页)载于 C. Bruun 编,*The Roman Middle Republic: Politics, Religion and Historiography c. 400–133 B. C.* ,Rome,2000,页290–297。用膳食的术语指称恺撒的被刺,参西塞罗《致家人》10.28.1:"我多希望,在3月15日那天,你邀请我参加那最美的宴会! 我们应该不剩下任何残羹冷炙",12.4.1;普鲁塔克,《恺撒》66.11,"所有人都加紧着手并品尝劳动成果"。

① 参 Spaeth(注释20),页99;亦参,比如 S. Weinstock,《神圣的优利乌斯》(*Divus Julius*,Oxford,1971),页139–145 对自由的讨论。

② 关于 Macer 参 I. Kajanto,《拉丁姓名考》(*The Latin Cognomina*,Rome,1965),页244。Ogilvie 比较了马凯尔的演说与李维4.15.6("希望以两磅小麦购买本邦邦民们的自由本身");但这整段情节(4.12.7–16.8)都跟 annona[粮食]与自由的关系有关。也注意李维6.40.12 与 Kraus 的相关段落。

③ P. A. Brunt 与 J. M. Moore,《圣奥古斯都的功绩表》(*Res Gestae Divi Augusti*,Oxford,1967),页12。

轻的提贝里乌斯,提贝里乌斯那时刚刚开始其政治生涯。五十年后,纪事家维列乌斯(Velleius)描述了这一重要关头,他以这些措辞赞扬提贝里乌斯的努力:"时年十九岁的财务官开始执掌共和国,应付最严重的小麦危机与谷物供应困难,他用其继父的命令控制了奥斯提阿港与罗马城,使得有多少粮食运抵都一清二楚。"(94.3)从提贝里乌斯处理谷物危机一事,维列乌斯推断出,提贝里乌斯在遥远的将来会成为伟大的皇帝,随后一年发生的事件表明,维列乌斯并非信口开河。在此,维列乌斯把成功归于提贝里乌斯;尽管有这样的成绩,在公元前22年,危机还是加深了,罗马民众恳求奥古斯都担任独裁官,以此为应付这场危机的手段。但奥古斯都一口拒绝,他只同意监管谷物供应,他在其功绩表中说道:"我这样来掌管谷物供应,数天之内,我就能以我的开支与操持(impensa et cura),使整个城邦摆脱(liberarem,liberare 的词形变化)燃眉之急。"(《功绩表》5.2)要是这样就可以"在某种程度上把掌管谷物供应看成是独裁官的替代品",像瑞克曼(Rickman)注意到的那样,①那么,维列乌斯在处理谷物供应与帝位之间所作的类比,就似乎一针见血。而且,根据共和国后期政客采用的语言与概念,奥古斯都选择动词 liberare[解放,使自由]显得意义非凡。奥古斯都暗示,他提供食物一事可以从自由的角度来看待;不过,现实当然是,这不是政治自由,而是从缺乏与饥馑中摆脱出来的自由,这种自由可由一位独裁者来保证。奥古斯都"以谷物引诱民众"(1.2.1 populum annona…pellexit),这就像塔西佗本人的做法一样:他把这个短语摆在了那个无与伦比的句子中间,凭着那个句子,塔西佗开始了《编年纪事》的叙事。②

---

① G. Rickman,《古罗马的谷物供应》(*The Corn Supply of Ancient Rome*,Oxford,1980),页180。

② Rickman(注释24),页62,评论道,从公元前23年起"元首就承认——即使不是公然承认——对于罗马的供应他负有从不间断的最终责任";B. Bosworth 注意到,在《功绩表》中,奥古斯都"极其引人注目地强调了他(*转下页*)

三

由维列乌斯为之预言的提贝里乌斯通向伟大的路程,绝非一帆风顺。在公元前 6 年,提贝里乌斯决定从政治生活中全身而退,隐退到罗得斯岛(the island of Rhodes)。其母里维娅(Livia)与奥古斯都被这一决定吓呆了,并试图劝阻他,但他对此的回应是绝食四天,他的父母终于不得不接受他的决定(苏埃托尼乌斯《提贝里乌斯》10.2)。提贝里乌斯在公元 2 年从罗得岛返回,十二年后,他继承奥古斯都的帝位,带着塔西佗本人所描绘的极大的不情愿(1.10.8 - 13.5)。①但是,尽管不情愿,他当皇帝的前九年表现还算可以,塔西佗——确切地说,是在处理提贝里乌斯的那六卷的中间——插入了一段肯定性的总结,总结他到公元 23 年为止的政绩,包括他对谷物供应的处理:"粮价过高确实使民众感到苦恼,但是没有人把这一点归咎于皇帝。为了弥补由于歉收或海上风暴所造成的损失,他确实是既不吝惜金钱又不辞辛苦的(impendio diligentiaque)(4.6.4)。" impendio diligentiaque 一词,似乎清楚但稍有变化地暗指 impensa et cura,奥古斯都在其《功绩表》中,就以 impensa et cura 来指称自己成

(接上页)对罗马谷物供应的补贴。《功绩表》读起来好像是,奥古斯都一手提供了生存物资(frumentationes)给首都人民",参《奥古斯都,功绩表与希腊化的封神理论》("Augustus, the Res Gestae and Hellenistic theories of apotheosis"),载于 *JRS*,1999,16,页 89,在那里他也注意到奥古斯都选择了 liberare 这个动词(注释 100)。相反的例子有,庞培在前 56 年掌管谷物供应时,克劳狄乌斯(Clodius)对其大加鞭挞,参西塞罗,《致弟昆图斯的信》(*Letters to his brother Quintus*)2.3.2:"谁是饿死平民的人。"关于"面包与马戏"这一主题,参尤文纳尔 10.81 以及 Mayor 或 Courtney 的相关论述;关于农业与好国王,参 Woodman 对维列乌斯 89.4 的讨论;尤参 Pliny,《颂词》(*Panegyricus*)27.1 - 3。

① 对 1.10.8 - 13.5 的这一解释,参 Woodman,前揭,页 40 - 69。

功解决公元前 22 年的谷物危机。①尽管没有什么称颂比得上称赞一位皇帝效仿奥古斯都,但是,塔西佗之所以在叙述的这个节骨眼上插入肯定性的总结,其原因是,提贝里乌斯的统治性质将要变化(4.6.1)。公元 23 年与结束提贝里乌斯帝王生涯的第一个时期相一致(见上文),塔西佗如此安排,使这一边界位于叙事的中点,塔西佗(好像)把自己对提贝里乌斯的记述分成两"场"戏,第一场戏包括卷一到卷三,第二场戏包括卷四到卷六。②

塔西佗描述了提贝里乌斯对两次谷物危机的处理,第一次是在卷二 87 节公元 19 年,第二次是在卷六 13 节公元 32 年:

《编年纪事》2.87

[a]由于民众都反对粮价抬高,[b]于是他便为买粮食的人规定了一个应付的价格,他本人答应粮商每一莫狄乌斯的粮食由他贴补两谢司特尔提乌斯。[c]但他拒绝接受先前确曾建议过的要授给他"国父"的尊号。[d]有一些人把他的事业说成是神圣的,又称他本人为主人:他对这些人进行了严厉的斥责。[e]这位皇帝害怕自由,却又讨厌谄媚的言语,人们的言路就十分狭窄而又容易摔跤了。

《编年纪事》6.13

[a]在同样两位执政官当政的一年里,粮价过高几乎引起了暴动。接连好几天,人们在剧场里提出了许多要求,他们对皇帝的这种放肆态度以前还很少见。[b]提贝里乌斯对此非常恼怒,于是便谴责高级长官和元老院没有利用国家的权力来

---

① 在塔西佗之前,Impensa 与 cura 的组合见于 Livy(24.34.13,32.34.10,42.52.11)以及 Columella(2.12.6,8.4.6,8.10.6,8.15.1),但语境显示,这里暗指的是《功绩表》。

② 这样,这种二分法就与 6.51.3 的讣告提出的更多时期的划分重叠或者共存(见上文以及注释)。

制服群众的暴行。[c]此外他还列举了向意大利输送粮食的行省,并指出这样的事实,即现在他以比奥古斯都时期要大得多的规模向意大利输入粮食。[d]因此,为了使人民严守秩序,元老院发布了一项与古代决定一样严峻的决定。执政官也发布了同样果断的命令。[e]提贝里乌斯本人没有讲话。不过这种表示并不是像他自己所想象的那样被认为是一种亲民态度,而被认为是一种傲慢。

第一次谷物危机以民众对谷物供应的抱怨开始[a];元首立即采取行动应付危机[b];由于这个缘故,人们感谢他[c];元首谴责了某些感谢形式[d];塔西佗作总结,他评论了(1)发言;(2)皇帝与民众的相互误解;(3)自由与奉承之间的对比[e]。塔西佗把十三年后的第二次危机建构为第一次危机的镜像,当然,塔西佗也有意使之成为第一次危机的对应物。第二次危机也以民众抱怨谷物供应开始(不过怨声叫得更响)[a];元首的直接回应是责备高级长官与元老院没有控制民众[b];他没有采取紧急行动,而是提到自己已经采取的措施[c];元老院与执政官公开责备民众[d];塔西佗总结,他评论了(1)沉默;(2)皇帝与民众相互误解;(3)亲民与傲慢之间的对比[e]。其他作家都没有提到过这两场危机,这两场危机恰好分别距离提贝里乌斯统治的开端与结尾各五年。正如维列乌斯曾用公元前23年的谷物危机,来估计提贝里乌斯日后的元首生涯有多伟大,塔西佗把这两段包含谷物供应的情节呈现为一项指标,根据这项指标,我们可以判断提贝里乌斯的行为有多堕落。不过,我们不会孤立看待这两段情节;两段情节分别是一个更大的思想织体的一部分,我们可以从提贝里乌斯统治的两部分叙事,发现这两个思想织体。

四

开始讲述公元19年时,塔西佗描述了日耳曼尼库斯——皇帝的侄子与养子——如何去埃及观光旅行,他把这次旅行假装为一次安抚行动:

> 在西拉努斯(M. Silanus)和诺尔巴努斯(L. Norbanus)担任执政官的一年里,日耳曼尼库斯到埃及去参观古迹。不过在表面上,他此行的目的是为了关心行省的安全。实际上,他也确实用开放国家粮仓的办法压低了粮价……提贝里乌斯……对于他之未经皇帝的许可便进入了亚历山大里亚,从而违背了奥古斯都的遗训一事,却作了极为严厉的谴责。(2.59.1-2)

几乎没有比日耳曼尼库斯选择的这个借口更欠考虑的了。正如加纳森(Garnsey)所注意到的,"日耳曼尼库斯不是皇帝,却像皇帝一样行事"。奥古斯都曾将所有知名政客排除在埃及之外,ne fame urgeret Italiam [防止有人会利用饥荒向意大利施压] (2.59.3),这位王子却不仅在没有获得授权的情况下进入这个行省,而且,进入亚历山大之后,他"又自以为是地颁行了一项法规,这项法规与其说与一个忠诚的王子相称,不如说与一位野心勃勃的觊觎者相称"。① 日耳曼尼库斯可以看成是悄然潜入了那种元首与民众之间的特殊关系:从奥古斯都统治初年始,奥古斯都就已经依赖这种关系,而且,这种关系以谷物供应为象征。三年之后,提贝里乌斯本人强调了这种特殊关系。

---

① P. Garnsey,《希腊-罗马世界中的饥荒与食物供应》(Famine and Food Supply in the Graeco-Roman World, Cambridge, 1988),页253。

记述公元 22 年时,塔西佗叙述说,与饮宴相连的奢侈已经到了让人不安的地步。一个叫做比布路斯(Bibulus)的营造官——这个名字很妙[译按:暗含"喜欢喝酒"之意]——催促其同僚营造官抗议这一趋势,元老院商议后,决定把这事提交给提贝里乌斯。但是,在整部《编年纪事》中最长的一段言辞里,塔西佗让提贝里乌斯回击了元老院,提贝里乌斯说到,他不会采取任何行动反对奢侈,因为他的注意力指向了一件紧迫得多的事:

> 营造官们要大家注意的事情是多么小的一件事情啊!如果人们向四外看一看,就会发现这是多么不重要的事情!但是,可惜没有一个人愿意向我们指出这样一个情况:罗马是靠着国外的粮食来维持的,而且罗马人每天都是要看着暴风和海浪的眼色过日子的!……元老们,这正是皇帝所要操心的事情。这件事如果我做不好的话,国家就要彻底垮台了。(3.54.4–5)

这一"精彩的演说",正如塞姆所形容的,①证实了提贝里乌斯在谷物供应上的专有利益,并雄辩地解释了那些原则:正是这些原则让他采取特殊措施对付三年前的危机。②

就在临终前,奥古斯都与自己选择的接班人进行最后一番谈话,交谈结束,提贝里乌斯离开了房间,垂死的皇帝据说大呼:"可怜的罗马人啊,就要落入如此坚硬的大颚了!"无论这个故事是真是假,它的目的是显示,提贝里乌斯将作为一个僭主进行统治:"吃人

---

① R. Syme,《塔西佗》(*Tacitus*,Oxford,1958),页 444。
② 引人注目的是,在提贝里乌斯整个元首任期,塔西佗只提到两次担任 praefectus annonae[粮务官]的人,"那个不屈不挠的、几乎是杜撰的图尔拉尼乌斯(C. Turranius)",参 R. Syme,《在罗马的外省人》(*The Provincial at Rome*,Exeter,1999),页 30。在 1.7.2,图尔拉尼乌斯紧接在 Praetorian Prefect[近卫军长官]之后向提贝里乌斯宣誓效忠(因此这是他的重要性的标志);但只有到了克劳狄乌斯在公元 48 年的元首任期,图尔拉尼乌斯才再度出现(11.31.1)。

的僭主"这一意象至少可以追溯到公元前六世纪。① 然而,在提贝里乌斯叙事的前半部分,塔西佗似乎几乎偏离了轨道,去证明像奥古斯都发出的那些恐惧毫无根据:非但没有吞食他的臣民,提贝里乌斯首先关注他们是否有足够粮食可以果腹。

五

后一次谷物危机出现的背景完全变了样。一个独立的段落(6.14)把公元32年的危机与塔西佗对33年——塞姆如此感兴趣的33年——的叙事隔开了。我们应该记得,塔西佗把公元33年的叙事分成两部分,中间由一段讨论占星术的插话隔开(见上文);这段插话由提贝里乌斯的一次预言引入,提贝里乌斯预言说,伽尔巴(Servius Galba)某天将成为皇帝:

> 在这里我不能不谈一谈提贝里乌斯关于当时担任执政官的伽尔巴的预言。他派人把伽尔巴召来,在同他谈论各种各样的事情时对他进行试探,最后用希腊语对他讲了这样意思的话:"伽尔巴啊,总有一天你也会尝尝掌握统治大权的滋味的。"这里所指的就是他那为时甚晚但为时不长的统治。他所以能作出这样的预言,是因为在罗得岛的时候,他从忒拉叙洛斯(Thrasullus)那里学会了迦勒底的占星术。他曾用以下的办法来试探过特拉叙路斯。(6.20.2)

如今,这次关于伽尔巴的预言显然众所周知,因为它出现在其

---

① 泰奥格尼斯(Theognis)1181:δημο άγον...τύραννον[吃人的...僭主]。参 Woodman 与 Martin 对 3.17.2 的进一步讨论,亦参西塞罗《论演说家》1.225,Sil. 1.59-60.

余三位纪事家那里:约瑟夫斯(Josephus),苏埃托尼乌斯与狄奥。然而,狄奥把这次预言安放在公元20年,提前了一大截;对于狄奥而言,这个预言的词语形式是"你也会在某天尝尝权力"(57.19.4 καὶ σύ ποτε τῆς ἡγεμονίας γεύσῃ)。苏埃托尼乌斯把它安排得更早,因为在他的版本中,这次预言不是由提贝里乌斯作出,而是由奥古斯都作出;对于苏埃托尼乌斯而言,预言的词语形式是"你也会,孩子,尝一口我的权力"(《伽尔巴》4.1 καὶ, σύ, τέκνον, τῆς ἀρχῆς ἡμῶν παρατρώξῃ)"。很明显,这个预言类似于古代民族文学中相当常见的、可改动的主题之一。① 对于这个预言,约瑟夫斯仅仅一笔带过(《犹太古代史》18.6.9);正如约瑟夫斯一样,塔西佗可以把这个故事安插在任何地方;让人有兴趣知道的是,为何塔西佗选择把这一预言放在其公元33年的叙事,放在这一被柯尔特曼称为"恐怖统治的高潮"的年份(见上文)。②

塔西佗告诉我们,提贝里乌斯用希腊语表达这句预言;我们发现,不仅狄奥使用希腊语表达这句预言(狄奥当然用希腊文写作),而且苏埃托尼乌斯也用希腊语表达这句预言(苏用拉丁文写作);③一直有人认为,皇帝采用了希腊诗歌中的一句,这句诗早已成为

---

① 技术上的术语是"流浪的主题"(Wandermotive),参 J. B. Rives,《塔西佗:〈日耳曼尼亚志〉》(*Tacitus: Germania*, Oxford, 1999),页56—66。

② 学者强调,塔西佗并非说,这个故事发生在伽尔巴任执政官那一年(这是一种可能的解释),塔西佗在此讲述了这个故事,仅仅因为伽尔巴是那一年的执政官,参 K. Scott,《提贝里乌斯向伽尔巴讲的一句话》("Ein Ausspruch des Tiberius an Galba"),载于 *Hermes*, 67, 1932, 页472; G. B. Townend,《苏埃托尼乌斯的希腊源头》("The sources of the Greek in Suetonius"),载于 *Hermes*, 88, 1960, 页114; Ginsburg, 页75, 注释6。塞姆似乎接近于赞成后一种观点,对比《塔西佗》页525, 注释30 与 *RP*, 4, 页231。

③ 就我所发现而言,其他拉丁作品中没有 imperium (de) gustare [品尝权力]或类似的表达;但在希腊文中,它早在希罗多德4.147就出现了:ἐγεύσατο ἀρχῆς。亦参泡塞尼阿斯(Pausanias)4.35.6:"现在,伊利里亚人已经品尝过帝国,并总是想要更多……"(见下文注释)

格言。①确实，这句格言非常出名，恺撒临死前对行刺他的布鲁图斯说καὶ σύ, τέκνον[你也会，孩子]——据说恺撒说了这句话（苏埃托尼乌斯与狄奥再次记述了这个细节）②——恺撒只需援引同一格言的开头，剩下的部分就能得到很好的理解。如今人们通常假定，恺撒的临终之言混合着惊讶与遗憾，因为他发现，所有人的布鲁图斯是自己的行刺者之一；但最近有人主张，如果我们考虑格言未明言的结尾，恺撒就是在表达极其恶毒的威胁。恺撒预言布鲁图斯在某个时候也会品尝权力，这想要表达的是"会轮到你的"，在布鲁图斯听来，这是一种预告：布鲁图斯某一天也会横死，所遭受的死亡就跟他现在施于恺撒的死亡一样。③在《编年纪事》开篇，塔西佗已经把谋杀恺撒看成是布鲁图斯流产的尝试，他没能恢复自由的味道（见上文）；恺撒本人把刺杀一事看成是对布鲁图斯自身命运的判决，他用品尝权力这个众所周知的比喻表达了布鲁图斯的命运。

提贝里乌斯对这句格言的改编，堪称贴切的典范。因为苏埃托尼乌斯告诉我们，伽尔巴是一个臭名昭著的暴食者（《伽尔巴》22）；呼格的"伽尔巴"替代了原来的"孩子"，这使提贝里乌斯吐出的话带有嘲讽意味，提贝里乌斯强调的正是暴食这点："伽尔巴"这个名

---

① 这段短评中接下来的论点，参 P. Arnaud,《"你也一样，我的儿子，你将消耗我们力量中你那部分——僭主布鲁图斯？"》("Toi aussi, mon fils, tu mangeras ta part de notre pouvoir—Brutus le Tyran?")，载于 *Latomus*, 57, 1998, 页 61 - 71。从这五花八门的引语中，有人认为原创的诗行是（譬如）：καὶ σύ, τεκνον, ποτε τῆς ἀρχῆς ἡμῶν παρατρώξῃ[你也会，孩子，在某个时候尝一口我的权力]。

② 苏埃托尼乌斯《恺撒》82.2，狄奥 44.19.5。总体论述"公式"καὶ σύ，参 E. Fraenkel, 载于 *JRS*, 45, 1955, 页 6, 注释 13。

③ 恺撒以预言来恐吓布鲁图斯，这一传统必定晚于布鲁图斯之死，即晚于公元 42 年菲利披之战。除了这里提到的解释，Arnaud 也认为恺撒的言辞把布鲁图斯本人指控为僭主，前揭，页 69；这两种解释并非一定不相容。

字据认为有肥胖的意思。① 同样,在《纪事》这部较早的作品里,塔西佗非常出色地把伽尔巴描述为"所有人都同意他有能力掌权,倘若他从未掌权的话(1.49.4)";要是意识到下面这一点,这段悼文就有特别的含义:capax,即"胜任某事",可用于一个人的饭量与酒量。②

正如提贝里乌斯说伽尔巴"也"将在某一天品尝权力(et tu, Galba),可以推断,提贝里乌斯也用味觉的方式看待自己对权力的掌控。但是,在公元前6年,提贝里乌斯首先一度退出公共生活(见上文);在公元14年,他曾经尝试不继承奥古斯都的帝位(1.10.8 – 13.5);在公元26年,他最终隐退到康帕尼亚(Campania)的孤独中去(4.57.1,67.1)。对于这样一个人,权力的味道显然不是他本人喜欢的味道。他对伽尔巴的评论是一种同情,而不是祝贺,他选择的格言让人想起狄奥尼索斯(Dionysius)——叙拉古的僭主——那众所周知的故事,在狄奥尼索斯的故事中,出现了类似的比喻。当达摩克勒斯(Damocles)赞扬狄奥尼索斯的生活方式时,僭主对他说(西塞罗《图斯库兰清谈录》5.61):"既然我这种生活方式让你感到高兴,达摩克勒斯,你想不想亲自尝尝[degustare]它的味道,体验一下做我是什么样子?"达摩克勒斯同意后,狄奥尼索斯让他坐在丰盛的酒席前面,在他头上悬了一把剑,这把剑由马鬃吊着。达摩克勒斯处于极大的恐惧之中,他甚至不能伸手到桌子上拿取食物,而且,即便成功地拿到食物,毫无疑问,他会发现僭主的食物味道极苦,正如格言所说的那样。③

---

① 参 R. Maltby,《古拉丁词源字典》(*A Lexicon of Ancient Latin Etymologies*, Leeds, 1991),页252,也列举了关于瘦弱的一个相反的词源。

② 李维9.16.13:"吃喝的……最大能力";塞涅卡,《书简》83.24;老普利尼,《自然史》24.35。阿什(R. Ash)为我指出,在普鲁塔克笔下,撒比努斯(Nymphidius Sabinus)试图让士兵们听命于伽尔巴,但士兵们不愿意像一位刚刚品尝权力的年轻人那样对待撒比努斯(《伽尔巴》13.4)。

③ 标准的参考是贺拉斯《颂歌》3.1.18 – 19:不是西西里的宴会/产生甜蜜的味道;色诺芬《希耶罗》1.21 – 3 可能有类似的暗示。

然而，据说僭主会尝到一种味道，而且毫无疑问，塔西佗把提贝里乌斯刻画成一个僭主。在卷六更早的地方(6.1-2)，塔西佗援引了提贝里乌斯的一封信，并从中得到结论：提贝里乌斯是柏拉图定义的典型的、自我折磨的僭主；① 根据柏拉图，一个僭主的恶行意味着其灵魂遭受打击，就跟一个人的身体可能遭贬斥一样；柏拉图式的僭主还有另一个特征，他尝到了自己同胞的血肉的滋味，并转变成一只吃人的狼。② 苏埃托尼乌斯保留了一些匿名的民间诗句，这些诗句是关于提贝里乌斯的，其中一首这样写道：

> 他已不再关心酒，因为他如今渴求的是血；
> 他如今那样嗜血，就如以前嗜酒。(《提贝里乌斯》59.1-2)

如果提贝里乌斯在此不是用大颚咬碎臣民，像奥古斯都预言的

---

① 有人认为，塔西佗援引柏拉图是曲解皇帝的信件所致，参 B. M. Levick,《提贝里乌斯恺撒的心灵哭泣？》("A cry from the heart from Tiberius Caesar?"), 载于 Historia, 27, 1978, 页 95-101；但正是这解释本身引起我们的关注，无论这种解释是对是错。

② 参柏拉图《高尔吉亚》524e 对僭主自我折磨的描写；《王制》562A-580B 僭主典型的特征(565d-566a 向狼的转变)。相关讨论参 G. O'Daly,《波埃提乌斯的诗》(The Poetry of Boethius, Chapel Hill, 1991), 页 74-103, "僭主的主题", 尤参 Leigh,《茹福斯，梯厄斯忒斯与安东尼的胃口》("Varius Rufus, Thyestes and the appetites of Antony"), PCPS, 42, 1996, 页 171-197；亦参本文下文。关于狼的意象，尤其注意 C. Mainoldi,《从荷马到柏拉图的古希腊作家笔下狗和狼的形象》(L'Image du chien et du loup dans la Grèce ancienne d'Homère à Platon, Paris, 1984), 页 193-194。提贝里乌斯的同时代人斐德若(Phaedrus)，在其第一则寓言里，关注一只狼吞掉一只无辜的羊羔的故事：斐德若说，这则寓言具有讽喻性，但不清楚这只狼代表提贝里乌斯还是谢雅努斯，狼代表的人物显然是斐德若所抵触的(3,《序言》)，这个人也被塞涅卡描述为一只狼(《给马尔奇阿的慰藉》22.7)。有意思的是，塞涅卡也把死去的谢雅努斯描述为被同胞吞噬(《论灵魂的平静》11.11)。塞涅卡所用的意象，见下文注释。

那样,至少他正在喝臣民的血。苏埃托尼乌斯继续写道,对于这样的诗句,提贝里乌斯的最初反应是,"让他们恨,只要他们同意"(oderint,dum probent)。这些词语安排得如此巧妙,它们明显暗指早期剧作家阿奇乌斯(Accius)的著名诗句:"让他们恨,只要他们恐惧(oderint,dum metuant)。"①由于在阿奇乌斯的剧作中,这些话出自阿特柔斯(Atreus)之口,提贝里乌斯冷酷地模仿着这个人物:为了报复其兄弟梯厄斯忒斯(Thyestes),阿特柔斯端出梯厄斯忒斯亲生儿子的肉给梯厄斯忒斯吃。苏埃托尼乌斯总结道,提贝里乌斯后来实现了这些诗句;就这一点而言,我们再也找不到什么证据比得上塔西佗在《编年纪事》中对公元33年的描述。卷六全卷记载了大量有名有姓之人的暴死,其数量是前四卷加起来的三倍有余;同理,在卷六中,公元33年的死亡人数又比其他年份要多。

在讨论占星术的插话之后,有名有姓的死亡序列从伽路斯开始,他是出色的前执政官,并且是提贝里乌斯长期的敌手(6.23.1):"毫无疑问,他是饿死的",塔西佗说,"但这是出于自愿还是出于被迫,就难以确定了。"伽路斯死后,接下来就是提贝里乌斯之孙杜路苏斯恺撒的死亡,塔西佗详细描述了这一事件(23.2-24.3)。塔西佗这样开始,他说道,尽管杜路苏斯靠吃自己的棉絮残喘了九天,但还是死了,那些棉絮是"可怜的养料"(23.2 miserandis alimentis)。②这个陈述之后,就是元老院发生的事件,在那里,元老们闻风丧胆,他们听到当众朗读的提贝里乌斯对其死去的孙子的攻击,听到这个年轻人经受虐待与监视的报告,这些虐待与监视一直到他死亡为止(24.1-2)。元老们对提贝里乌斯的自信感到恐惧与震撼(24.3):

---

① 阿尔乌斯,残篇 204R3 = 168W = 47D。

② "第九天"这一细节可能讽刺地暗指罗马的丧葬宴会仪式,这一宴会在一个人死后第九天举行,塔西佗在更早的时候就已经提到这种宴会(卷六5.1)。

> 像提贝里乌斯这样机警、这样善于严密隐蔽自己罪行的人物，竟然自信到这样程度，以致敢于移开墙壁，显示自己的孙子遭受百人团长的鞭抽，经受奴隶们的殴打，徒然地乞求生命中最后的食物。

信件揭示了提贝里乌斯的真相：杜路苏斯的身体曾遭受鞭打（uerbere…ictus［用鞭…打］）；这一真相回应了提贝里乌斯早些时候的真相：提贝里乌斯本人正在受精神折磨，就好像身体遭鞭笞一样（6.6.1－2 ictus…uerberibus，见上文），较早这个真相也通过信件揭示出来；这是提贝里乌斯与杜路苏斯之间的对应，在提贝里乌斯生命的最后时刻，上述对应最终报复性地重现了（见下文）。通过暗指戏剧术语，塔西佗让提贝里乌斯的真相更具戏剧性。短语 tamquam dimotis parietibus［以致敢于移开墙壁］暗示了在塞涅卡肃剧中的某些时刻：塞涅卡的肃剧在揭示无情的或恐怖的内部场景之前，会提到房屋的打开，这些场景有淮德拉（Phaedra）病躺在床上、赫拉克勒斯的孩子徒然地向自己的疯老父亲讲话、梯厄斯忒斯吃完自己的孩子后感到饱滞。① 这里的舞台布景揭示出提贝里乌斯的孙子"徒然地乞求生命中最后的食物"，因此，

---

① 塞涅卡的语言随戏剧的不同而改变（《淮德拉》384：打开皇宫的屋顶；《梯厄斯忒斯》901－8：敞开了庙门，欢乐的家出现了/……各家都用火把照亮了许多幽暗的地方），或者，成为编辑讨论的对象（在《狂怒的赫拉克勒斯》999－1001：huc eat et illuc ualua［Baden 版：claua；Withof 版：aula EA］deiecto obice ǀ rumpatque postes；culmen impulsum labet. ǀ perlucet omnis regia，Fitch 赞成 ualua，Billerbeck 赞成 claua）。因此似乎不可能知道，塞涅卡是想一台舞台机器从一扇打开的门中带出戏剧（D. F. Sutton 就这样认为，《塞涅卡论舞台》[Seneca on the Stage, Leiden, 1986]，页 18；J. G. Fitch，《玩弄塞涅卡?》["Playing Seneca?"]，载于 G. W. M. Harrison 编，Seneca in Performance London, 2000，页 3 与 7），还是想到通过隔开或移走背景或布景，以显示新的场景，Servius 以这种解释去理解维吉尔的《农事诗》3.24－25，参 R. C. Beacham，《罗马剧场及其听众》(The Roman Theatre and its Audience, London, 1991)，页 169－173。（转下页）

这段情节的结尾挑明了开始时仅仅得到暗示的东西:杜路苏斯是饿死的,甚至被剥夺了马凯尔在撒路斯特的《纪事》中所提到的监狱中少得可怜的残羹冷炙(见上文)。

人们还没有从这一悲痛中恢复过来,塔西佗又流畅地写到(25.1),①Dimouere 既可以指"打开"又可以指"移开/移到一边"(《拉丁词语宝典》5.1.1218.47 – 48),但 paries[墙壁]似乎从未用来指一扇门。当然,如果塞涅卡的戏剧是写来朗诵的而非实际演出的,这就会在某种意义上加强了两位作者之间的类似。

又传来了阿格里披娜逝世的消息。她的儿子依靠咀嚼棉絮苟延残喘,她则依靠希望这种隐喻性的食物苟延残喘(spe sustentatam);但是,一旦她意识到,处死谢雅努斯并没有使奴役得到任何缓解,她就"自愿地结束了自己的生命"——只有拒绝提供食物给她,才能让她的死亡跟貌似的自杀相似。② 正如对待她的儿子一样,提贝里乌斯利用阿格里披娜的死亡痛骂阿格里披娜(25.2),不久,塔西佗说道,涅尔瓦决定自杀(26.1)。涅尔瓦一度是"元首忠诚的伙伴",元首对其老友的决定感到惊骇,并警告涅尔瓦说,他的决定会给元首带来坏的影响。但涅尔瓦主意已定,他绝食而死(26.2)。

这四位有名有姓的人的死亡——伽路斯,杜路苏斯恺撒,阿格

(接上页) Dimouere 既可以指"打开"又可以指"移开/移到一边"(《拉丁词语宝典》)5.1.1218.47 – 48),但 paries[墙壁]似乎从未用来指一扇门。当然,如果塞涅卡的戏剧是写来朗诵的而非实际演出的,这就会在某种意义上加强了两位作者之间的类似。

① 这一过渡十分流畅,但实现过渡的手法(nondum + 表转折的 cum)非常罕见,参 J. – P. Chausserie-Laprée,《拉丁历史中的叙事表达》(*L'Expression narrative chez les historiens latins*,Paris,1969),页 574。

② 6.25.1:不把食物给她,这样看来就好像是自杀而死的了。

里披娜与涅尔瓦——是公元33年中间的四桩死亡。① 塔西佗将这四人中前三位直接相连:他把阿格里披娜与杜路苏斯描述为提贝里乌斯的亲戚(23.2 媳妇与外孙,参24.1祖父,24.3外孙);阿格里披娜与伽路斯——他娶了提贝里乌斯的前妻(1.12.4)——则被控犯有通奸关系(25.2)。但这三人与涅尔瓦之间肯定有更深的联系,虽然没有明说,但已很明显:他们都是饿死的。而且,在狄奥那里没有相应的联系。尽管这些死亡的每一桩,狄奥都记录了,但他只把杜路苏斯与阿格里披娜的死亡并置在一起(58.22.4-5);而且,尽管杜路苏斯与阿格里披娜的死亡放在了这一年的中间,但涅尔瓦的死亡接近年初(58.21.4-5),伽路斯的死亡则排到了年末(58.23.6)。狄奥已经提到,在生命的后期,伽路斯被迫忍受少得可怜的食物配额(58.3.5-6),因此,狄奥没有说伽路斯死于饥饿,就非常引人注目了;事实上,在这些死亡案件中,狄奥全然不提饿死这回事,除了涅尔瓦的例子:与塔西佗相比,狄奥以相当不同的方式描述涅尔瓦的自杀。

绝食自杀,因相对罕见并意在引起注意,通常是一种表达意见的手段。② 狄奥声称,涅尔瓦绝食自杀的主要理由是抗议提贝里乌斯引入某些财政措施,这种联系似乎极端牵强,用塞姆的话说:"最为无益"。③ 相反,在塔西佗描述的场景,涅尔瓦自杀的决定确实引人注意,尤其是引起元首本人的注意:元首探望他的老友,问长问短,还安慰了他(26.1 adsidere,causas requirere,addere preces);但元首碰到的反应

---

① 之前有四桩死亡:普洛库路斯,玛克里娜的父亲与兄弟,马利乌斯;之后有四桩:普朗奇娜,拉米亚,佛拉库斯,玛尼乌斯·列庇都斯。

② A. J. L. van Hooff,《从 Autothanasia 到 Suicide:古典时期的自杀》(*From Autothanasia to Suicide:Self-killing in Classical Antiquity*,London,1990),页40-46。《编年纪事》之前只有一例绝食自杀:科尔杜斯(Cremutius Cordus)在公元25年(4.35.4)。

③ RP,4,页229。V. E. Grimm 从字面上理解狄奥的描述,参氏著,《从宴会到禁食》(*From Feasting to Fasting*,London,1996),页57。

是沉默、继续绝食(26.2 auersatus sermonem Nerua abstinentiam cibi coniunxit)。①涅尔瓦以沉默来面对提贝里乌斯的忠告,这导致了显而易见的推论:涅尔瓦自杀的责任在于提贝里乌斯自己;塔西佗用 coniunxit[连接,加入]一词表达涅尔瓦的绝食,也几乎暗示着,涅尔瓦故意"让自己的饿死加入"伽路斯、杜路苏斯与阿格里披娜的行列;因此还暗示着,元首这个"最亲密的朋友"选择了同样的死法,抗议以上三人的死法。②

根据这种解释,涅尔瓦之死必然优先于随后的普朗奇娜自杀;这四桩相似的死亡所组成的序列,是该年叙事的中心。这一序列赋予了这四桩死亡一种递进的意义,单独来看,每一桩死亡可能都不具备这种意义。几乎在六十年前,提贝里乌斯进行了第一次政治行动,他解决一场粮食危机;在其统治初年,他引以为豪并小心防卫着的事情,就是担负起供养邦民的责任;现在,他以五花八门的方式,把敌人、亲戚以及朋友都饿死了。就此而言,他甚至比在前一年谷物危机中显示出来的漠不关心还要糟糕(见上文)。而且,尽管这一饿死的序列紧接在讨论占星术的插话后面(见上文),但塔西佗以一系列语言与概念上的呼应,处理了从插话到该序列第一例死亡的过渡,通过这种呼应,塔西佗似乎鼓励

---

① 比较涅珀斯(Nepos)《阿提库斯》22.1-2 与普利尼《书简》1.12,在这两个文本中,阿提库斯与茹福斯(Corellius Rufus)分别恳求不要饿死自己。这两个人当然都病入膏肓,但塔西佗另辟蹊径,他说涅尔瓦身体健康(26.1 corpore inlaeso);茹福斯先前决定要比多米提阿努斯活得长,这个立场与涅尔瓦相反。这些比较要归功于 I A. Melchior 与 M. Griffin。

② 比较伊索克拉底(Isocrates)听闻希腊的自由丧失于克罗尼亚(Chaeronea),绝食而死(《伊索克拉底的生平》153-160 M-B);这一线索要归功于 J. Dillery。由于塔西佗有规律地用 coniungere 一词来连接性质相似的叙述主题(如 4.33.3,6.38.1,12.40.5,13.9.3),我们禁不住要说,这里也可能有连接文本的含义:涅尔瓦"接续了饿死的叙事"。

我们理解伽路斯之死与提贝里乌斯关于伽尔巴的预言之间的联系①——记录在 33 年里的这次预言,一开始就是塔西佗深思熟虑的选择。提贝里乌斯以味觉术语向伽尔巴描述权力,无论他觉得这权力有多可憎,正是凭借这权力,他使得下一批受害者品尝不到任何味道。叙事的逻辑暗示了僭主的恶毒,对于自己生活的隐喻,僭主作出的回应是,让其他人遭受以牙还牙式的死亡现实;被提贝里乌斯饿死的受害者,在一般人看来,正是提贝里乌斯要供养的人,这就是对僭政超现实主义的诊断。

六

塔西佗在帝王的味觉与提贝里乌斯饿死受害者之间建立起联系,这种联系在后面的叙事中继续重现,直到提贝里乌斯统治结束。下一年,塔西佗告诉我们,司考茹斯(Mamercus Scaurus)被控写了一部肃剧(罪名之一),其中引用到的诗句可解作攻击提贝里乌斯(6.29.3 - 4)。正如莉(Leigh)最近的评论,②人们已经把阿特柔斯(Atreus)与梯厄斯特斯这一主题"确立为肃剧中反僭政段子的基本范例",因此塔西佗很可能觉得,解释司考茹斯的戏剧名叫《阿特柔斯》——我们从狄奥那里知道这一细节——有点卖弄学问(58.24.4)。这样的指控再次发生,但结果相反:玛尔苏斯(Vibius Marsus)在公元 37 年因一些事件被控,这些事件比那个时代通常发生的事件更为可疑(6.47.2 - 3),玛尔苏斯仅仅通过假

---

① 6.20.2:(a)Thrasyllum,(b)praesagium,(c)imperium,(d)non omiserim,(e)consule,(f)degustabis;对比 22.4 - 23.1(a)Thrasylli,(b)praedictum,(c)imperium,(d)ne nunc incepto longius abierim,(e)consulibus,(f)egestate cibi。

② Leigh,前揭,页 187。

装绝食这种权宜之计，就得以活命(6.48.1)。

同年三月，提贝里乌斯本人驾崩，根据前面的叙事，塔西佗精心描述的提贝里乌斯之死可能拥有一些额外的意义。作为我们唯一的史料，塔西佗把场景设定在一场宴会上(6.50.1-2)，这场宴会在一座别墅举行，这座别墅过去的主人是路库鲁斯(Lucullus)，他是罗马最为豪爽的办宴人，这一名声乃众所周知。①元首明显越来越虚弱，他的随行人员不知道他还要活多久，他们急切地想知道答案。因此，一位名为卡里克列斯(Charicles)的医生，假装要离开宴会奔赴旅途，他抓住皇帝的手以示尊重，实际上却是尝试把把皇帝的脉(6.50.2)。②但是，正如塔西佗告诉我们，这个欺骗大师本人并没有受骗(50.3)："提贝里乌斯也许是生气了，但是他特别用力掩饰自己的怒气。他下令安排晚宴，表面上是给临行的朋友践行，但是却在餐桌上待到比平时更晏的时候。"这个人，在四十多年前曾经决定退出政治生活，他用一场绝食来支持这一决定；当上皇帝后，他以味道的隐喻来描述自己对权力的掌控；现在，他利用一场宴会来证明自己对生命的掌控。"就生命而言"，西塞罗说过，"一个人应该注意到流行于希腊宴会中的规则：'让他痛饮或者离开'"(《图斯库兰清谈录》5.118)人们常利用伟人的宴会习惯作为其行为的参考指标，③与其他伟人不同，提贝里

---

① 狄奥既没提到宴会也没提到路库鲁斯的别墅(58.28)；苏埃托尼乌斯(《提贝里乌斯》72.2-73.2)提到了这两者，但把宴会与路库鲁斯的别墅截然分开，提贝里乌斯在路库鲁斯的别墅中死亡(73.1)。

② 苏埃托尼乌斯描述下的卡里克列斯真的要离开宴会前往旅行，提贝里乌斯错误地认为医生想要把自己的脉；苏埃托尼乌斯笔下的场景因此完全缺乏塔西佗笔下场景的威胁气氛。

③ 对于这点，参普利尼《颂词》49.5-7；R. Ash，《整顿混乱》(*Ordering Anarchy: Armies and Leaders in Tacitus'Histories*, London, 1999)，页96-105，有更多参考。

乌斯——典型而且（似乎）唯一——把生命的隐喻直译为一场宴会。①

然而，这个医生成功号出提贝里乌斯的脉象，他让皇帝目前的亲信玛克罗（Macro）确信，提贝里乌斯的大限不会超过两天。安排及时作出，在3月16日，提贝里乌斯失去意识，人们相信他已经死去（6.50.4）。他的继承人盖乌斯，由一群支持者伴随着，刚刚露面要掌控帝国，这时突然传来消息说，提贝里乌斯又恢复了意识，正在要求食物，就像一次古怪的镜头重放一样，回放着不久前的宴会场景。但这次，没有人理会他对食物的要求，就像他的孙子杜路苏斯四年前一样（见上文）。

七

克莱夫（John Clive），这位杰出的麦考莱（Lord Macaulay）专家曾经问道，是否"纪事家……拥有一种特别的隐喻能力，一种可塑的或可触摸的想象，能够发现形状与结构，而其他天赋贫乏的人就只能看到混杂与迷乱。"②塞姆爵士比较了塔西佗与狄奥对公元33年的描述，他注意到，这是一条一般的规则：一个作者"可以根据自己的品味与目的，自由选择与安排材料；如果他有必备的技巧，可以提供某些连接或解释"。③对于狄奥，塞姆举例证明了这位

---

① 对于这一隐喻，参 Brink 对贺拉斯《书简》的研究，页2，附录20；R. B. Rutherford，《奥勒留的沉思：一项研究》（The Meditations of Marcus Aurelius: A Study, Oxford, 1989），页147，注释54；M. Armisen-Marchetti，《智慧之面：塞涅卡形象研究》（Sapientiae facies: étude sur les images de Sénèque, Paris, 1989），词条 nourriture。

② J. Clive，《不仅仅是因为事实》（Not by Fact Alone, London, 1989），页200。

③ RP, 4, 页229。

作家的不足;不过,当塞姆转向塔西佗——另一位编年纪事家,肩负着探索价值与意义这种职责与义务的纪事家——塞姆特别指出塔西佗"在连贯性与多变性上的……技巧"。①塔西佗"特殊的隐喻能力"就是这些技巧的一个方面,在公元 33 年,塔西佗凭借着这种能力去探索提贝里乌斯品尝权力的僭政含义。

---

① RP,4,页 235。

没有出现的凤凰

凯特尔(Elizabeth Keitel)撰
李静 译

《编年纪事》卷六在第一个六卷编组中备受冷落,很少有人去研究,更别说欣赏了;这或是因为,大段的散佚打断了卷四之后的叙述,使之支离破碎,或是因为,卷六的内容据说过于静止、单调乏味;塞姆(Syme Ronald)如此概括卷六的内容:"六卷编组的尾卷拖着一个枯燥的尾声,一直到这个老皇帝灭亡为止,其间伴随着大量的迫害与死亡,以及少量无关痛痒的或考古的材料,以制造变化。"① 不过,在此,让我们考虑一下卷六某个细节的布局和作用——所谓在埃及出现的凤凰:

在保路斯·法比乌斯(Paulus Fabius)和路奇乌斯·维提里乌斯(L. Vitellius)担任执政官的一年里,在多年的周期之后,一只被称为凤凰的鸟在埃及出现,这只鸟成了埃及和希腊的学者们进行大量研讨的对象。我打算谈一谈他们之间的一些相同的论点,以及更多可疑的论点,不过这些可疑论点也不是过分荒诞不经不值得一顾的。那些描述过这种鸟的形状的人们一致同意,它是太阳神的鸟,它与其他鸟不同的地方在于它的头部和它的羽毛的五色斑斓的色彩:至于周期的年限,传统的记载各不相同。大多数的人认为是五百年,然而也有一些人认为这只鸟每隔一千四百六十一年才来

---

① Syme Ronald,《塔西佗》(*Tacitus*, Oxford, 1958),页256。

一次,因此它最初是在**谢索西斯**(Sesosis)的统治时期,继而是在**阿玛西斯**(Amasis)的统治时期,最后则是在**托勒米**(Ptolemy)即马其顿王朝的托勒米三世的统治时期出现的;他们说前面三只凤凰是在对它的新奇外貌感到惊叹的普通鸟的陪伴之下飞到赫里奥波利斯城(Heliopolis)的。古时的事情虽然已经无可稽考,但是从托勒米到提贝里乌斯,这之间还不到二百五十年。因此人们便相信,这并不是那个真正的凤凰,它不是在阿拉伯的土地上产生出来的,它的行动也同古代的传说所肯定的说法不符。因为据传说,当它享尽了天年并且快死的时候,他要在它的本国做一个窠,把一种具有生殖力的物质撒在上面,这样,一只小凤凰就从那里产生出来了。小凤凰长大之后,第一件事就是把它的父亲埋葬起来。这件事也是按照一定的程序来做的。它先带着一定数量的没药飞到很远很远的地方去,用以表明它已经具有负重远行的能力。在这之后它就把它父亲的尸体背起来,把它带到太阳神的祭坛那里,并且把它烧掉。关于详细的情况,人们的说法都含混不清,它们都经过传说的夸大;不过这种鸟时而在埃及出现,这一点却是无可置疑的。(《编年纪事》6.28)

先前对这段插曲的学术讨论,没有回答两个基本问题:1、为何塔西佗把这一事件安排在公元34年,而老普利尼(Pliny the Elder)(NH 10.2)与狄奥(Dio)(58.27.1)却把它确定在公元36年;2、为何塔西佗花费一整章来描述这件令人失望的事,既然他暗示,在提贝里乌斯时代这种鸟没有真正现身。这些问题不可避免地导向如下讨论:这段插曲在卷六的结构中起何作用,它与该卷主要话题之间有何联系。我认为,塔西佗把凤凰安排在公元34年,是为了突出卷六两个重要关注点:贵族的毁灭、提贝里乌斯及其继承人盖乌斯(Gaius Caesar)异常的残酷。

首先,让我们谈谈塔西佗的来源或原始资料。哈恩(Hahn)很可能是对的:塔西佗的来源是像老普利尼那样的考古研究作品,尽管不是普利尼本人的著作(这只鸟成了埃及和希腊的学者们进行大量讨论的对象,《编年纪事》6.28.1)。然而,由于狄奥也记录了凤凰,哈恩便相信,到了塔西佗的时代,凤凰已经记录在编年纪事的传统中。汤恩德(Townend)认为,若塔西佗已经发现,自己主要的编年纪事材料明确注明了凤凰之事的日期,那么,塔西佗不会故意作出改变。毋宁说,塔西佗在提贝里乌斯·巴尔比路斯(Tiberius Balbillus)——埃及的前任地方行政长官,很可能是提贝里乌斯的占星家特拉叙路斯(Thrasyllus)的儿子——一本半纪事性质的著作中,发现了凤凰的信息,但是该信息没有任何关于年份的确切表示。于是,塔西佗简单地把这事安插在最方便的地方。我们从普利尼那里得知,克劳狄乌斯曾把一只凤凰陈列于罗马,作为他的百年祭的一部分,尽管没有人相信它是真的(NH 10.2.5)。因此同样有可能,身为公元88年十五人祭司团成员之一的塔西佗——那一年祭司团正负责多米提安的百年祭(《编年纪事》11.11.1)——可以从祭司团的记录中,得知关于埃及大年(the Egyptian Great Year)与罗马百年(the Roman saeculum)之间可能存在联系的讨论。这会引导他做出如下结论:提贝里乌斯统治的最后几年所传闻的凤凰,不可能是真的;这也可能促使他把日期确定在公元34年。①

---

①　Hahn, Elenore,《塔西佗〈编年纪事〉中的离题话》(*Die Exkurse in den Annalen des Tacitus*, Berlin, 1933),页62; Townend, G. B,《苏埃托尼乌斯的希腊源头》("The Sources of the Greek in Suetonius"),载于 *Hermes* 88,页117–119; Ginsburg 不能确定,塔西佗把凤凰安排在公元34年,是出于故意还是偶然,见 Ginsburg,《塔西佗编年纪事中的传统和主题》(*Tradition and Theme in the Annals of Tacitus*, New York, 1981),页140。关于塔西佗的错误,见 Syme,《塔西佗》,页378–396, 746–748。年表不会有过多错误。塔西佗当然能够自由安排凤凰出现的时间,因为他本来就怀疑,在提贝里乌斯统治期间凤凰究竟出现过没有。身为十五人祭司团之一的塔西佗,知晓"无聊的或骗人的数字循环推算",关于这一点见 Syme,前揭,页518。

当然，也有另一种可能：塔西佗按自己的意愿把凤凰之事移到了公元34年。①那一年的叙事是《编年纪事》中第二短的，仅有三段。正如马丁（Martin）所主张的，塔西佗缺少卷六的素材，尤其缺少公元34年的。②而且，这段题外话确实或多或少缓解了罗马的迫害所带来的沉闷。③格拉夫（Graf）认为，塔西佗一反常态地把一个预兆安排在这一年伊始，是因为它预示了提贝里乌斯的死亡。④但把此事安排在公元36年——提贝里乌斯死前一年——效果不是更好吗？狄奥确实这样安排（58.27.1），他清楚地表明这一象征作用："倘若埃及的事件关乎罗马的利益，那么，应该提及那年看到的凤凰。据认为，所有这些事件都预示着提贝里乌斯的死亡。"⑤最近，德维列（Devillers）注意到，塔西佗反讽性地将凤凰——重生的

---

① Philip Stadter 认为，普利尼和狄奥的来源可能也把凤凰移到了公元36年，以此预示提贝里乌斯的死亡。

② Martin Ronald,《塔西佗〈编年纪事〉的结构和诠释》（"Structure and Interpretation in the Annals of Tacitus"），*ANRW* II. 33. 2, 页 1549。

③ Syme, 前揭, 页 473, 注释 2。Townend, 前揭, 页 118。Syme 也主张（1958, 页 471 - 472），这段有关凤凰的题外话暗指哈德良广博的爱好，并嘲笑官方迈向新时代的宣言："为了多样化，为了讽刺——而且用温和隐秘的方式，来证明预言和预兆没有意义。"对此的评论，见 Borzsák,《塔西佗》（"P. Cornelius Tacitus"），载于 *RE*, 补遗, XI, 页 471。

④ Graf,《有关塔西佗〈编年纪事〉创作的研究》（*Untersuchungen über die Komposition des Annalen des Tacitus*, 博士论文, Bern, 1931），页 87。Wille 跟随 Graf 的观点, 见《塔西佗作品的结构》（*Der Aufbau der Werkes des Tacitus*, Amsterdam, 1983），页 461。

⑤ 狄奥撰写提贝里乌斯统治的开头与结尾——对于这些部分，我们有足够证据来判断——时，似乎至多把塔西佗当作了辅助材料。或者，塔西佗和狄奥使用了同样的来源。参 Martin,《塔西佗》（*Tacitus*, Berkeley and Los Angeles, 1981），页 138, 205。Martin 也主张（前揭, 页 206），狄奥提到凤凰，这很可能得益于塔西佗。亦参 Syme, 前揭, 页 688 - 692, 以及《塔西佗与狄奥笔下的公元 33 年》（"The Year 33 in Tacitus and Dio"），载于 *Roman Papers* IV, 页 223 - 244 各处。

象征——与罗马城中一如既往的屠杀并列在一起。卷六第二十九节的确这样开头:但是在罗马,残杀仍然继续不断。①在这里,我们接近了真相,但德维列却和其他人一样,忽视了这个事实的重要性:塔西佗述说,提贝里乌斯统治时期的凤凰可能不是真的。

在卷六,塔西佗全力描绘后谢雅努斯时代的恐怖统治中贵族的灭亡。②当波里欧(Annius Pollio),希拉努斯(Appius Silanus),司考茹斯(Mamercus Scaurus),撒比努斯(Calvisius Sabinus),以及波里欧的儿子维尼奇亚努斯(Vinicianus)——他们全都出身名门世家,其中的一些人还担任过最高级的官吏——在公元32年全都被控以叛国罪时,塔西佗评论道:元老院开始惴惴不安起来了;和这样著名的人物没有姻亲或是朋友关系的人几乎是没有的(6.9.3)。就在提贝里乌斯去世那一年,多米提乌斯(Gnaeus Domitius),马尔苏斯(Vibius Marsus)以及阿尔伦提乌斯(Lucius Arruntius)被控以通奸罪和叛国罪。塔西佗再次指出多米提乌斯和玛尔苏斯的高贵与优秀(6.47.2)。早前他已如此概述罗马城的有毒空气:

> 著名的元老们有一些人十分公开地,还有许多人则在暗地里用最卑鄙的方式进行控告,这确实可说是这一时期极大的污点。外人和亲属,朋友和陌生人,今天的事情和遥远过去的事情之间简直没有任何区别。不管是在广场上还是在晚餐的宴会上,谈到任何事情都有被控诉的危险:每个人都想先发制人,把对方搞垮,这种情况有时是出于自卫,但是在一般的情况下,

---

① Devillers, Olivier,《塔西佗〈编年纪事〉中的说服艺术》(*L'art de la persuasion dans les Annales de Tacite*, Brussels, 1994)页59—60。关于凤凰作为重生的象征,可参见 Hubaux 和 Leroy。

② Syme(前揭,页383)讨论了塔西佗的兴趣在于早期帝国的好名声。

则简直成了一种流行的风气,就好像得了传染病一样。(《编年纪事》6.7.3)

凤凰正好夹在著名的埃米里乌斯家族的两个成员的死亡之间:公元33年最后一件事、卷六二十七节第二则讣告,是列庇都斯(M. Aemilius Lepidus)之死——奥古斯都(1.13.2-3)离世前,把列庇都斯视为帝王之才(capaces imperii)之一:

> 仍然在这一年里,列庇都斯也去世了。在前面各卷里,我已经谈到了这个人的节制和智慧。这里对他的高贵出身也无需再作很多的说明:埃米里乌斯家族出了许多罗马爱国者,甚至这一家族中的那些品行不好的人也对这一家族的功勋有所贡献。① (《编年纪事》6.27.4)

---

① 对比塔西佗对列庇都斯的称赞(4.20.2-3):

> 我发现这个列庇都斯在他一生的行事中,是一个既有原则又有智慧的人物。对于别人由于讨好而提出的许多残酷不仁的建议,他都能从中进行公正的斡旋。但是,另一方面,他做事又是很有分寸的,因为他一直是受到提贝里乌斯的器重和喜爱的人物。这种情况使我怀疑,是否和所有其他的事情一样,国王的同情和反感是受制于人们的注定的命运和降生时的星象,是否我们能够掌握自己的命运,能够在鲁莽的执拗和卑鄙的奴才气中间走一条不受阴谋和危险侵害的直路。

Syme(《十论塔西佗》(Ten Studies in Tacitus, Oxford,1970),页49)认为,塔西佗把列庇都斯塑造成了一个历史人物:"这个提贝里乌斯皇帝统治时期著名的执政官所扮演的角色,若不是完全顺从的话,那至少也没在什么地方起着决定性的作用。"列庇都斯确切的死亡日期我们无从得知。塔西佗把他的死亡时间安排在了编年纪事中一个惯常之处——这一年结束之时。对比 Syme(前揭,1983,页5)。

对放荡的玛美尔库斯·埃米里乌斯·司考茹斯的控诉以及他的死亡，紧接在凤凰之事后面(6.29.3-4)：

> 其次就是对玛美尔库斯·司考茹斯的第二次的控诉。玛美尔库斯是贵族出身，有辩护的才能，但是在私生活方面却很放荡。他的垮台并不是由于他和谢雅努斯的友谊，而是由于同样一个致命的原因，那就是他遭到了玛克罗(Macro)的忌恨。玛克罗也干和谢雅努斯同样的勾当，不过比谢雅努斯做得更加隐蔽；他指控司考茹斯所写的一个肃剧中的情节，因为里面引用的一些诗句，可能是暗讽提贝里乌斯的。但在表面上对他进行实际控告的是赛尔维里乌斯(Servilius)和科尔涅里乌斯(Cornelius)，而司考茹斯被控的罪名却是同里维娅(Livia)通奸和酷嗜魔法。司考茹斯采用了无愧于古老的埃米里乌斯家族的办法，他在他的妻子塞克斯提娅(Sextia)的鼓励和参加之下自杀了。①

辛克莱(Sinclair)最近注意到，玛美尔库斯是概括埃米利乌斯家族的一个好例子，在叙事中，玛美尔库斯首次被确定为埃米利乌斯家的成员。②的确，这看起来像塔西佗式的双关语，因为狄奥略过了玛尼乌斯·列庇乌斯(Marcus Lepidus)的讣告，在叙述玛美尔库斯·司考茹斯的死亡时，也忽略了他放荡的生活和显赫的家世(58.24.3-5)。起初，读者可能希望埃米里乌斯·列庇乌斯家族像

---

① 玛美尔库斯·司考茹斯此前在编年纪事中出现的情形相当模棱两可。在奥古斯都葬礼之后的元老院会议上，他惹怒了提贝里乌斯(1.13.4)。由于玛美尔库斯·司考茹斯对盖乌斯·西拉努斯的控诉，塔西佗把他称为其伟大的祖父的不肖子孙(3.66.2)。另外参见 3.23.2,3.31.3-4 和 6.9.3(前引)。

② Sinclair, Patrick,《说教纪事家塔西佗》(*Tacitus the Sententious Historian: A Sociology of Rhetoric*, University Park, 1995)，页183。同样地参见 Syme，前揭，1983，页12。

一只凤凰一样,幸存于提贝里乌斯的统治下,并继续为这个帝国贡献好邦民(boni cives),尤其因为玛尔库斯·列庇都斯(Marcus Lepidus)的两个孩子因婚姻关系跻身于皇室。这个希望很快就幻灭了:公元39年,杜路苏斯(Drusus)的妻子埃米里娅·列庇妲(Aemilia Lepida)(《编年纪事》6.40.3)以及她的兄弟,即卡利古拉(Caligula)的妹夫遭到控诉(Dio 59.22.6-7)。正是由于这些控告,这个家族的贵族阵线瓦解了。①

进一步考察公元33年(6.15-27)——提贝里乌斯恐怖统治的高潮——的结构与其他主题,会显示出塔西佗选择把凤凰放在公元34年的原因。柯尔特曼(Koestermann)和金斯伯格(Ginsburg)已评论过塔西佗加诸于事件的巧妙结构。②我认为,这个结构也为凤凰做了铺垫,并增强了它的效果。在这些话题中,占据前三分之一叙事的,是一系列叛国罪的审判以及谢雅努斯余党的毁灭:"提贝里乌斯杀人杀上了瘾,于是下令给所有被逮捕的人都加上和谢雅努斯同谋的罪名而处死。根据这样一个理由,提贝里乌斯进行了大规模的屠杀。不分男女老少,不分富贵贫贱;他们的尸首或是散在各处,或是堆成一堆。"(6.19.2)

小凤凰第一项任务就是背起他父亲的尸体然后埋葬起来(6.28.5)。提贝里乌斯在罗马的恐怖统治使人们无法尽此孝道。亲戚们不许哀悼或者火葬这些受害者,甚至都不能触摸他们:

> 亲戚或朋友不许走近他们,不许为他们哭泣,甚至不允许把他们看得过久。这些腐烂的尸体被拖进了台伯河后,就被水流冲下去或是被冲上了岸,但是没有人敢烧掉或是触一触它们。

---

① Syme,前揭,1970,页48。

② Koestermann,Erich,《塔西佗的〈编年纪事〉》(*Cornelius Tacitus Annalen*,Heidelberg,1965),页273-274;Ginsburg,前揭,1981,页73-76。至于公元33年所发生的事件的稍微不同安排,则要参考Syme,前揭,1983,页10-14。

一路上都有放哨的卫兵在那里监视着尸体,这些卫兵还侦视每个旁观的人的伤心表情。普通人与人之间的关系被恐怖的力量破坏了。残酷的行为每进逼一步,同情就后退一步。(6.19.3)

公元33年的后三分之一叙事,涉及提贝里乌斯对日耳曼尼库斯家族持续不断的迫害。随着阿格里披娜(Agrippina)——日耳曼尼库斯(Germanicus)的寡妇,在公元29年被提贝里乌斯流放——的死亡,高潮来临了。因此,提贝里乌斯非但不像老凤凰一样,细心地生养、培育自己的后代,反而无情地铲除自己的亲人。在卷六二十五节第三行,提贝里乌斯还引以为豪地表示,他没有把阿格里披娜——她的儿媳——绞死或是把她的尸首抛到盖莫尼埃台阶上。同年,提贝里乌斯饿死了他的孙子杜路苏斯。这个年轻人苟延了八天,只靠啃食自己的褥子为生(6.23.2)。提贝里乌斯甚至还公开其孙子死前的可怖细节,其中包括杜路苏斯对提贝里乌斯本人的斥责和诅咒:

> 后来当他知道自己已没有任何活命的希望的时候,它就对提贝里乌斯作了经过深思熟虑的、正式的诅咒:由于提贝里乌斯曾经屠杀过他自己的儿媳,他的兄弟的儿子和他的孙子,从而使他的一家浸在血泊里,这样提贝里乌斯将要在他家的世代祖先和后代上面遭到报应。(6.24.2)

紧接在公元34年的凤凰之后,彭波尼乌斯·拉贝欧(Pomponius Labeo)自杀了,以便自己能得到体面的葬礼(6.29.1)。① 最后,

---

① 按照狄奥的说法(58.15.1),在被提贝里乌斯控诉期间,很多人选择自杀,以此避免遭受虐待、苟延残喘以及惨死;另一方面,这样速死也可以保住他们的财产。但只有塔西佗谈到这与彭波尼乌斯·拉贝欧的死相关(对照Dio 58.24.3)。

在塔西佗对小凤凰的孝道的刻画中,出现了对维吉尔的回应:背起父亲的身体(subire patrium corpus)(6.28.5)——这句话两次用于描写埃涅阿斯(Aeneas)把自己父亲带出特洛伊(Aen. 2.708, 4.599)——这种回应不过强调了提贝里乌斯治下可怖的价值颠倒罢了。①

公元33年叙事的主要部分涉及盖乌斯——提贝里乌斯的继承人。盖乌斯不但不会带来更好的希望,而且,他实际上只会成为一个比他祖父更糟糕的人。塔西佗首次详述盖乌斯,是在卷六第二十节,在那里,塔西佗把盖乌斯面对家破人亡时的冷酷反应,与十九节罗马惨无人道的大屠杀以及随之而来的传统纽带的破裂并置起来。(参见上文的6.19.3):

> 大约就在这个时候,陪伴着自己的祖父到卡普利埃岛(Capreae)去的盖乌斯·恺撒同玛尔库斯·西拉努斯(M·Silanus)的女儿克劳狄娅(Claudia)结了婚。他那极为凶残的性格被一种虚假的谦虚掩饰着:他的母亲的处刑或他的兄弟的毁灭都没有使他讲过一句话。不管提贝里乌斯在一天里的情绪如何,他的孙子的态度永远是那样,他也从来没有说过什么冒失话。因而不久以后,一位演说家帕西耶努斯(Passienus)便说出了一个著名的警句:"世界上没有见过更好的奴隶,更坏的主人。"② (6.20.1)

---

① 关于塔西佗和维吉尔的关系,可参见 Walker, Bessie,《塔西佗的编年纪事:纪事写作中的一项研究》(The Annals of Tacitus: A Study in the Writing of History, Manchester, 1968)页155-156。至于她后来的观点,参见 Walker, Bessie,《塔西佗纪事想象中的维吉尔元素》(Virgilian Elements in Tacitus, Historical Imagination, Berlin, 1991),页3000。

② 早在卷六中,塔西佗已经简短地提到了盖乌斯。科塔·美撒里努斯因为评论盖乌斯的性事而遭到控诉(6.5.1),塞克斯图斯·维斯提里乌斯也因同样的原因失宠于提贝里乌斯,而后自杀身亡(6.9.2)。

狄奥也谈到了公元33年的盖乌斯,并记叙了提贝里乌斯的预言:盖乌斯将会杀死提贝里乌斯·盖美路斯(Tiberius Gemellus)——提贝里乌斯另一个幸存的孙子和可能的继承人,接着,别人会杀死盖乌斯(58.23.3)。不过,在此之前,狄奥先叙述了提贝里乌斯在阿格里披娜和杜路苏斯之死中所扮演的角色(58.22.4)。而塔西佗把盖乌斯安排在这一年中间,以此打消任何对将来有重大改变的希望。这个年轻人,尽管在身体状况上与他祖父相似,但不会对他的家人施以任何援助。他母亲和兄弟的毁灭随之而来。①

提贝里乌斯统治的最后一年伊始,塔西佗把盖乌斯刻画为处于玛克罗的监护之下,玛克罗是禁卫军长官,为了增强他的控制,他把自己的妻子当作诱饵送给这个年轻人。盖乌斯没有拒绝:"只要是能够取得王位,他是什么条件都不拒绝的。他的性格虽然粗野,但是在他的祖父的面前,他仍然是有办法把自己装点得丝毫不露痕迹的。"(6.45.3)

而奥古斯都(Augustus)[提到]的另一个帝王之才路奇乌斯·阿尔伦提乌斯,拒绝在盖乌斯的统治之下苟延残喘,他认为盖乌斯的统治只会更糟糕:

> 不错,在皇帝去世之前的这段日子里,他是可以对付过去的,但是对于即将继承王位的年轻的皇帝,他又怎样回避呢?而且,如果说,至高的主宰在提贝里乌斯取得了处世方面的大量经验之后,有力量扭转和改变他的性格的话,那么,不过刚刚成年、什么事还都不懂或是在坏人坏事中间长大的盖乌斯·恺

---

① Nipperdey 将 exilio[放逐]校订为 exitio[毁灭],Furneaux(1896)与 Heubner(1983)采用了他的校订。盖乌斯的兄弟杜路苏斯尚未死亡,但正如 Furneaux 所说(相关论述):"塔西佗是想描述这整个时期内盖乌斯的举止。"这些预先的参照不但增强了盖乌斯面对家人不幸遭遇时的冷漠,而且还加强了预兆以及悲观预言的氛围。

撒在玛克罗的监护之下难道能够做好事吗？要知道,玛克罗同谢雅努斯相比,是更坏的恶棍,但玛克罗却被选出来摧毁了谢雅努斯,他用比谢雅努斯更多的罪行折磨了他的国家。甚至在目前,阿尔伦提乌斯便预见到一次更加苛刻的奴役,因此他是愿意同时摆脱过去和未来的。他用一种类似预言的口吻讲了这些话之后,就割断了自己的血管。从后来发生的事情来看,阿尔伦提乌斯是死得对了。(6.48.2-3)

尽管塔西佗从未明确说明是盖乌斯谋杀了提贝里乌斯,但塔西佗声称,是玛克罗让这个老人窒息而死,其时提贝里乌斯突然醒来,使得这个假定的继承人(盖乌斯)惊慌失措——他已着手庆贺提贝里乌斯的死亡(6.50.4-5)。①

塔西佗把凤凰安排在公元34年,因此强有力地将凤凰与前一年预示的盖乌斯和提贝里乌斯两人渎神的残酷联系起来。并非巧合的是,塔西佗写到,按照怀疑者的观点,公元34年出现的凤凰不符合传统已证实的凤凰的行动:它不是在阿拉伯的土地上产生出来的,它的行动也同古代的传说所肯定的说法不符(6.28.4)。若把凤凰安排在公元36年,相比提贝里乌斯对继承所作的三则惊人而又准确的预言,这只假凤凰会黯然失色;这些预言开启了下一年:盖乌斯有着苏拉的一切缺点,但却没有苏拉的任何德行;玛克罗为了朝阳而离弃了落日;盖乌斯将会杀死提贝里乌斯·盖美路斯,接着别人又会杀掉盖乌斯(6.46.4)。这种安排也会造成重复:提贝里乌斯死前不久,阿伦提乌斯谴责过提贝里乌斯和盖乌斯。最后,这种安排会缺乏有关这二人的残酷的实例,因为盖乌斯缺席于公元36年

---

① 对于提贝里乌斯的死,Suetonius(Tib.73.2)提供了多种说法,其中包括盖乌斯把他给毒死了,但最终没形成定论。然而,在Calig12.2-3,狄奥认为很可能是盖乌斯杀了提贝里乌斯。狄奥叙述道,在玛克罗的唆使下,盖乌斯让这个还保有并已恢复呼吸的老人窒息而死(58.28.2-3)。

的叙事。

我们看不到塔西佗对盖乌斯统治的叙述,但让我们简单回顾一下苏埃托尼乌斯(Suetonius)和狄奥如何描述这段统治的开端。很明显,盖乌斯以同样做作的风格扮演了一个孝顺的角色,正因如此,他的父母利用他笼络人心,并使日耳曼叛军感到羞愧。①在赞美提贝里乌斯并为之举行一个盛大的葬礼后,盖乌斯炫耀自己对母亲和兄长的虔敬(pietas),从而利用此事来博取民众对其家族所受苦难的同情。依照苏埃托尼乌斯的说法,风雪交加之际,他独自起程,亲自去收集阿格里披娜和尼禄的骨灰,因此表现得极为虔敬(《卡利古拉》15.1)。他带着他们的骨灰一起回到奥斯蒂亚(Ostia),这一场景同样显得矫揉造作(nec minore scaena,《卡利古拉》15.1)。当然,所有这些行动都持续不了多久。一开始他十分尊重他的祖母和姐妹们。但是,据狄奥记载,此后不久,他在她们面前就显得极为忤逆(59.3.3–6)。②

塔西佗对凤凰含糊不清的叙述达到了多重效果。他的叙事方式很适合卷六那阴郁、垂死的色调——此卷充斥着鲜为人知的或虚假的事件,以及悲观的预言。提贝里乌斯最后七年统治中,有五年

---

① 《编年纪事》里谈到,盖乌斯的父母给他穿上普通士兵才穿的小靴子,此是"为了讨普通士兵的欢心"(1.41.2)。当看到阿格里披娜和这个孩子离开军营去寻求保护之时,这些叛军便开始反悔了,而日耳曼尼库斯向士兵们演讲之时正利用了这种情感(1.42.1,1.43.4)。看到阿格里披娜对军队的作为以及利用盖乌斯博取士兵欢心的报告,提贝里乌斯相当忧虑(1.69.1–4)。而谢雅努斯乘机煽起并加深了提贝里乌斯的猜忌(1.69.5)。

② 我只想说,在公元33年提贝里乌斯统治时期出嫁的大部分年轻人都不得善果,好几个仍处于盖乌斯的统治下。盖乌斯据说与他的姐姐杜路斯娜(Iulia Drusilla)乱伦,犯了乱伦罪(Suet. Calig. 24.1),并把她的丈夫处死(Calig. 57.3)。盖乌斯还以通奸和阴谋反叛的罪名控告了另几个姐妹(Calig. 24.3),而杜路斯娜也以与他的内弟——前面提到的马尔库斯·埃米里乌斯·列庇都斯——通奸的罪名被流放(Dio 59.22.8;Suet. Calig. 24.3)。

包含着这样的事件或预言,或者二者皆有。①大多数起这种效果的插话,苏埃托尼乌斯和狄奥也记述过,但塔西佗却以一种增强该阴郁色调的方式,或者添加内容,或者做出修改,或者替它们分门别类。独有的是,塔西佗记述了一个保民官的建议:增加一则预言到西比拉预言书;提贝里乌斯下令,这件事交由十五人祭司团处理(6.12)。但塔西佗并没叙述这件事的结局。同样,他对伪杜路苏斯的描述也没有一个确切的结局:"撒比努斯于是写了一份报告给提贝里乌斯。不过关于这一事件的起源和结果,我再也没有得到任何更详细的报道。"(5.10.3)②而狄奥至少说道,这个骗子被捉到了提贝里乌斯面前(58.25.1)。塔西佗对科凯乌斯·涅尔瓦(Cocceius Nerva)自杀的描述,预示了不祥的未来。根据狄奥,涅尔瓦再也不能忍受他的老朋友提贝里乌斯的友情,主要原因是提贝里乌斯重申了恺撒的契约法,这必定会引起财政混乱与信用缺失(58.21.4)。狄奥用这一事件来解释提贝里乌斯随后的政策变更。在塔西佗的叙述里,提贝里乌斯在涅尔瓦床边恳求他,因为提贝里乌斯担心自己的声誉[受损],若一个亲密的朋友选择死亡的话:"作为最后的手段,提贝里乌斯竟然承认说,如果他的最亲近的朋友在没有理由寻死的时候死掉了,这将使他感到良心上的苛责,并且会严重损害他的名誉。"(6.26.1)

涅尔瓦甚至拒绝跟提贝里乌斯说话。那些了解涅尔瓦的人说:"他在仔细地观察了罗马的灾难之后,深深感到愤怒和恐惧,因此他就决定在还没有受到伤害和攻击的情况下光荣地自尽。"

---

① 年年如此,公元 31 年,出现了伪杜路苏斯;公元 32 年,记录了一个富有争议的尝试——欲增加一个预言到西比拉预言书里;公元 33 年,提贝里乌斯及其他人的各种预言,塔西佗所讲的有关命运的题外话以及涅尔瓦的自杀;公元 34 年,假凤凰的出现;公元 37 年,路奇乌斯·阿尔伦提乌斯的预言和自杀,以及提贝里乌斯有关盖乌斯的预言。

② [译按]王以铸的译本把第五卷的前十一节放在第六卷之内。

(6.26.2)①

虽然其他古代出处叙述了盖乌斯的奉承行为,以及提贝里乌斯对盖乌斯的可怖性格的了解,但只有塔西佗接着加进一个有关命运与必然的题外话:"至于我个人,我在听到这件事情以及诸如此类的故事时,我犹疑不决,作不出判断来。人间万事万物的演变到底是决定于命运,即不变的必然呢,还是决定于偶然的事件呢?"(6.22.1)

在概述了伊壁鸠鲁派和廊下派的观点之后,塔西佗以大多数人的观点结尾,即一个人的一生在出生时已经命定:

> 不过大多数的人很难摆脱这样一种信念,即一个人的未来在他出生之时便被确定了。但是预言之有时不能应验,乃是由于不老实的预言者乱讲他并不理解的东西,这样预言的信用就被玷污了。实际上,在古代以及在现代,都有许多极突出的证据证明了预言的正确。(6.22.3)②

---

① 尽管塔西佗的叙述已接近这一年的年尾,但他并没把涅尔瓦的死放在这年末——这样的话,他可能会和埃里乌斯·拉米亚和玛尼乌斯·列庇都斯一道赢得国葬的待遇。相反,他将涅尔瓦的自杀与阿格里披娜的死并列起来。这样的安排看起来就好像涅尔瓦选择死亡是为了回应此前的这个恐惧。塔西佗称涅尔瓦是"一位精通世俗法律和宗教法律的人"(6.26.1)。而涅尔瓦之死紧跟着元老院对提贝里乌斯奉承的感谢——因为提贝里乌斯没有把阿格里披娜的尸体暴露在盖莫尼埃台阶上——以及元老院所下的法令:以后每年在阿格里披娜和谢雅努斯死去的这一天都要向朱庇特神奉献牺牲(6.25.3)。正如 Syme 记录的(前揭,1983,页12),塔西佗选择了把阿格里披娜之死和她的老对手穆纳奇娜·普朗奇娜之死分开(6.26.3)。

② 这与塔西佗早前在卷四第二十节的说法大为不同(前引,注11)。正如 Syme 注意到的(1958,页524),与《纪事》相比,在《编年纪事》卷六第二十一节和第二十二节里,塔西佗对占星术更少怀疑和敌视。有关提贝里乌斯对盖乌斯可怕性格的认识及其预言,亦可参见 Suetonius, Tib. 62.3; Calig. 10.2, 11.3; Dio 58.23.1–4。

这个题外话巧妙地为读者预备了塔西佗那十分谨慎的评价,即对下一年所记叙的凤凰的真伪的评价。鉴于我们刚刚得知的有关盖乌斯的性格以及帕西耶努斯(Passienus)关于盖乌斯统治的妙语(mot),未来的前景不会光明。凤凰的出现甚至在得到描述之前,就已暗淡无光了。

最后,塔西佗把提贝里乌斯和其他人的预言性谈话集中起来,并把它们聚集在卷六盖乌斯两次主要出场的周围(6.20 – 21 和 6.46),狄奥却没这么做。在卷六第四十六节,塔西佗列出了提贝里乌斯所有有关盖乌斯的可怕预言。狄奥却把提贝里乌斯的预言——盖乌斯将杀死提贝里乌·盖美路斯,而后别人又会杀死盖乌斯——分配在公元33年(58.23.3);把有关落日和朝阳的评论放在了公元37年(58.28.4);而且没有记录提贝里乌斯的断言:盖乌斯拥有苏拉的一切缺点而没有他的任何优点。在陈述提贝里乌斯的预言性评论之前,塔西佗先描述了这个元首正在衰退的权力,以此作为开场白。这一次,提贝里乌斯不能控制局面,而把有关他的继承人的决定,交给了命运:"但不久之后,头脑中不能肯定而体力又已衰竭的提贝里乌斯,就放弃了他无能为力的决定而一任命运安排了。"(6.46.3)

这样,读者的注意力重点集中在盖乌斯的坏性情上(6.45.3,6.46.1),以及提贝里乌斯死前无力干预继承人的问题上。和凤凰相反,这个老皇帝没有做任何事情来保护他的子孙。在这一点上,读者可能会疑惑:若一个人无力改变未来,预知未来还有什么意义。这加强了塔西佗在 6.22.3 陈述的关于命运的流行观点(前文引文),也把对这只所谓的凤凰的正面解释拒之门外。①

---

① Townend(前揭,1960,页115)相信,在 6.20.2,有关伽尔巴(Galba)的预言是源于提贝里乌斯·芭比努斯的作品(前引,注释3)。在 6.21.2 – 3,塔西佗叙述了提贝里乌斯在罗得岛的一个险峻的悬崖试探特拉叙路斯的预言能力。而 Syme(前揭,1958,页 695 – 696)认为,塔西佗采纳了二手材料,以某种方式放到了第一个六卷编组,这个材料涉及提贝里乌斯在罗得岛流亡的情况,正是在这里,他第一次见到了特拉叙路斯。

现在，让我们回到卷六二十八节，把它当作一段题外话。很明显，塔西佗就这样标示它(6.28.1)。可以肯定，塔西佗按照这种体裁的习惯，利用这段题外话来暂时转移读者的注意力，但是，塔西佗提及这只独特的凤凰的可疑之处，连同这段题外话所处的上下文，都给读者留下了棘手问题。这段题外话带来了快乐，然而它的上下文却把这份快乐一扫而光，因为它不能以对更美好未来的憧憬，为提贝里乌斯最后几年的恐怖统治带来任何安慰。要说有什么作用的话，这段题外话仅仅使得罗马的迫害更为清晰(6.29.1，前引)。这段题外话的总体效果，与塔西佗在卷六以及别处对其单调乏味的题材的评论相当一致(4.32.2,4.33.3,6.7.5,6.38.1,16.16.1)。①

从某些方面上讲，卷六二十八节的功用更像一个预兆。与此最接近的类比是塔西佗在《编年纪事》十三卷最后一节里(13.58)的描述，即有关卢米那里斯的无花果树的枯萎和重生。西格尔(Segal)有力地证明了，这个征兆——记述在卷十四尼禄开始他罪恶的狂欢之前——远非毫无意义的填充材料，而是极富反讽意味。② 和卷六一样，在这里，这个年轻的皇帝在公众心目中的地位仍然很高，公众仍憧憬他能带来光明。然而，不久之后，这两个年轻的继承人都将开始屠杀自己的亲属以及[犯下]其他暴行。对于我们的宗旨

---

① Woodman，《古典纪事中的修辞术》(*Rhetoric in Classical Historiography*，1988，页185)出色地观察到，塔西佗在《编年纪事》卷四三十二节的历史写作中运用了这个重要的题外话：塔西佗明确否认他的著作里包含有任何取悦于人的成分，而传统史学则被认为包括这一因素。关于这个题外话是供读者愉悦的观点，可对比 Cic. Brut. 322。有关史学本身包含的愉悦因素，可参照 Cic. Or. 37，De Orat. 2.59，Fam. 5.12.4-5；Pliny Ep. 5.8.4。

② Segal，《塔西佗与诗的纪事》(*Tacitus and Poetic History*：The End of Annals XIII，1973)，页111："在卷十三接近尾声之时，尼禄最恶劣的罪行还没到来，此时的反讽更为隐约、含糊。而仅当这个皇帝的宫殿即将'比置于残酷之人之下的其他任何地方都要硕果累累'之时，这象征永恒生命和城市活力的标志才到来了。"(XIV.15.4)

同样重要的是,尽管十三卷五十八节的这个征兆本身并不负面,而且与它紧接的上下文形成明显对比,但是众多语言和主题的相互对照,使得它在任何语境中——不管大的还是小的,在卷十三还是卷十四——都不可能得到正面解释。卢米那里斯的无花果树在那样的氛围里重生——其时罗马弥漫着腐化和毁灭——不是那么站得住脚。

总之,我希望已经证实,塔西佗可能早就认为提贝里乌斯统治时期没有出现真正的凤凰;他自己和十五人祭司团的联系——这个祭司团的职务就是测算凤凰这类事情——很可能为他提供了普利尼和狄奥所没有的信息和视角。更重要的是,我已经指出为何塔西佗会决定把凤凰安排在公元 34 年。安排在公元 34 年,假凤凰——据一些人说,它和传说中凤凰的一般行动不符——会达到多重讽刺效果;若放在公元 36 年,这些效果会表现得较差(提贝里乌斯和盖乌斯极不虔敬),或一点都表现不出来(贵族的毁灭,特别是埃米利乌斯贵族)。最后,这段题外话既说这只凤凰的确出现过,随即又怀疑此奇观的真实性,还描述了真实的凤凰的行为特征,它极好地配合了卷六那世纪末(fin de siècle)的腔调:一段统治行将结束,另一段统治即将开始,到处是预兆和无常。①

---

① 这篇论文的一个更早的版本发表在 1995 年 12 月召开的美国语言协会会议上。一位匿名推荐人、Ronald Martin 以及 Philip Stadter 的意见对这篇文章帮助极大。

提贝里乌斯的讣告

伍德曼(A. J. Woodman) 撰
曾维术 译

  从很小很小的时候开始,他就经历了波澜起伏的命运。最初他陪伴着被放逐的父亲亡命在外,继而又以继子的身份进入了奥古斯都一家;而在玛尔凯路斯(Marcellus)和阿格里帕(Agrippa)以及后来的盖乌斯(Gaius)和路奇乌斯·恺撒(Lucius Caesar)的全盛时期,他必须应付许多对手。而这时甚至他的兄弟杜路苏斯(Drusus)都比他更加受到国人的爱戴。在他与优莉娅(Julia)结婚而身份大为提高之后,他的地位还是最不稳定的,因为这时他必须忍耐或是回避他的妻子的不贞的行为。后来他从罗得岛回来了;于是他在十二年间成了没有继承人的皇室的主人,后来又在实际上做了二十三年的罗马的主宰。

  他的性格也是每个时期各不相同。他以普通公民的身份或是以重要官吏的身份生活在奥古斯都的统治之下时,是他的生活和名誉中的一个崇高的时期。当日耳曼尼库斯(Germanicus)和杜路苏斯(Drusus)还在世时,他表现了伪善的品德,这是他狡诈地隐藏了自己真实思想的时期。当他的母亲还在世时,他仍是一个有好有坏的人物。在他喜爱或畏惧谢雅努斯(Sejanus)的时候,人们只是讨厌他的残酷,但是他的淫欲却是隐蔽着的;最后,当羞耻和恐惧对他已不再是一种约束力量的时候,他只能按照自己的本性为所欲为,这样他就彻底陷进罪恶和丑行了(6.51.1-3)。

一

在这个讣告的总结性段落中,塔西佗将皇帝的一生划分为五个 tempora diversa[不同时段],①对此,古德伊尔(F. R. D. Goodyear)提供了标准的解释,②可以总结如下。在提贝里乌斯的生命的最后阶段,没有人可以对他施加限制性的影响,他显露出其真正、真实或者内在的绝对邪恶的性质(ingenium)。在较早的阶段,他不是受制于这个人便是受制于那个人,因此必然显得没那么邪恶;但差异不能从皇帝性格变坏得到解释,因为塔西佗像其他古典作家一样,认为人的性格天生固定,后天不能改变。因此,提贝里乌斯早期生涯与晚期生涯的差异,只能从虚伪来解释,塔西佗不断将虚伪归诸于提贝里乌斯:提贝里乌斯藏起了邪恶(dissimulatio[掩饰]),假装有德。

当然,古德伊尔教授知道,塔西佗在两个场合中,直接表明自己清楚性格的可变性。第一个场合,塔西佗不仅认为皇帝维斯帕斯阿努斯(Vespasianus)变好了,而且他以如下方式表达这种意见,好像暗示着,先前所有皇帝(因此包括提贝里乌斯)都变坏了:"与先前的所有皇帝不同,他是在做了皇帝之后变得好起来的唯一的一个皇帝。"(《纪事》1.50.4)第二个场合,塔西佗让阿尔伦提乌斯(Arruntius)说道,提贝里乌斯确实变坏了:"提贝里乌斯阅历如此丰富,但在统治力量的作用下,还是错乱而改变了。"考虑到这段陈述与 6.51.3 毗邻,柯尔特曼(Koestermann)认为,塔西佗想为读者提供可

---

① Tempora[时间]是:(1)公元14年前,(2)公元14年到23年上半年,(3)到公元29年上半年,(4)到公元31年下半年,(5)到公元37年三月。

② Goodyear,《塔西佗的〈编年纪事〉》(*The Annals of Tacitus*, Cambridge, 1972),页37-40。

供选择的剧情。①这样一种手法,不仅是塔西佗的典型手法——尤其是,倘若塔西佗使读者确信塔西佗本人的观点不同于阿尔伦提乌斯的话——而且会增加阿尔伦提乌斯的说法的内在意义。不过,古德伊尔将这两种可能性连同前面的段落当成"偶尔的洞见"、"孤立"与"微不足道"而打发走了;②这种传统解释的吸引力可从以下事实见出:最近,马丁(Ronald Martin)与路斯(T. J. Luce)或全部或部分地支持这一解释。③

然而,另外两位学者在两个重要方面修改了这种传统的解释。首先,韩德斯(A. R. Hands)指出,所谓塔西佗相信性格不变,并不能解释为何他不断把 dissimulatio[掩饰]归诸于晚年的提贝里乌斯,那时候,ex hypothesi[根据假设],所有限制都已去除,提贝里乌斯真正的邪恶天性也早已显示。尤其参看 6.50.1,皇帝那时候已奄奄一息:"这时提贝里乌斯的体质和气力都支持不住了,可是他的伪装本领依然不差。"④其次,吉尔(C. Gill)提供了大量证据,证明古人事实上非常熟悉性格改变的观念,因此塔西佗在《纪事》1.50.4 的说法绝非像古德伊尔所相信的那样"偶尔"或"孤立",而是阐明了一种

---

① Koestermann,《塔西佗〈编年纪事〉》(*Cornelius Tacitus*:*Annalen*,Heidelberg,1963 - 8),页 38。

② Goodyear(前揭),页 38,40。

③ Martin,《塔西佗》(*Tacitus*,London,1981),页 105,139 - 143,Luce ("Tacitus' Conception of Historical Change"),载于 Moxon,Smart,Woodman 编,*Past Perspective*:*Studies in Greek and Roman Historical Writing*,Cambridge,1986,页 152 - 157。

④ 《最后他只能按照自己的本性》("postremo suo tantum ingenio utebatur"),载于 *CQ*,24,1974,页 312 以下,尤其是页 316 - 317。韩德斯将 dissimulatio[掩饰]解作塔西佗的一个修辞手法,旨在抹黑提贝里乌斯的性格。应该注意,既然塔西佗以僭主的术语来呈现提贝里乌斯,他的性格就会恰好是那些好人或理想统治者的反面(西塞罗《论义务》2.44:"他的言辞与行动都不能掩盖任何东西";普利尼《颂词》83.1:"他既不允许覆盖,也不允许掩藏")。

普遍的意见。①不过,尽管吉尔的证据很有力,但他还是维持传统对塔西佗笔下的提贝里乌斯的观点:塔西佗的描述"稳靠地建立于这一观念上:提贝里乌斯的性格并没有改变、变坏或'崩溃',而仅仅是隐藏起来,直到所有外部限制都已去除,而他觉得能够把天性显露出来之后"。②

尽管如此,吉尔所提供的证据的效力,一旦加上韩德斯的证据的效力,就会以如下方式修改我们关于塔西佗笔下的提贝里乌斯的肖像:我们似乎值得考虑,是否能作进一步的修改。问题的关键是讣告的最后四个词:suo tantum ingenio utebatur。路斯说:"这个讣告基于这种假设:提贝里乌斯的性格,他的 ingenium[天性],不会改变:那似乎是逃脱不了的。"③但实际却是能够逃脱的。

二

传统对塔西佗笔下的讣告的解释中,suo ingenio[自己的天性]指提贝里乌斯"真正"(柯尔特曼与马丁)、"真实"(马丁与吉尔)或者"内在"(古德伊尔)的性格,这是自明之理。④ 但如果 ingenium[天性]以此方式特属于提贝里乌斯,为何塔西佗以 tantum[只有]

---

① Gill("The Question of Character-Development:Plutarch and Tacitus"),载于 CQ,33,1983,页 469 以下,尤其是页 481 - 487。在提到的这些著作中,大多有关于这整个问题的详细文献。

② Gill(前揭),页 482,参页 484:"看起来很明显,塔西佗的描述旨在展示,提贝里乌斯的性格在其统治生涯中没有改变,毋宁说显示得更为清晰。"

③ Luce(前揭),页 155,参 156:"请让我重申一次,我不怀疑塔西佗将皇帝的天性视为邪恶,且不会改变。"

④ Koestermann 相关论述("因此他释放了自己的真实本性")。Martin(1981,前揭),页 105,Gill(前揭),页 485("suo ingenio 强调的是真实的性格"),Goodyear(前揭),页 39。在 Draeger-Heraeus 的注疏中,我们读到"从此他……只追随自己的天性",在 Nipperdey-Andresen 的注疏里,我们读到"所有节制都解除了,完全放任自己"。Loeb 版的编辑 J. Jackson 译成"他听从自己的天性";(转下页)

修饰 suo[他自己]？从这个角度看，副词似乎是多余的，没有意义的。① 在我看来，整个短语 suo tantum ingenio utebatur 的含义是，提贝里乌斯在其早年既利用别人的 ingenium[天性/才能]也利用他本人的天性/才能。塔西佗的话可以作如是解，似乎可以他在《纪事》1.90.2 评价奥托(Otho)的话见出："在民政事务方面，奥托借重于伽列里乌斯·特拉卡路斯(Galerius Trachalus)的才能(Galeri Trachali ingenio Othonem uti)，就好像在策划军事行动方面，他依靠苏埃托尼乌斯·保里努斯(Suetonius Paulinus)和玛利乌斯·凯尔苏斯(Marius Celsus)那样。"很明显，这段话跟"真实"或"真正"的天性毫无关系：奥托正依赖特拉卡路斯的协助。但由于它的用词与提贝里乌斯的讣告非常相似，我们值得考虑，这两个语境中，短语 ingenio uti 的含义是否相同。

正如塔西佗与其他作家所呈现的，提贝里乌斯当政的一个关键是，皇帝渴望联合他人治理帝国。在《编年纪事》开篇，塔西佗描绘了新皇帝不愿独自承担全部职责(1.11.1："这些人不应当把全部责任推到一个人的身上去")：奥古斯都能够独自掌控帝国("只有奥古斯都的心智才配得上这样一副沉重的担子")，②提贝里乌斯本人

（接上页）Penguin 的译者 M. Grant(1974 重订版)译成"他只表达了自己的人格"；在 Budé 版我们读到"他听凭自己走向其天性"(H. Goelzer, 1938)，还有"他不再尾随自己的天性"(P. Wuilleunier)。Knoche《评塔西佗笔下的提贝里乌斯》("Zur Beurteilung des Kaisers Tiberius durch Tacitus")，载于 *Gymn*, 70, 1963, 页 213 说道："提贝里乌斯显露他的真本性，正如塔西佗所描绘的"(参页 216)；R. Häussler,《塔西佗与历史意识》(*Tacitus und das historische Bewusstsein*, 1965)，页 322 收集了关于(suo)ingenio uti/uiuere 与 τῇ ὑσει χρῆσθαι 的各种范例。

① Gill(前揭)，页 485(上文注释 10[译按]本书页 165 注④)遗漏了它，这尤其引人注目。

② 对塔西佗的措辞作这种解释，使得 solam 起到表达段落观点的作用；通常的解释是"只有奥古斯都的心智才配得上这样一副沉重的担子"，尽管拉丁文通常省略表示"只有"的词语(参 Kenney《论卢克莱修》3.144)。根据前一个翻译，我的总论点能得到更好的支持(参《牛津拉丁语词典》solus 4)，但后一个翻译也绝不会妨碍我的论点。

宁愿广纳人才("如果一些人共同协力的话,那么国家的治理就要容易得多")。但困惑的元老们以谄媚与抗议相结合的方式来回应(1.12.1-3),这就允许提贝里乌斯依赖于他人的帮助。他的两个儿子日耳曼尼库斯与杜路苏斯,在他统治的初期就获得了 pari passu[同等]的政治荣誉,斯特拉波(Strabo)在公元18年左右将他们描述为在朝廷中"协助他们的父亲"(6.4.2)。①日耳曼尼库斯死于公元19年,尽管如此,杜路苏斯作为 adiutor imperii[帝国助手]的角色却早在公元21年就得到暗示(3.31.2:"为了通过父亲的退隐使杜路苏斯能单独完成执政官的职责"),并构成了卷四开端情节的背景(4.7.1-2)。杜路苏斯也于公元23年去世;但我们知道,在公元20至22年的某个时段,谢雅努斯开始被描述成提贝里乌斯的adiutor[助手]或 socius laborum[共同协力者],直到公元31年他死之前,他一直履行着这个角色(4.2.3,4.7.1;维列乌斯127.3,128.4;狄奥57.19.7,58.4.3)。②塔西佗在讣告中,使用一些人物来标示提贝里乌斯统治的各个阶段,日耳曼尼库斯、杜路苏斯和谢雅努斯就是其中三人;但塔西佗也提到了里维娅,由于她的性别,人们会认为里维娅没有资格担任任何正式的角色。然而,狄奥生动地将里维娅描绘成提贝里乌斯的搭档(57.12.2-6),塔西佗本人在公元26年的叙事中承认了这一点(4.57.3):"他不能容忍他母亲同他分享统治权,可是又不可能把她除掉,因为他的政权正是从她手里取得的。"③换言之,尽管不愿意,提贝里乌斯不得不把里维娅用作 socia[搭档],这种情形将一直持续,直到公元29年里维娅死去——

---

① 如参 Levick《政治家提贝里乌斯》(*Tiberius the Politician*, London, 1976),页148。

② Koestermann 全面讨论了这些伙伴关系,《罗马帝国的双元首与皇权分配》(*Doppelprinzipat und Reichsteilung im Imperium Romanum*, 1930);P. Grenade 也有全面的讨论,《元首制起源文集》(*Essai sur les origines du principat*, 1961)。

③ 详参 Purcell,《里维娅与罗马的女人味》("Livia and the Womanhood of Rome"),载于 *PCPS*, 32, 1986,页78-105。

这标志着提贝里乌斯统治的又一个分水岭。

因此,提贝里乌斯从一开始就是一个孤独的、不愿意统治的统治者,他那各式各样的搭档——塔西佗在讣告的第二段逐个描述了他们——不断因死亡和背叛而退出,直到他隐居卡普里阿(Capri)期间,谢雅努斯也死掉了,而提贝里乌斯"只能依靠/使用他自己的才能"(suo tantum ingenio utebatur)。这是一幅描绘一个人的图画,这个人不断被孤立,直到他变得"年老而 solus[孤独]"(苏埃托尼乌斯《提贝里乌斯》65.1)。①

对讣告的这种解释,尤其是对它最后四个词的解释,阐明了塔西佗为何选择录入那里出现的每个人物(包括日耳曼尼库斯与杜路苏斯这一对,学者们常常觉得这对人物很奇怪),②说明了为何出现词语 tantum[只有],而且,这种解释受到《纪事》1.90.2 中出现的相似短语的支持。不过,它当然意味着,ingenium 不仅跟"真正"、"真实"或"内在"无关,而且跟性格也毫无关系。在讣告的最后一段,塔西佗纯粹谈及提贝里乌斯的 behaviour[行为],③在公元 14 年之

---

① 提贝里乌斯的 solitudo[隐居]在公元 21 年得到暗示(3.31.2:"使自己习惯于连续地、长期地离开罗马"),它是卷四的一个主题,谢雅努斯在 4.41.3 鼓动提贝里乌斯隐居,在 4.67.1-2,当提贝里乌斯撤退到卡普里阿时,又两次强调这个主题。提贝里乌斯于公元 26 年离开罗马(4.58.1),除了一些希腊的智术师,塔西佗只提到皇帝的两位同伴:涅尔瓦(Cocceius Nerva)与阿提库斯(Curtius Atticus),前者于公元 33 年绝食自杀(6.26.1-2),后者在更早一些的时候已经被谢雅努斯剪除(6.10.2)。至于谢雅努斯本人,参下文及注释 40[译按]本书页 177,注②。

② 如 Luce(前揭),页 153"特别的合并:两桩死亡之间间隔了一整卷零三年"。在我看来,Knoche(前揭),页 214-215 完全没有接受这个问题。详参下文及注释 24[译按]本书页 171 注①。

③ 也参 Luce(前揭),页 156,但他坚持传统对提贝里乌斯的 ingenium 的观点(上文注释 9[译按]本书页 165,注③)。塔西佗常常把 mores 等同于行为(behaviour)而非性格(character),如 1.54.2,4.13.2,13.2.1,《纪事》4.44.2。

前,他的行为无可挑剔,在公元 29 年至 37 年间,他的行为变得糟糕。

随之而来,我们不能接受柯尔特曼另一个有吸引力的建议(参上文),即塔西佗在 6.48.2 与 51.3 两个地方,为读者呈现另一种剧情,有别于从[性情]改变来看待提贝里乌斯:根据对 6.51.3 的新解释,没有什么不变性可以对比 6.48.2 中的改变。不过,这并不意味着,没有什么理由去比较这两个段落。在 6.48.2,阿尔伦提乌斯的开篇词 post tantam rerum experientiam 必须是让步语气:"尽管提贝里乌斯在公元 14 年之前的阅历如此丰富,但他还是被权力战胜从而改变了。"换言之,阿尔伦提乌斯说出了一个谜团,在马丁看来,塔西佗本人试图在最后一段加以解决:这个谜团是,"一个人在 55 岁之前,其'成就与声望'还都十分卓越,他后来怎么就变成一个残酷的僭主、躲起来淫荡的人呢?"① 但这不得要领。在塔西佗看来,并没有什么谜团,这一点显露于讣告第一段而非第二段。

塔西佗有意并置讣告的两个段落,使其结构互补。第一段有五个 casus ancipites[波澜起伏的事件],对应于第二段的五个 tempora diversa[不同时段];② 正如第五个事件包含着除了第一个之外的所有时段,第一个时段也包含着除了最后一个之外的所有事件。很明显,塔西佗邀请读者根据一个段落来看待另一个段落,第一段所呈现的图景对于我们理解第二段来说十分关键。首先,塔西佗提醒我们,提贝里乌斯孩提时候就被流放;在几个相互间没有关联的时势下,他遭到奥古斯都舍弃,奥古斯都转而青睐他人;他遭到一个臭名昭著的荡妇的离弃;只有当其他所有潜在的继承者死光后,他才从

---

① Martin(1981,前揭),页 142。
② 五个事件是:(1)陪伴被放逐(2)进入了奥古斯都一家……更受爱戴(3)身份大为提高……回避(4)于是……十二年间(5)后来……主宰。五个时段,参注释 1[译按]本书页 163,注①。

罗得岛被召回。这就是阿尔伦提乌斯从积极的角度视之为阅历丰富的东西,塔西佗本人从消极的角度视之为一系列孤立与抛弃的事件。①这些事没有哪件有重大意义(当然,除了对于当事人本人之外),倘若提贝里乌斯仍然远离政治生活("普通公民的身份")或服从一个上级("在奥古斯都的统治之下");②不过,一旦他发现自己处于独掌大权的位置上,正如塔西佗所看到的("作了罗马的主宰"),或者发现自己臣服于权力的责任,正如阿尔伦提乌斯所认为的("在统治力量的作用下"),③提贝里乌斯早期生涯的事件就解释了这种不自信:他继承奥古斯都时缺乏自信,很自然地,这使得他从讣告第二段所提及的人中寻找搭档。然而,日耳曼尼库斯、杜路苏斯和谢雅努斯,或者死亡或者背叛,或者既死亡又背叛,这反过来让提贝里乌斯感到失望(这是最终的反讽);他没有寻求的搭档是他的母亲里维娅,他"不能容忍她,又不能除掉她"(4.57.3)。

三

通过阐明讣告第二段提及的每个人物,上述说明既解释了塔西佗为何确定这五个不同的时段,也解释了为何某些时段不重视提贝里乌斯生涯中其他可能的转折点(例如他在公元26年离开罗马)。早期的学者似乎碰到一个困难,他们(可以说)倒着阅读段落,并根

---

① 也就是说,塔西佗已经(正如他常常做的)采用了两种不同的 colores [色调];至于它们对历史写作的重要性,参 Wiseman《克里奥的化妆品》(*Clio's Cosmetics*, Leicester, 1979),页7-8, 26。

② Vel in imperiis sub Augusto fuit,这种把 sub 后面直接人物的用法,参 C. O. Brink,《贺拉斯论诗》(*Horace on Poetry: Epistles Book II*, 1982),页426-427。

③ 这两个表达当然互换了刚才所提到的色调。

据它最后两个部分——谢雅努斯在那里似乎被描写为一个限制性的影响("畏惧谢雅努斯……不再")——推测,标明更早的部分的方法也是"通过去除更多人的限制性影响"。①然而这未得要领。塔西佗用排他的时间术语来呈现日耳曼尼库斯、杜路苏斯与里维娅("当……还在世时,当他的母亲在世时"),而他们的角色,正如我们已经看到的,必须根据上一个段落合乎逻辑地看待,关于奥古斯都的说法("在奥古斯都统治之下")连接了先前这个段落。

不过,人们可能会说,这种解释自身就敞开了它的反面意见,即,尽管可能没有什么妨碍我们以上述方法理解日耳曼尼库斯、杜路苏斯与里维娅,呈现谢雅努斯的词语却暗示,最后描述他的话应该以不同的方式去理解。可是,不仅可以说学者们误解了上面那些词语(参下文第四部分),而且谢雅努斯在讣告中所占的位置早就预防了该反对意见。

学者们为下面这种关系挠破了头:讣告描写的公元23年至29年与公元23年本身的叙事的开端所预示的公元23年至29年,[两者并不一致]。在讣告中的公元23年至29年,谢雅努斯连影子都没有看到;而在公元23年的叙事的开端,塔西佗把谢雅努斯描述为影响提贝里乌斯的主要力量:"提贝里乌斯本人开始变成暴君,或是把权力交到残暴的人手里去。谢雅努斯是造成这种情况的起点和原因。"(4.1.1)譬如,马丁在讣告的这一点上看到了"真正的困难":"谢雅努斯只是在里维娅死后(29年)才开始对提贝里乌斯施

---

① Martin(1981,前揭),页105,参Goodyear(前揭),页39,Gill(前揭),页482。Martin后来的陈述(页141:"在塔西佗或其他作家那里,并没有迹象显示,提贝里乌斯的行为动机是尊重或害怕日耳曼尼库斯或者杜路苏斯")很好地说明了这一回顾性的推测:在讣告里没有提到过所谓提贝里乌斯尊重或害怕这两个人。

加决定性的影响,这种暗示与4.1的断言相反。"①但这一困难会马上消失,只要我们意识到,塔西佗在讣告中的目的不是列举那些影响过提贝里乌斯的人物,而是通过记述他各种搭档的死亡,确定那个日益孤独的皇帝逐步堕落的时间。里维娅作为 dominationis socia [统治搭档],她的死亡标志着公元23至29年这个时期的结束,既然如此,塔西佗在涉及那些年份时,完全没有必要提到谢雅努斯的名字。因此,谢雅努斯缺席于讣告中公元23至29年的描述,实际上确证了这一点:他之所以出现于公元29至31年,首先是因为,他是最后一位死去的提贝里乌斯的搭档。

四

对谢雅努斯的描述所呈现出的表面上的困难,出现于塔西佗的典型习惯中:塔西佗喜欢在叙事的不同位置中表现同一个人物的不同面相。有时候,这些面相显得相当不同,以致古德伊尔质疑,"我们是否有权利去寻找一幅连贯的画像"——这暗示着,我们可能应该准备着去接受,塔西佗对某些人物的描述有着"明显的不一致"。②不过,在我看来,我们必须至少从这一假定开始:塔西佗并没有呈现不连贯的描绘,尤其是在提贝里乌斯这个例子里。这并非意味着,我们应该不惜一切代价去尝试协调一切矛盾;毋宁说,当我们思考那些学者们认为前后矛盾的段落时,我们应该考虑塔西佗操纵语言的超人本领,还有他创造那些常常误导人的印象的著名能力。因此,在这个基础上,我们可以考虑一下,讣告中心的三个时段所描述的提贝里乌斯的堕落,是否与塔西佗叙述提贝里乌斯统治时说的

---

① Martin(前揭),页141,参考 Luce(前揭),页154(见下文,注释36[译按]本书页175,注④)。

② Goodyear(前揭),页240–241。

一些关键点相一致。①

在公元14年至23年期间,提贝里乌斯据说已经"表现了伪善的品德,这是他狡诈地隐藏了自己真实思想的时期",这个否定的评价似乎与4.6.2-4对同一时期的正面总结相矛盾,塔西佗在4.6.2-4给予了提贝里乌斯统治的前半期一种值得称道的描述,除了maiestas[大逆法]的问题之外。不过,既然讣告明显呈现出一幅逐步堕落的图景,既然在接下来的时期(23-9),提贝里乌斯被描述为"仍是一个有好有坏的人物",那么可以清楚地推测,在公元14至23年期间,bona[好]一定至少抵消了mala[坏](根据4.6.2-4提供的特别证据,那里只批评了大逆法),而且明显比坏的比重大。②毫无疑问,这是推测,塔西佗没有真的这样说过;但他也并非没有这样说过。Suppressio veri[隐瞒事实],随后作出调整,这两者都是塔西佗的特点。③

相反,在公元23至29年对提贝里乌斯的评价——"仍是一个有好有坏的人物"——似乎还相对温和,倘若与4.1.1对那些年的戏剧性介绍相比的话:"正是在这个时候,命运突然搅乱了这和平的环境:提贝里乌斯本人开始变成暴君,或是把权力交到残暴的人手里去(saevire ipse aut saevientibus vires praebere)。谢雅努斯是造成

---

① 对此问题,参 Martin(前揭),页140-142。Knoche(前揭)表达了这一观点:(a)卷3/4、4/5、5/6之间的断裂,与讣告在公元23、29、31年的三个中心转折点相一致;(b)这些断裂表示"消除了更明确的顾虑(Fortfall bestimmter Hemmungen)"(216)。尽管(a)没有争议,(b)因涉及塔西佗对日耳曼尼库斯与杜路苏斯的说法(上文及注释24[译按]本书页171,注①)而失败,Knoche 不得不逃避这些说法(页159-160以及注释17[译按]本书页168,注②)),同时,(b)也因涉及谢雅努斯缺席于塔西佗对公元23-29年的总结这一问题而失败(见上文第三部分)。

② 倘若接受这一解释,将会面临 Luce(前揭)页153所提到的抱怨,即,两个时期并没有差异:"隐瞒与巧妙地模仿美德是一样的……讣告事实上在说,提贝里乌斯在日耳曼尼库斯、杜路苏斯与里维娅的影响下,即从《编年纪事》的开端到卷五的开端,本质上没有改变。"

③ 塔西佗如何使用"自我纠正"(reprehensio),参 Luce(前揭),页154-155。

这种情况的起点和原因。"然而,初看起来,这后一种陈述本身似乎与卷四整卷对那些年的叙述正相抵触。在那一叙事中,saevitia[残暴]并没有归诸提贝里乌斯个人头上,直到那一时期的中段,在提贝里乌斯于公元 26 年离开罗马那一刻:"掩盖那由于他的行动而昭彰于世的残酷和淫乱。"(57.1)在此之前,提贝里乌斯对审判的介入——这大概可以成为考察其行为的合理指引——常常导致 clementia[仁慈](4.30.1,4.31.4),甚或干脆的无罪开释(4.31.1,4.36.1),而非相反的结果(4.31.3,4.42.3),而塔西佗本人承认,倒数第二个例子[译按:即 4.31.3]判断有理。①事实上,在公元 23 至 26 年间,是其他人而非皇帝展示出残酷(如年轻的谢列努斯(Vibius Serenus),4.28.1:"悲惨无情的惊人例证")。

因此,根据公元 23 至 26 年的叙事,塔西佗在 4.1.1 的陈述误导了读者,倘若把它解释成,提贝里乌斯本人在公元 23 年"突然"(repente)变得野蛮。毋宁说,那一陈述中的 aut 有一种纠正的作用("毋宁说","或者至少说"),借此,塔西佗在以起初的"突然……提贝里乌斯本人"创造出一种典型的确凿印象后,又调整了他的概括性说法,使之与随后的叙事相一致。②这种手法的效果是,aut 区分了两个不同时期:③即公元 23 至 26 年,在这期间,所有凶残都是

---

① 想评价这一时期剩下的案子,必须考虑这一事实:有五个场合是开释或者撤销指控(4.13.2,29.1,36.3),有四项定罪涉及通奸(4.42.3,52.3)。甚至掠夺自杀者的财产这一点也表达得拐弯抹角(20.1"他的财产仍被收回了"),尽管大家公认,从塔西佗的评论"提贝里乌斯对于别人的财产,过去从来没有这样斤斤计较过"能想到这一点。

② 对 aut 的这一用法,参《牛津拉丁词典》词条 6b;在我看来,4.1.1 中的词语的纠正功能,受到双关语 saevire……saevientibus[本人变得残暴……交到残暴的人手里]的支持。这应该是塔西佗的典型手法(上文,注释 29[译按]本书页 173,注③)。

③ Goodyear 评注塔西佗的 aut 的用法时,正确地评论道:"意义的细微差别因段落的不同而不同。"(1.8.2 的注释)

saevientes[那些残暴者]的财产,①以及公元 26 年以后,在这期间提贝里乌斯也 saeuus[残酷]。②因此,讦告将公元 23 至 29 年间的皇帝评价为"仍是有好有坏的人物",就并非不合情理,因为这是就这样一个人而言:根据叙事的主干,在这一时期的前半段他个人并没有残暴,根据上述对卷四开篇的解释,他在这一时期的后半段只是"开始"显示出残暴(参 4.1.1 coepit)。③

讦告将公元 29 至 31 年间的提贝里乌斯描述为"在他喜爱或畏惧谢雅努斯的时候,人们只是讨厌他的残酷,但是他的淫欲却是隐蔽着的",学者们将此解释为,谢雅努斯"对皇帝施加限制性的影响"。④若这一解释正确,这就与叙事主干发生显著的冲突。一方面,根据 4.1.1 与 4.57.1 可以推断,谢雅努斯刺激(而非限制)了公元 26 年后的提贝里乌斯萌发残暴,正如我们刚看到的。另一方面,我们在 5.3.1 得知,里维娅于公元 29 年死后,"开始了严酷而残暴的专制时期",提贝里乌斯与谢雅努斯都"好像摆脱了约束似的",开始攻击阿格里披娜(Agrippina)与尼禄[译按:提贝里乌斯的孙子];早在卷四(参 4.12.1 – 4,15.3),谢雅努斯(而非提贝里乌斯)

---

① Saevientes[残暴者]首先指告密者与/或谢雅努斯的亲信。至于谢雅努斯有没有包括在内,这取决于人们认为他能否同时成为他们的起点和原因,塔西佗认为他是。

② 这两个时期以颠倒的顺序对应于 4.1.1 中的纲领性陈述。《埃涅阿斯纪》中,奥德修纪与伊利亚特这两半同样以颠倒的顺序对应于史诗开端的两个词,参 A. Bloch,《战争与人作为史诗的主题》("Arma virumque als heroisches leitmotiv"),载于 MH,27,1970,页 207;修昔底德在卷一使用类似的手法不止一次。

③ 值得注意的是,尽管塔西佗之前常常暗示提贝里乌斯残酷(如 1.4.3 – 5),他却很少作为作者谴责提贝里乌斯的残酷,而且限于特定的场合(如 1.53.3)。

④ Martin,(1981,前揭),页 139,参 Luce(前揭),页 154:"谢雅努斯在讦告第四阶段的作用同样奇怪……谢雅努斯只出现在这个地方,……他的出现稍微阻止了提贝里乌斯全面展现其可憎的性格。"

就想陷害尼禄,既然如此,卷五开端处谢雅努斯对提贝里乌斯的残暴的刺激,就更加有效了。①然而,这里的叙事与讦告对那几年的描述有着如此显眼的冲突,这应该会使我们质疑,传统将谢雅努斯解释为一个限制性影响到底对不对。

学者们早就认可了提贝里乌斯生命最后两个时期的相互关系,正如讦告所描述的(29-31年与31-37年)。在倒数第二个时期,"人们只是讨厌他的残酷,但是他的淫欲却是隐蔽着的",而在最后一个时期,"他彻底陷进罪恶和丑行了"。换言之,尽管他那犯罪性的残酷贯穿这两个时期,但不同之处在于,在前一个时期,提贝里乌斯隐藏起他的淫欲,在后一个时期他显示了出来。②但谢雅努斯的

---

① 5.3.1 的上下文如下:

> 原来奥古斯塔在世的时候,人们还有一个庇护所,因为提贝里乌斯对自己的母亲是非常敬重的,谢雅努斯也不敢冒犯他的母亲的威信。但是现在,他们就好像摆脱了约束似的,可以放手为所欲为了。一封斥责阿格里披娜和尼禄的信被送到罗马;这封信在奥古斯塔死后不久就公开宣读了,因此人们普遍认为,这封信早就送了出来,不过是被老太后给扣下罢了。

清楚下面这些要点很重要:(a)这是塔西佗叙事主体中唯一一个段落,表达限制性影响的观念,(b)这一限制不只对提贝里乌斯而言(正如学者们似乎常常认为的那样),而且同样适用于谢雅努斯。在我看来,第二个要点贬低了 5.3.1 支持传统关于讦告的观点的价值。但,无论如何,我们应该注意到,该段落并没有抵触我早先的观点:讦告中提到的人物,包括里维娅(参 4.57.3),都曾经是提贝里乌斯的搭档,都以这样的面目出现在讦告里:5.3.1 是典型的塔西佗手法(参上文),它只是揭示了不同于讦告所描述的里维娅的另一面。该段落因此与 4.1.1 关于谢雅努斯"起点和原因"的说法相类似,也与 4.6.2-4 关于公元 14-23 年总体的优秀情况的说法相类似(参上文):这三个段落都提供了补充信息,但又没有与讦告中的陈述相矛盾。

② 参 Koestermann 相关论述。同样,倒数第二句的 obtectis[隐秘]与 timuit[畏惧]分别得到最后一句中的 pudore[羞耻]与 metu[畏惧]回应。

影响不限于促成提贝里乌斯的这种隐藏。塔西佗说的是，在公元 29 至 31 年，提贝里乌斯"喜爱或畏惧谢雅努斯"，我从中推测，dilexit[喜爱]与 timuit[畏惧]对应于残酷与淫荡，其对应方式正如 scelera[罪恶]与 dedecora[丑行]一样。换言之，提贝里乌斯对谢雅努斯的喜爱(affection)培育了自己的残酷，对谢雅努斯的害怕使他掩盖起自己的淫欲。①因此，讣告中的谢雅努斯，尽管在公元 29 至 31 年间对提贝里乌斯的性行为施加了限制性影响，但也同时刺激了提贝里乌斯的犯罪性残酷。②根据这种解释，讣告与叙事主干完全没有冲突。

有人会反对，所有这一切都只是在玩弄词藻；但这一反对意见在研究塔西佗的《编年纪事》中几乎不怎么重要。在此项研究中，"我们很多时候都必须仔细地阅读塔西佗，以便察觉塔西佗事实上

---

① 1.59.1("蛮族中间主战或反战的人的反响不同，反战者有了希望，主战者感到忧愁")中的 inuitis[反战]与 cupientibus[主战]以同样的方式分别对应于 dolore[忧愁]与 spe[希望]；或者，《纪事》2.41.3("士兵们有的担大一些，有的则胆小害怕，因此有人就冲到前面去，有人就缩在后面")中，audacia[胆大]与 formido[胆小]对应于 primam[前面]与 postremam[后面]。Martin (1981)，页 141 从时间上理解 dilexit[喜爱]与 timuit[畏惧]："我们不清楚，提贝里乌斯在什么时候不爱谢雅努斯，开始畏惧他。"

② 很明显，谢雅努斯不可能有如此大的影响，倘若他不是提贝里乌斯的搭档。在提贝里乌斯于公元 26 年定居卡普里阿之后，这一点尤其正确，因为谢雅努斯正是利用其地位实现了自己的野心：他控制皇帝的觐见者，同时与自己的觐见者保持正常接触(4.41.2,67.3,71.3；狄奥 58.4.9)。不过即便在早年，这一点同样正确，那时候，谢雅努斯在塔西佗笔下成了利用自己的搭档角色的一个人，他假装帮助皇帝，同时通过一系列残酷的审判与行刺，促成自己的目标。这实际上是卷四全卷的一个重大主题，4.59.2 的陈述很好地总结了这种地位："不管他提出了多么有害的意见，提贝里乌斯对他总是言听计从。"谢雅努斯对提贝里乌斯的操纵，是其搭档角色内涵的要素，他操纵提贝里乌斯，使其将一把手的位置让给了这个角色。因此，讣告呈现的谢雅努斯与此处将谢雅努斯解释为提贝里乌斯的搭档或助手相冲突，这一点无法反驳。

否认了人们认为塔西佗说过的话"。① 不可忘记,在讣告中,塔西佗也把提贝里乌斯在公元14年前的生活描述为 egregium[崇高],这完全不是 1.4.3 – 5 给出的同一时期的印象:"此外他还流露出一些残忍嗜杀的迹象,尽管他自己尽力想抑制它们。"②

---

① Irving Kristol,载于 *Encounter*,6,五月刊,1956,页 86。
② 尽管 Goodyear 评论 1.4.1 时说,这两个段落没有实际的冲突,因为 1.4.3 – 5 是传言(可能有点意外,这也不属于那些搞不清楚塔西佗是否以个人身份说话的地方)。

皇朝政治的必然模式

——《编年纪事》卷11–12中的帕尔提亚与亚美尼亚

凯特尔（Elizabeth Keitel） 撰

李静 译

在关于克劳狄乌斯（Claudius）的卷章中，塔西佗叙述了帕尔提亚和亚美尼亚的事件。人们长期将这些叙述视为偏离罗马的主要情节的离题话，或者是一种戏剧性的延迟，从而不予理会。典型的是塞姆（Syme）的评论："当时，为了舒缓宫廷政治的氛围，以免单调乏味，塔西佗借助了一对离题话，这对离题话记叙了公元49年和51年东部边界之外的事件（这既非什么重要事件，也没有什么关联）。"①

---

① R. Syme,《塔西佗》(*Tacitus*, Oxford, 1958)，页259。B. Walker,《塔西佗编年纪事》(*The Annals of Tacitus*, a Study in the Writing of History, Manchester, 第二版, 1960)，页34–35，认为11.8–10这些段落偏离了塔西佗的主题——罗马的道德滑坡。亦参 K. P. Seif,《塔西佗〈编年纪事〉关于克劳狄乌斯的诸卷》(*Die Claudiusbucher in den Annalen des Tacitus*, 博士论文, Mainz, 1973)，页59–63, 237–241, 257–258。D. W. T. C. Vessey,《思考塔西佗对克劳狄乌斯的刻画》("Thoughts on Tacitus' Portrayal of Claudius")，载于 *AJP*, 92, 1971)，页385–409，看到了罗马与东方局面的类似，但之后将所有东方叙事当离题话打发。根据 C. W. Mendell,《塔西佗其人其书》(*Tacitus the Man and his Work*, New Haven, 1957)，页185，塔西佗所述卷11和卷12中的东方部分，为卷13–15科尔布罗（Corbulo）的战役铺路。亦参 F. Graf,《塔西佗〈编年纪事〉结构研究》(*Untersuchungen uber die Composition der Annales des Tacitus*, Bern, 1931)，页94–95论12.44–51，他认为这些段落是阿格里披娜在罗马的阴谋的缓冲剂。

考虑到东方事件在卷 11 和卷 12 中的突出地位,忽视它们对于叙事意图的重要性,似乎不明智。①这篇文章要证明,在卷 11 和卷 12 中,塔西佗利用东方事件来表达他的一个主要关注点:皇朝政治遵循的必然模式,不管是罗马还是外邦的。利用这个主题,塔西佗在罗马和东方的事件之间制造了一个对位效应。远非为了将读者的注意力从恺撒一家(domus Caesaris)的内部阴谋转移开来,东方部分把读者拉回到主要叙事线索,并常常预示着优利乌斯-克劳狄乌斯家族内愈演愈烈的争斗的下一步。

在现存关于克劳狄乌斯的卷章里,最早的东方部分是 11.8-10,这几节记载公元 47 年的事,始于克劳狄乌斯恢复米特利达特斯(Mithridates)的亚美尼亚王位。然而,叙事的焦点却集中在帕尔提亚的内部政治上:哥塔尔吉斯(Gotarzes)与其兄弟瓦尔达尼斯(Vardanes)之间的权力争夺。尽管以"差不多就在同时"开头(11.8.1),但按年代次序,这个故事的位置就不恰当,因为它叙说的是公元 43 年到 48 年的事。这个故事摆在这里,不是为了取得戏剧性延迟的效果,因为 11.1-7 并没有达到高潮,罗马的情节也没有接续该插话之前谈到的内容。毋宁说,11.8-10 预示了随后章节所要叙述的罗马的事件。这个预示是对动机与结果的一个总概括,而非逐点类比罗马与帕尔提亚的情况。

11.8-10 帕尔提亚诸王之间的争斗,为读者预备了罗马的皇朝阴谋新一节的开端——《编年纪事》11.11.2 叙述道,多米提乌斯

---

① 在现存的章节中,外邦事务占据了百分之四十的篇幅,其中东方事件占据了整个克劳狄乌斯叙事的五分之一篇幅。Syme(前揭,页 494-496),以为塔西佗用如此长的篇幅详论帕尔提亚,旨在修正图拉真(Trajan)在那里的灾难性战役。然而,Syme 也承认(页 496),塔西佗对东方政策的看法"公正且难懂",此外,塔西佗在 12.11 反讽地处理了克劳狄乌斯的论点,据称这是在回应哈德里安(Hadrian)。有关罗马与帕尔提亚关系的历史,可参见 K. H. Ziegler,《罗马与帕尔提亚的关系》(*Die Beziehungen zwischen Rom und dem Partherreich*, Wiesbaden,1965)。

(Domitius)和不列塔尼库斯(Britannicus)出现在百年祭赛会的特洛伊战争表演(lusus Troiae)时,二人相互竞争。在那里,塔西佗预先提到尼禄远胜于他的异父兄弟——王位的合法继承人:

> 当克劳狄乌斯出席赛马会,而豪门出身的少年子弟组成的一个马队表演特洛伊战争的时候——在这些少年子弟中间就有皇帝的儿子不列塔尼库斯和路奇乌斯·多米提乌斯(他不久就被过继为皇帝的继承人并且被定名为尼禄),人民群众对多米提乌斯所表示的更加热烈的欢迎则被认为具有朕兆的性质(11.11.2)。

自《编年纪事》开端始,兄弟之间为权力而争斗就成了罗马的皇朝统治特有的现象。塔西佗最初的和最后的评论(1.3.1-3和6.51),都谈到了提贝里乌斯在奥古斯都继承人中的劣势地位:

> 最初他陪伴着被放逐的父亲亡命在外,继而又以继子的身份进入了奥古斯都一家;而在玛尔凯路斯(Marcellus)和阿格里帕(Agrippa)以及后来的盖乌斯(Gaius)和路奇乌斯·恺撒(Lucius Caesares)的全盛时期,他必须应付许多对手。而这时甚至他的兄弟杜路苏斯(Drusus)都比他更加受到国人的爱戴(6.51.1)①

另一方面,提贝里乌斯的继承人——杜路苏斯[译按:与上文的

---

① 参见13.17.1,不列塔尼库斯仓促的葬礼:"然而他的骨灰却还是被掩埋在玛尔斯原野。当时发生了一场暴风雨,因此人们都认为这是预示诸神对这一谋杀罪行的愤怒。但甚至在本国人中间,也有不少人为这一罪行进行辩解,他们说从古以来兄弟就是仇人,而专制大权是不能分享的。"

杜路苏斯不是同一人]及其兄弟日耳曼尼库斯(Germanicus)之间的和睦关系,被记述成一件稀有之事:"不过他们兄弟二人却十分要好,他们的情谊并没有受到周围亲属的不同意见的影响。"(2.43.6)在卷12里,竞争这个主题在罗马和东方都会再次出现。

在11.8-10,塔西佗亦探讨了《编年纪事》的一个支配性主题——专制统治的病态。①正如兄弟不和的主题一样,专制统治的病态这一主题也把罗马和东方部分结合起来了。罗马的实际统治者——克劳狄乌斯的妻子们——的负面品质,正是塔西佗归诸帕尔提亚和亚美尼亚统治者的那些品质。瓦尔达尼斯(Vardanes)一控制帕尔提亚,就表露出极端的残暴,促使臣民行刺他:"在这之后,他便十分光荣地回来,因此对自己的臣民也就更加专断,更加横傲了。"(11.10.3)一旦在亚美尼亚再次安顿下来,米特利达特斯就展现出相似的、不合时宜的傲慢:"于是人们又都转而拥戴米特利达特斯做国王了。但他表现得过分严厉,从而未必能使他的新王位得到巩固。"(11.9.2)瓦尔达尼斯被杀后,接替他的哥塔尔吉斯比他兄弟好不了多少:"但是哥塔尔吉斯取得了胜利,成了宫廷的主人,不过他的残酷和放纵使得帕尔提亚人不得不秘密地把一份请愿书送到罗马皇帝那里去,请求把美赫尔达特斯(Meherdates)释放出来,以便取得他的祖宗的王位。"(11.10.4)塔西佗把阿格里披娜描绘成atrox[凶狠](12.22.1)和ferocia[盛气凌人](13.2.2和13.21.2)。而在第11卷中,saevitia[残酷]和luxus[奢靡]将会促成美撒里娜的毁灭(11.12.1;11.31.2)。

Dominatio[主宰]和regnum[王权]——东方君主国的标准词汇——遍及《编年纪事》(11.8.1;11.8.3;11.9.2;11.10.1),在卷12,又用于描绘阿格里披娜一门心思追逐权力。因此,塔西佗在

---

① 参照Walker(前揭,页25-32,213-214),同样地可参照Vessey(前揭,页391)。

12.7.3 概括了阿格里披娜的性格:①

> 从这个时候起,国家的情况就改变了。全部国家大事都操纵在一个女人的手里,不过这个女人与任意玩弄罗马帝国的美撒里娜不同。这是一种严酷的、几乎和男子统治时一样的暴政。在公开场合,阿格里披娜不仅是严厉的,又往往是骄横的。她的私生活没有淫乱的迹象,除非这样做有助于加强她的权力。她不顾一切地想给自己弄到钱,她认为这是取得专制权力的后援力量。(12.7.3)

servitium[奴役]——在此适用于阿格里披娜统治——是《编年纪事》中东方诸民族的命运的特征,正如它是奥古斯都与提贝里乌斯治下元老院和执政官的行为特征一样。②

两个宫廷都出现一连串相似的阴谋——家族的一个成员或一部分成员反对国王,读者看到这里,会进一步把 11.8 - 10 的东方叙事与恺撒一家的阴谋联系起来。在 11.10.3,恐惧和不安激起了一次对瓦尔达尼斯的突然袭击("但是有一次,当他专心打猎疏于防备的时候,一个预谋的背叛行为将他杀害了"),正如一开始,恐惧

---

① 阿格里披娜主宰(dominatio)的其他事例,参 12.4.1;12.8.2;13.2.2;14.2.2 和 14.11.2;关于她的王权(regnum),参见 12.65.2。A. Mehl,《塔西佗笔下的克劳狄乌斯:宫廷事件》(Tacitus über Kaiser Claudius: die Ereignisse am Hof, Munich,1974),页 125 注意到,这些用于帝国最高权力的关键字——诸如权力(potentia),主宰(dominatio),王权(regnum)或主宰的欲望(libido dominandi)——没有一个用于克劳狄乌斯。《编年纪事》中,塔西佗使用王权(regnum)和主宰(dominatio)来描述帝制,参 H. W. Benario,《塔西佗与帝制》("Tacitus and the Principate"),载于 CJ,60,1964,页 97 - 106。

② 有关罗马的奴役(servitium)与奴隶(servitus)的生活,参见 1.2.1;1.7.1;1.81.2;3.65.3;6.32.4 和 6.48.2;关于东方的生活,参见 2.2.2;11.10.1 和 12.50.2。

促使贵族呼吁瓦尔达尼斯对抗其兄弟(11.8.2)。同样,在斯里乌斯和美撒里娜阴谋反对克劳狄乌斯之初,斯里乌斯力主突袭皇帝,以便乘其不备抓住他(11.26.2)。

在 11.8-10 以及别处,塔西佗用 insidiae[密谋]和 doli[诡计]来描述帕尔提亚的权力争夺。① 同样的措辞用于罗马的皇室反目,例如阿格里披娜毒死克劳狄乌斯的首个阴谋(12.66.1),尼禄攻击其母亲的计划——由于先前的经历,她母亲提防着毒药(14.3.2)——以及里维娅(Livia)所谓的谋杀盖乌斯·恺撒(Gaius Caesar)(1.3.3)。这些措辞的一再重复,加深了读者的这个观念——同样的模式在帕尔提亚和罗马都起作用:毫无疑问,东方君主的 dominatio[主宰]与罗马帝制的 res publica restituta[恢复共和]是一致的。

罗马明显没有意识到,她的统治与帕尔提亚的统治是类似的,这颇为反讽。塔西佗重复书写罗马这种无意识。因此,12.10-14——接续 11.8-10 的叙事——用于帕尔提亚的措辞,既回应也预示罗马的形势。在 12.10,帕尔提亚的使节斥责哥塔尔吉斯的僭政,并请求元老院派遣美赫尔达特斯——目前在罗马的一个人质——去做新王。这些使节的发言,以反讽性的精准勾勒出克劳狄乌斯自身的统治,正如这些发言预见了阿格里披娜的统治一样。

在卷 12,阿格里披娜的权力逐渐扩张,该卷前九节为此做了铺垫。刚刚在 12.7 获悉这个皇后的野心,读者很可能会把哥塔尔吉斯的统治(12.10.1)与阿格里披娜的目标(12.7.3;12.8.2)联系起来。哥塔尔吉斯对其亲戚的大规模屠杀(12.10.1),预示了阿格里披娜和尼禄的密谋:"他已经残害了他的兄弟、近亲和远亲。现在连自己怀孕的妻子和年幼的孩子也不放过。"在卷 12 里,阿格里披娜除掉了路奇乌斯·西拉努斯(Lucius Silanus)、多米提娅·列庇坦(Domitia Lepida)以及克劳狄乌斯;在卷 13,尼禄谋杀了不列塔尼库

---

① 发生在东方的密谋(Insidiae)和阴谋(doli),见 2.3.2;6.32.1;6.43.2;12.14.3;12.44.4。

斯,在卷14,谋杀了屋大维娅(Octavia)。

帕尔提亚的使节们最后决定,请求克劳狄乌斯把美赫尔达特斯送回去做国王:"我已经说过,这时有一些帕尔提亚的使节被派到罗马来,要求我们把我们手里的人质美赫尔达特斯送回去做他们的国王。"(12.10.1)①这一节紧接着一则极为关键的有关罗马习俗的研究(12.1-9):这个皇帝与其侄女的乱伦婚姻;除掉屋大维娅的未婚夫西拉努斯,靠的是一项虚假的、反讽的指控——西拉努斯与他的姊妹乱伦;还有屋大维娅与多米提乌斯的订婚。而且,鉴于《编年纪事》里此类事件的屡次失败——由罗马教养的异邦王子无法幸存于他们的出生地——这些使者对一个好国王的期许是不明智的:王子们随身携带着致命的污秽。②

在12.11,克劳狄乌斯就良好统治的原则给帕尔提亚人上了一堂华而不实的课,对于他自己的统治来说满是讽刺。在把他自己与奥古斯都的政策相提并论之后(12.11.1),克劳狄乌斯赞美了奥古斯都的美德:"由于美赫尔达特斯当时也在场,于是克劳狄乌斯便对他说了下列箴言:'你的头脑里不要常想什么专制和奴隶,而要常想统治和公民,你要仁慈而公正——这是蛮族那里所没有的品质——这样必定会受到加倍的欢迎。'"(12.11.2)然而,相比古式的共和国的rector[领导者]与cives[邦民],dominatio[主宰]与servi[奴

---

① 12.10.1的最后一个分句也可能使人想到克劳狄乌斯:"他在国内无所作为/迟钝,在战场上损兵折将,但是他却想用他的残酷来掩饰自己的怯懦。"塔西佗用Socordia[迟钝]来描写元首的最后时刻(12.67.1),而另一方面,阿格里披娜驱使他干着残酷的暴行(saevissima quaeque)(12.59.1)。于是,在13.6.3,一个普通的旁观者总结了克劳狄乌斯的帕尔提亚政策:"他们认为如果现在仍旧是迟钝而又年老的克劳狄乌斯当政的话,罗马的命运反而会要更坏些,因为要处理战事的克劳狄乌斯是一定要任凭自己的奴隶来摆布的。"塔西佗很可能在更早的篇幅里已经述及这些品质了。

② 参11.16-17日耳曼王子意大利库斯(Italicus)的命运。亦可参Walker,(前揭,页228)论罗马影响下的蛮族人的腐化。

役]更好地刻画了当前罗马的情况。clementia[仁慈]与 iustitia[公正]亦不适用于塔西佗笔下的克劳狄乌斯。①这个皇帝所吹嘘的仁慈常常意味着惩处无辜之人[11.3.1 的亚细亚提库斯(Asiaticus)],或者饶恕有罪之人[11.36.2 他试图饶恕莫涅斯特(Mnester),在 11.37.2,他看来想要饶恕行为不检的美撒里娜]。②公正,这个在《编年纪事》中极其罕见的词,也不适用于卷11和卷12里克劳狄乌斯的行径。他对公正的掌控,反复无常而又主观,容易受到他自己的感情影响或受他的妻子、被释奴隶与奉承者的怂恿。

面对使节,克劳狄乌斯把美赫尔达特斯当成 alumnus urbis[罗马教养出来的]、modestia[节制]已得到体察的人选推荐给他们。维提里乌斯(Vitellius)将同样的节制用在了克劳狄乌斯身上。在 12.6.2,维提里乌斯以一种无心的反讽,赞扬这个皇帝性欲上的节制,甚至一边提议说,克劳狄乌斯可以迎娶他的侄女:"正是天意使得这位除去自己的妻子以外没有同任何人发生过关系的皇帝和这个寡妇结合到一起。"

克劳狄乌斯结尾时宣称,罗马选择与帕尔提亚保持和平而非敌对:"已经享有极大光荣的罗马现在所希望的是外国和罗马都享太平。"(12.11.3)在克劳狄乌斯这几卷里,这类陈述的华丽外表背后隐藏着双重讽刺。首先,塔西佗在别处明确地表示,克劳狄乌斯的官员的宽宏煽起了东方边陲各地的动乱(12.48.2)。其次,这项避免与帕尔提亚直接对抗的政策,尽管传统并且审慎,但克劳狄乌斯实施的时候相当无能。③

---

① 参 Syme(前揭,页 414–416)论塔西佗如何使用帝制的宣讲词。

② 美撒里娜(11.32.2)和卡拉塔库斯(Caratacus)(12.37.3)机巧地诉诸克劳狄乌斯的仁慈。

③ 在与帕尔提亚打交道时,关于修辞和外交策略的必要性,参 K. Gilmartin,《东方的科尔布罗战役》("Corbulo's Campaigns in the East"),载于 *Historia*,22,1973,页 583–626;以及 Syme,前揭书,页 494。

很快，在12.12与12.14，美赫尔达特斯的不幸遭遇展露了克劳狄乌斯浮夸辞藻背后的真相。在12.12.2–3，美赫尔达特斯不顾卡西乌斯(Cassius)的告诫：耽搁只会引起蛮族人的变故，并受制于阿克巴路斯(Acbarus)——阿拉伯人的国王——的背叛。这个年轻人太好地吸收了罗马的习俗："原来阿克巴路斯把这个未经世故并把放荡的生活和做国王看成一回事情的青年留在了依德撒城(Edessa)，使他一天天地耽搁在这里。"(12.12.3)

美赫尔达特斯做了孤注一掷的抵抗(12.14.2)，之后，由于一个食客的背叛，美赫尔达特斯被送交哥塔尔吉斯。哥塔尔吉斯一边斥责其俘虏，一边奚落克劳狄乌斯有关统治的意见——这种意见极其不适合狡猾的帕尔提亚人的心性：

> 哥塔尔吉斯斥责他，既不承认他是自己的亲属，又不承认他是阿尔撒奇达伊王族的成员，说他只不过是个异邦人、罗马人。但是哥塔尔吉斯却留下了他的性命，只是割下了他的两只耳朵。他以这种做法表明他的宽大，但我们却感到耻辱。(12.14.3)

Alienigenam et Romanum increpans[被斥为异邦人和罗马人]正好回应了克劳狄乌斯的 alumnus urbis[罗马教养出来的子弟]。帕尔提亚人的仁慈，显露出美赫尔达特斯去做国王是多么欠准备，更不用说去落实这项美德了。通过这些讽刺性的相互对照，克劳狄乌斯渴望东方和平，就显得很愚蠢。

在有关克劳狄乌斯的章节里，伊伯利亚(Iberian)王室阴谋是东方部分最后的主角(12.44–51)，这场阴谋为卷12罗马的皇朝争斗提供了戏剧性的概括，也为读者准备了阿格里披娜篡权的最后一步——谋杀克劳狄乌斯。

12.41–43开启了公元51年，在此，阿格里披娜进一步巩固其地位。尼禄被授予成人的外袍，这样，他看起来拥有了参加政治生活的资格，这是十分不祥的预兆(12.41.1)。元老院也使他成为指定执政官(consul-designate),拥有总督的 imperium extra urbem[在首都之外行使的权力],并授予他尊贵的 princeps iuventutis[青年元首]的头衔。12.41.2 再现了 11.11.2,尼禄身着凯旋的外袍,现身百年祭赛会,与此同时,不列塔尼库斯却穿着紫边白色外袍。情况进一步变坏,百年祭赛会上大众自发流露的偏爱,在阿格里披娜的导演下成了一场戏,以此表明这两个少年相应的地位:"从一个人的最高统帅的标记和另一个人的少年的衣着,民众是可以相应地推测出这两个人未来的命运的!"(12.41.2) 最后,这个皇后调走了那些同情不列塔尼库斯的百人团长、军团将领以及被释奴隶,在她的"保护"下,利用他对尼禄的怠慢,进一步孤立不列塔尼库斯:

> 有一次,这两个孩子会面,尼禄在打招呼时称呼不列塔尼库斯的名字,但对方却称他为"多米提乌斯"。阿格里披娜把这件事说成是互相不和的最初象征,她把这件事告诉了她的丈夫,并对他大声抱怨说:"过继的做法受到了嘲弄,元老院的决定和人民的命令却在家庭里被废弃了!除非他们消除向他们灌输这种敌视情绪的人的有害影响,将来公众肯定是要遭殃的。"(12.41.3)

在 12.42,这个皇后通过任命她的自己人——布路斯(Burrus)——作为唯一的近卫军长,控制了近卫军。最后,在 12.43,《编年纪事》的存世部分中首次叙述了朕兆。对于那些能看懂这些朕兆的人来说,它们预示了这个国家迫切的危险,但尽管克劳狄乌斯对传统宗教观测的兴趣乃众所周知,他却没能注意这些警告。①

在 12.44 – 51,争斗、谋杀和爱这几个相互交织的主题令人回想起罗马的事态,同时也预言了结尾部分的发展(12.52 – 69)。混杂的斗争让人想起卷 12 中恺撒一家持续的紧张。帕尔提亚和罗马局

---

① 有关克劳狄乌斯对朕兆的看法,参 Suetonius,《克劳狄乌斯》(*Claudius*)页 22。在《编年纪事》11.15.2,克劳狄乌斯主张建立一个卜人团——一个对他自己的统治充满讽刺的行动。参见 Vessey,前揭,页 394。

势的对比发挥了多重效用。拉达米司图斯(Radamistus)——伊伯利亚王位继承人——结合了尼禄和阿格里披娜在罗马所扮演的角色。他既是继承人(如尼禄),又是阴谋家(如阿格里披娜)。与尼禄一样,他是年轻又广受欢迎的继承人,他对当前的国王——其父帕拉司玛尼斯(Pharasmanes)——是个明显的威胁。也像尼禄一样,拉达米司图斯战胜了一个国王,他的叔父米特利达特斯——他待拉达米司图斯如亲生儿子,甚至把自己的女儿嫁给了他。与阿格里披娜相似,拉达米司图斯掩盖不住迫切想要统治的意图("他常常毫不掩饰地说,他父亲老而不死,使他无法取得伊伯利亚这个小国的王位,别人早已看出他的意图了",12.44.3),也与阿格里披娜一样,他假惺惺地博取其意图推翻的叔父的爱。拉达米司图斯假装向他叔父寻求庇护,躲避继母的不公对待——这正是罗马的合法继承人所遭受的伤害:

> 于是拉达米司图斯便伪装和父亲决裂,声称他不能忍受继母的仇视,因此到他叔父这里来。叔父对待他特别亲切,就和对待自己的亲生儿子一样。但这时他却教唆亚美尼亚的贵族发动叛乱,尽管他不但没有受到米特利达特斯的怀疑,实际上反而受到他的叔父的尊重(12.44.5)。

这一段再次提到兄弟间的争斗。米特利达特斯与帕拉司玛尼斯曾在提贝里乌斯调解下和解(6.32.3),并且再次开始合作(11.8.1),但如今却有致命的不和。帕拉司玛尼斯不惜杀死他的兄弟和他自己的女儿:"在他的心目中,取得王位的欲望较之兄弟和女儿更有分量,而且他的性格是什么伤天害理的事都干得出。"(12.47.5)[①]先前罗马的叙事(12.25–26;12.41)记录了克劳狄乌

[①] 有关帕拉司玛尼斯与尼禄的对比——他们拒绝目睹亲自下令的死刑——参 Walker,前揭,页 211。

斯一家两皇子间相似的关系恶化。

最后一组对比在两个受害者之间进行——米特利达特斯和克劳狄乌斯。尽管出于好心,米特利达特斯对其侄子的真正意图一无所知,并听从了他的哄骗。因此,面对侄子精心策划的进攻,米特利达特斯措手不及(12.47)。由于收养了自己的亲戚,米特利达特斯为他自己的毁灭铺好了路。塔西佗花了一整节来展开描述拉达米司图斯如何诱捕、谋杀其叔父——这种描述正是这个年轻人的阴谋的高潮,正如阿格里披娜对克劳狄乌斯的袭击构成了全卷离奇的高潮。

因此,东方叙事的各个方面都反射出恺撒一家反复无常的事态,并指向阿格里披娜对皇帝看起来不可避免的谋杀。12.44 的主题和措辞(特别是重复了 12.41 的 noverca[继母]与 discordia[不和]把读者拉回了罗马。12.44.5 里的 patruus[叔父]回应了 12.3.1 阿格里披娜对其叔父的引诱:"在以近亲的关系为借口的一连串的谒见中,她这样有效地迷住了他的叔父。"在 12.44 的末尾,塔西佗在一个独立夺格从句中,把米特利达特斯描述成对主句的行动一无所知,而这种行动直接损害了他(12.44.5)。在 11.2.2,美撒里娜控告完亚细亚提库斯之后,继续对付波培娅(Poppaea),这时,同样的结构用于克劳狄乌斯:"皇帝则完全不知道这件事情,以致几天之后,当波培娅的丈夫斯奇比奥同他在一起吃晚饭时,他还问为何斯奇比奥没有和自己的妻子同来。直到这时他才知道她已不在人世了。"①

第三个主题是夫妻之爱。这个主题在克劳狄乌斯那几卷扮演了一个不幸的角色,它首次出现在 12.51 的东方舞台上:拉达米司图斯之妻吉诺比娅(Zenobia)遭到抛弃而又得救的浪漫故事。这对被迫逃离亚美尼亚的夫妇,由于妻子有孕在身而放缓了脚步。吉诺

---

① 克劳狄乌斯在道德、政治方面的无知一再地遭到讥讽(11.15.2;11.25.5;11.30.2),最突出的表现是,他着手自己的监察官职务,而对妻子与斯里乌斯公然的通奸行为浑然无知(11.13.1)——此事在前一节里有详细的描述。

比娅无法忍受更远的行程,恳求丈夫杀死她:"她求她的丈夫让她光荣地死去,以免被俘后受辱。"(12.51.2)一个痛苦的场面之后,拉达米司图斯刺伤了她,把她遗弃在河岸上,任其死去。牧羊人立刻认出了她高贵的出身("他们从她那与众不同的外表知道了她的高贵出身"),便用本地的疗法给她治疗,并把她护送到阿尔塔克撒城(Artaxata)。这段简述的民间故事性质使它成为政治倾轧中一个迷人的插曲。

然而,拉达米司图斯和吉诺比娅夫妻和睦,这也与阿格里披娜和克劳狄乌斯的婚姻形成强烈对比——正是这场婚姻主宰了卷12的罗马叙事,塔西佗要回头叙述的也正是这场婚姻。在克劳狄乌斯这几卷里,这种旧式的、在屈辱之前的死亡誓愿仅仅受到蛮族的信奉,诸如卡拉塔库斯(Caratacus)(12.34)和吉诺比娅。①克劳狄乌斯任何一个妻子都没有珍视荣誉,吉诺比娅的誓言不过讽刺性地回应了美撒里娜和阿格里披娜。在11.37,美撒里娜的母亲劝告她,自杀是唯一保全她荣誉的办法:"她说:'你的生命已经结束了。现在你能做的只是设法死得体面些。'但是在那个淫荡堕落的女人心里已经谈不上什么荣誉不荣誉的问题。"(11.37.3-4)在卷12,honestus[荣誉]用于阿格里披娜,明显是讽刺。维提里乌斯把她作为克劳狄乌斯理想妻子推荐给元老院:"用不着仔细研究,他们就可以看到,就门第来说,阿格里披娜自然是最突出的,事实证明她是多子女的,而她的崇高的德行也足以和前两点相称。"(12.6.1)②她真正的

---

① 优诺尼斯(Eunones)被米特利达特斯体面的恳求打动了("他的声名、他的遭遇以及他的并非卑鄙的请求感动了优诺尼斯",12.19.1),然而,卡拉塔库斯(Caratacus)的体面却与其家族在克劳狄乌斯面前的卑躬屈膝形成了鲜明对比("别人由于害怕而不光彩地求饶了,但是卡拉塔库斯本人既不垂头丧气,更不用说一句乞怜的话",12.36.3)。

② 对照维提里乌斯去元老院号召克劳狄乌斯应该再婚的第一次发言:"对于我们的监察官,也就是这位自小便不晓得放荡或享乐为何物而知守礼法的皇帝来说,还有比娶一个妻子更加正当合理的安慰么?妻子不仅仅是和他分享痛苦与欢乐的伴侣,他还可以向她倾诉内心的衷曲并托付自己年幼的儿女。"(12.5.3)

ars[技艺]在该卷的过程中逐渐显现。因此,在12.59.1,她操纵克劳狄乌斯干着残暴的罪行,例如控告司塔提里乌斯·陶路斯(Statilius Taurus):"克劳狄乌斯在阿格里披娜的主使下不得不一直干着最野蛮的残暴罪行。"①克劳狄乌斯死后,阿格里披娜用 variis artibus[各种技巧]把不列塔尼库斯扣留在他的房间,与此同时,她安排尼禄登基(12.68.2),此外,在13.13.2,她试图用甜言蜜语(versis artibus)恢复其对儿子的控制。

吉诺比娅与罗马皇后这些反讽的相互对照,再加上并置吉诺比娅、拉达米司图斯和克劳狄乌斯临近的死亡,使罗马的事件更加骇人。克劳狄乌斯临近的死亡,更早前就暗示过("不过,阿格里披娜还没有勇气拿出她的最后一手",12.42.1),并在12.52.1重提:其时,福利乌斯·司克里波尼亚努斯(Furius Scribonianus)因向迦勒底人(Chaldaeans)探询克劳狄乌斯的死期而遭到流放。在12.51,爱情战胜了一个丈夫("最后在强烈爱情的支配之下,这个干过不少残暴事情的人抽出佩刀刺到她身上",12.51.3),使他尝试杀死他的妻子以保全她的荣誉,另一方面,读者知道,在罗马,一个妻子为了获得权力即将残忍地谋杀她的丈夫。

采取一种结构的方法来理解东方事件,不必排除塔西佗这些叙事的其他用途。除了真正的消遣和浪漫外,例如描写桑布洛斯山(Mt. Sunbulah)附近进行的赫拉克勒斯(Hercules)的祭仪(12.13),塔西佗还斥责了克劳狄乌斯对行省官员的糟糕选择。克劳狄乌斯最明显的失误就是委任他的老酒友优利乌斯·帕伊里格努斯(Julius Paelignus)作为卡帕多奇亚(Cappadocia)的代理官,以及安托尼乌斯·费里克斯(Felix)——最有影响的被释奴隶帕拉斯(Pallas)

---

① Mehl(前揭,页109,注释107)注意到,对于阿格里披娜,使用技艺(ars)"有负面的道德含义",就像对于里维娅,提贝里乌斯,谢雅努斯和波培娅·萨比娜(Poppaea Sabina)一样。

的兄弟——作为犹太(Judaea)地区的行政长官。①

卷6与卷13-15详写的其他东方事件,没有那么多皇朝阴谋,这些叙事也没有以同样的方式预示罗马的事件。②在这方面,卷11和12十分突出,这也合乎情理。在克劳狄乌斯两卷里,皇朝内讧居于支配地位——《编年纪事》别的地方并不如此,卷4除外,但卷4没有大段的外邦叙事。在克劳狄乌斯的晚年,东方的皇室背叛与阴谋循环往复,这与塔西佗对恺撒一家的看法接合得很好;塔西佗赋予这些阴谋以广阔的范围和详尽的细节,以加强罗马叙事的主题,使得该卷更具整体性。

---

① 帕伊里格努斯愚蠢的天性(ignavia animi)和古怪的外表(12.49.1),让人再恰当不过地联想到这个皇帝。安托尼乌斯·费里克斯分派到犹太地区,与其兄弟帕拉斯所受的过度荣誉并置在一起(12.53)。关于卷12外邦事务叙事的偏见,参见 Seif,前揭,页236。

② 卷6里罗马-帕尔提亚的对比带出两个暴君——提贝里乌斯与阿尔塔巴努斯(Artabanus)——的相似之处。这些对比突出了对提贝里乌斯的刻画,而非为了叙事张力之需要。

尼禄的异域都城:志怪作家塔西佗

——《编年纪事》15.36-37

伍德曼(A. J. Woodman)撰

曾维术 译

上下文

根据塔西佗叙述的公元64年——该年的中心事件是罗马大火(15.38-41)——尼禄年初热切渴望到希腊旅行演出(33.2)。① 不过,皇帝感到自己需要一些预备经验,他决定在那不勒斯(Naples)举行预演,因为那不勒斯像一座真正的希腊城邦。那不勒斯剧场人山人海(33.3),苏埃托尼乌斯(Suetonius)告诉我们,来自亚历山大里亚(Alexandria)的一些访客,以其富有节奏的掌声迷倒了尼禄,随后,皇帝要求把他们的技艺传授给 equites[骑士]以及其他人(《尼禄》20.3)。

尼禄完成演出后(塔西佗显然略过演出的情况),人群散开,剧场顷刻倒塌(34.1)。大部分人把这次坍塌解释成不祥之兆(triste),皇帝本人却看到了积极的一面,将自己的大难不死解释为皇天保佑(prouidum)。他适时地亲自创作《感恩赞》(Te Deum),向诸神表示感谢,之后,他继续前往贝内文托(Beneventum),观看某位瓦提尼乌斯(Vatinius)举行的斗剑比赛,期间迫使一位杰出的前执

---

① 不能想当然地认为,塔西佗在《编年纪事》的叙事反映了事件的历史顺序:参 Ginsburg,《塔西佗〈编年纪事〉中的传统与主题》(*Tradition and Theme in the Annals of Tacitus*, New York, 1981),页18-30。

政官托尔克瓦图斯(Silanus Torquatus)自杀,因为托尔克瓦图斯是奥古斯都的后裔,和尼禄本人一样(35.1)。有人捏造了一项指控,说托尔克瓦图斯准备造反(35.2);尽管尼禄认为托尔克瓦图斯事实上有罪,他还是说,要是托尔克瓦图斯给他机会的话,身为皇帝的他会展示 clementia[宽大](35.3)。在这种嘲讽的语气下,塔西佗转到了这段为罗马大火作准备的情节,它也是本文的主题(36 - 37)。

文本

不久,尼禄暂时忽略了希腊(理由还不清楚),重返罗马;东方诸省,尤其是埃及,让他暗地里想入非非。他发表敕令,声明他不会离开很久,国家的一切均会像繁荣时期那样平稳,随后他前往卡皮托里乌姆(Capitolium)询问此次出行。他在那里向诸神作了祷告;然而,在进入维司塔(Vesta)神殿后,他突然四肢颤抖(或许是神性吓倒了他,或许是想起自己的作为总难免害怕),于是,他放弃了这一计划,声称他所有爱好都没有他对祖国的爱重要:他已经看到臣民忧伤的面孔,他能够听到臣民私下的抱怨,抱怨皇帝即将旅行这么长一段时间,因为他们甚至无法忍受皇帝的短途旅行——他们习惯于在遭受灾祸时看到 princeps[元首],这会让他们感到温暖,就好像灾祸的解毒剂:因此,正如在个人关系方面最亲的人最重要,罗马人民也一样,他们最有控制力,只要他们让他留下,他就得服从。

诸如此类的言辞颇受民众欢迎,因为他们喜欢各种娱乐,要是尼禄离开的话,他们还担心紧张的谷物供应(这是他们最关心的问题)。元老院和领导人则不清楚,到底该认为尼禄在远方更可怕,还是在他们中间更可怕——后来(这是大恐惧的本质)他们开始相信,已经发生的事更坏一些——至于尼禄本人，为了获得额外的信任，使人相信没有别的地方更让他高兴，就在公共场所大搞宴席，仿佛全城都是他的宫殿；其中最有名的是提盖里努斯(Tigellinus)组织的宴会，因为它既奢侈又臭名昭著。我要把它当成典型来详述，以免多次叙述同样的挥霍事件。

当时，他在阿格里帕湖修造了一只筏船，宴会就设在筏船上，其他船拖着这只筏船前行。船只闪耀着黄金、象牙，桨手由男妓担任，根据他们的年龄与性爱的本领加以配置。提盖里努斯从异国他乡搜集各种鸟兽，深入大洋搜寻海洋动物。湖堤上建有妓院，里面站满了发亮的妇女，湖对面能够看见裸体的妓女。她们先表演淫秽的姿势动作，夜幕降临后，附近所有树林、周边所有住宅都回荡着歌声，闪烁着火光。至于尼禄本人，允许的与禁止的行为已把他弄得堕落不堪；之前，他追逐着更变态的做法，没有错过任何丑事——除了几天后的这一桩：他在一场假正经的婚礼中嫁给了那群堕落者当中的一人（名叫毕达哥拉斯），统帅戴着新娘面纱，婚礼官员〈ad〉missi[到场]，①那里还备有嫁妆、婚床与婚礼火把，总之，连黑夜替一个女人遮盖的一切都公开了。

在第一段，塔西佗描述了尼禄如何推迟其希腊之行，转而决定访问东方；不过，皇帝在维司塔神殿受到了惊吓，他连那个主意也改

---

① 使徒(paradosis)读作 misit，传统上校正为 missi；然而，这一简单的动词通常表示"派遣"，这里可能会搞错(参 11.27，见下文)，例外的情况很罕见，并一清二楚(例如，in + 直接宾语，如西塞罗《为普兰奇乌斯一辩》(For Plancius)47，《为珀斯图姆斯一辩》(For Rabirius Postumus)4；参《拉丁词语宝典》(TLL)8.2.1174.55 – 72)。〈in〉missi 可能是个简单一点的校正，但这个词通常(尤其在塔西佗笔下)有敌对的意思。另一种可能性可能是 iussi，《拉丁词语宝典》2.1541.47 – 49 采用了 Rhenanus 的 uisi。

变了。①下一段,塔西佗按照逐渐降低的满意程度,呈现三种对尼禄改变计划的反应。②民众极其满意,因为他们需要的不过是面包和赛马,尼禄的在场保证了这一切(36.4)。③政治领导人不知道该不该满意,④尽管罗马大火之后——在此已有预示⑤——他们意识到尼禄的在场比缺席危险得多。最后,皇帝本人(37.1 ipse)极为不满,尽管他的不满必须从如下事实推知——他努力让民众相信自己没有不满:laetum[高兴]。

尼禄以这些形式表现其装模作样的 laetitia[高兴]:组织公共宴席、像对待自己宫殿一样对待整个罗马城,塔西佗进一步描述提盖里努斯的 epulae[宴会],例证了这些行为:quas…ut exemplum referam[我要把它当成典型来详述](37.1)。这个句子结合了名词 exemplum 与第一人称动词,《编年纪事》仅见这一例,它表明随后的描述是插话。Igitur[当时]标志着这段插话开始(37.2),它承接 ut exemplum referam[我要把它当成典型来详述];denique[总之]标志着插话结束(37.4)。不过,如此详细地描写狂欢场景,本身就不是塔西佗的习惯,因此塔西佗得为其做法辩护,他的理由是,他这样做以后就不必重复相似的材料(37.1:"以免多次叙述同样的挥霍事件")。宣称寻求多样化,这当然很正常;但塔西佗的作者陈述几乎

---

① 尼禄公开解释他为何改变主意时,提到"私人亲戚"(36.3),考虑到他刚刚剪除了自己的远亲托尔克瓦图斯(35.1),这当然是反讽。参下文注释 7[译按]本页注⑤。

② 按传统的分段,这一点看不出来。

③ uoluptatum cupidine[渴望享乐]是撒路斯特的笔法(《朱古达战争》95.3,用于苏拉)。

④ 这个句子也是撒路斯特笔法(《朱古达战争》46.8),详见 Syme,《塔西佗》(*Tacitus*, Oxford, 1958),页 732。

⑤ 我认为,quod euenerat[已经发生的事](36.4)指那场大火,这场火在 36.3 也已讽刺性地预示了(他们习惯于在遭受灾祸时看到元首,这会让他们感到温暖)。

不该从纯粹字面上去理解,①这里的 celeberrimae … fama [最有名……臭名昭著]几乎是同义反复,②它表明,写下目前这个段落的动机,除了渴望避免单调,还有材料本身的奇特性,后者所起的驱动力至少与前者不相上下。事实上,塔西佗在这一点上隐含的立场与希罗多德(Herodotus)不无相似:"说到埃及时,我打算扩充我的描述,因为埃及比其他国家特征更鲜明……这就是详述埃及的原因。"③(2.35.1)

提盖里努斯的宴会在 stagnum[湖]上举行(37.2),那湖据说是阿格里帕澡堂(Thermae Agrippae)的蓄水池。它是否跟那个澡堂一样,因其建造者之名(如塔西佗所暗示的)而倍享尊荣,似乎无从得知;④但毫无疑问,塔西佗喜欢指出两项工程的差别,一项是尼禄的外曾祖父阿格里帕的工程,一项是尼禄的心腹提盖里努斯的工程:前者意在使用,意在正常的享受,后者专门用作反常的娱乐。西塞罗与塞涅卡已提到过,拜亚(Baiae)声名狼藉的度假地有一些游船或 cumbae[小艇];⑤但 cumbae 体小身轻,正是因为它们容易损坏,

---

① 参 Martin-Woodman,《塔西佗〈编年纪事〉卷四》(*Tacitus: Annals Book IV*, Cambridge,1989),页 95 - 96,123 - 125,223。

② 还有类似的这种表述(如奥维德,《变形记》3.339:"最有名的名声";维吉尔《埃涅阿斯纪》2.12 - 22:"名气最著名的岛屿";也参塔西佗《纪事》1.52.3:"他到处都享有最有名的声誉",以及 Heubner 的相关论述;西塞罗《为阿奇阿斯一辩》5:"知道这如此著名的名声"),但塔西佗的措辞已有各种解释,参 Koestermann 相关论述,他似乎青睐 Nipperdey 的解释。

③ 参 Hartog,《希罗多德之镜》(*The Mirror of Herodotus*, J. Lloyd 英译,Berkeley, Los Angeles, London,1988),页 234,344。

④ 参 S. B. Platner & T. Ashby,《古罗马地形学词典》(*A Topographical Dictionary of Ancient Rome*, Oxford,1929),页 496;F. Coarelli,《玛尔斯平原,历史与地理》("Il Campo Marzio occidentale. Storia e topografia"),载于 *MEFRA*,89,1977,页 816 以下,尤其是 826 - 830。参奥维德《黑海来信》(*Epistulae ex Ponto*)1.8.37 - 8,斯特拉波《地理学》13.1.19。

⑤ 西塞罗《为凯里乌斯一辩》(*For Marcus Caelius*)35:"船";塞涅卡《书简》51.4:"航行宴会",12:"淫秽的船……各种游艇"。

尤文纳尔(Juvenal)才特别提到拜亚的小艇。①相反,提盖里努斯的造物明显体型庞大;人们可能会想到建造巨大的趸船去应付军事危机,正如李维所描述的(21.27.5"建造趸船,运输人马与其他辎重"),但没有人以大规模的 couiuium[宴会]为由提出建造大型趸船。塔西佗一反常态地叙述是这场宴会,他的措辞强调了提盖里努斯的伟业的矛盾性质:superponere[设置]用于建筑时,常常暗指陆地。②

提盖里努斯的造物有两个面相。宴会在陆地上举行更自然,提盖里努斯在水上举办宴会,暴露出自己与自己的皇帝都患有一种症状,这种症状就是共和国后期与帝国早期富有的罗马人所患的症状:狂热地在海上建造房屋。从事教化的作家抨击这种狂热,把它称为僭政、放肆、冒犯自然。"他们患了病,需要在不合适居住的海上或陆地建造不自然的冒牌建筑娱乐自己",老塞涅卡记载的一位人物说道。③ 这些罗马人正如波斯国王,希罗多德记叙了波斯国王跨河或跨海建造桥梁的故事,他们最终为自己的放肆付出了代价,过早地离开了人世。④不过,在希罗多德笔下,并非每个跨水建桥的例子都是放肆的症状:希罗多德告诉读者,培奥尼亚人(Paeonians)

---

① 尤文纳尔《讽刺诗》12.80:"攻击拜亚游艇可通行的内部";详见 Tarrant 论塞涅卡《梯厄斯忒斯》592。

② 如苏埃托尼乌斯《伽尔巴》4.1:"坐立于(superposita)山脊的农场";对比 12.57.2:"宴会设在(appositum)湖的入水口。"提盖里努斯的工程与苏埃托尼乌斯笔下的盖乌斯的游船相似(《盖乌斯》37.2),在尼米湖(Lake Nemi)底发现过那艘船的相似物(参 Barrett,《卡利古拉》(Caligula, London, 1989),页 201-202,304 注释 38-39);但苏埃托尼乌斯相反,把悖论与盖乌斯随后的活动相连(2-3"一心想的只是做人们认为不可能做到的事。因此他把防波堤一直筑到……深海里去"等),详见下文注释 16[译按]本页注④。

③ 塞涅卡《论辩》(Controversiae)2.1.13;对此文学主题,详见 Nisbet-Hubbard 论贺拉斯《颂诗》2.18.21。

④ 参 Hartog,前揭书,页 311。再参苏埃托尼乌斯《卡利古拉》19.1-3,那里直接使卡利古拉与薛西斯(Xerxes)对应。

生活在色雷斯(Thrace)与马其顿(Macedonia)一带,他们"真的(καί)居住在普拉斯阿斯(Prasias)湖上:各个平台由长长的桥墩撑起,就立在湖中央"(5.16.1)。这种行为自然有显著后果(为了防止他们的婴儿滚到水里,他们在婴儿的脚上绑一条绳),希罗多德之所以提到培奥尼亚人的习俗,是因为他们颠倒了正常的行为,因此是典型的外邦人。埃及人引人瞩目也是这个原因,因为"他们颠倒了别人所有的风俗习惯"(2.35.2),而塞西亚人(Scythians)"完全反对采用别的民族的风俗,尤其是希腊人的风俗"(4.76.1)。① 因此,塔西佗描述了提盖里努斯的海上conuiuium[宴会],不仅表明这样的行为道德败坏,而且表明它不合自然、来自异邦。事实上,既然筏船的作用是在阿格里帕湖中央充当一座岛,我们应该记起那些让希罗多德这类作家特别注意的岛屿;②既然提盖里努斯的造物也能够向前浮行(moueretur),回想一下希罗多德从埃及得知的浮岛就特别有意思(2.156.2—6),后来,路吉阿诺斯(Lucian)在其诙谐的《真实的故事》(*True History*)(1.40)中嘲笑过这座浮岛。③

---

① Hartog,前揭书,页62—63与passim;Wiedemann,《人兽之间:阿姆米阿努斯笔下的野蛮人》("Between Men and Beasts: Barbarians in Ammianus Marcellinus"),载于Moxon, Smart & Woodman编,*Past Perspectives: Studies in Greek and Roman Historical Writing*, Cambridge, 1986,页189—92。

② 参Wiedemann,前揭书,页191;Gabba,《古代经典中的真纪事与假纪事》("True History and False History in Classical Antiquity"),载于*JRS*, 71, 1981,页55—60。

③ 关于这部作品及其文类,参J. R. Morgan,《路吉阿诺斯的〈真实的故事〉与安托尼乌斯的〈极地之外的奇观〉》("Lucian's True Histories and the Wonders Beyond Thule of Antonius Diogenes"),载于*CQ*, 35, 1985,页475—490。科学的、伪-科学的、志怪作家的文本常常提到浮岛:如参Hecataeus,《希腊纪事家辑佚》(*Die Fragmente der griechischen Historiker*, Berlin and Leiden, 1923—58)I F 305,普利尼《自然史》2.209以及Beaujeu的相关论述;C. Fensterbusch,《浮板,浮岛》("Schwimmende Ziegel, schwimmende Inseln"),载于*RhM*, 103, 1960,页373—377。这一信息得益于Prof. H. M. Hine。

塔西佗一点也没有告诉我们趸船美感方面的信息，我们不得不根据他对 aliae naues[别的船]的描述作些猜测，他把别的船描述为 auro et ebore distinctae[闪耀着黄金、象牙]。象牙是"帝王气派的传统象征"，"常常镶着黄金"，①而拖船的功能是实用性的；如果单单是拖船就以象牙装饰，那么，ratis[趸船]本身就必定更加奢华。②船上的组成人员也很荒谬：他们既是男妓(exoleti)，③又是桨手(remiges)；挑选他们的依据明显是 scientia libidinum[性爱的本领]而非 scientia naualis[划船的本领]；复数的 per aetates[根据年龄]表明，作为选取桨手的标准，年龄至少与能力同等重要。④

在《埃涅阿斯纪》(Aeneid)里，维吉尔想强调特洛伊人至少已经到达家园，他对比了基尔克(Circe)岬角的野生动物(ferae, monstra)——埃涅阿斯(Aeneas)等人成功地避开了这一岬角(7.10 - 24)——与在台伯河(Tiber)口的自然栖息地怡然自乐的鸟儿(7.32 - 3)："在树林的四周和上空，各种以河岸为家的鸟儿在飞翔。"而塔西佗在此采取相反的技巧，以便突出提盖里努斯在罗马创造的世

---

① Nisbet-Hubbard 论贺拉斯《颂诗》2.18.1。
② 狄奥提到紫色的地毯、柔软的垫子(62.15.3)。
③ Boswell，《基督教，社会宽容与同性恋》(Christianity, Social Tolerance, and Homosexuality, University Of Chicago Press, 1980)，页 79 认为，"catamiti[变童]是消极的、exoleti[男妓]的行为"，他补充说(注释 87)，"关于男妓的作用，参 Lampridius, 13.4, 26.4, 31.6；参 Martial, 12.91 等；苏埃托尼乌斯，《伽尔巴》21"。但有反对的声音。(1)通过 Lampridius, Boswell 指 Historia Augusta 17(Vita Heliog)，但只有第三项指引全对：第一项指引的内容完全没有提到男妓，而第二项指引应该是 26.4 - 5。对苏埃托尼乌斯的指引应该是《伽尔巴》22。(2) Boswell 的指引没有一项清晰地支持其观点。(3) Boswell 似乎自相矛盾，他说，"catamitus 据说来自 $Γανυμήδης$，宙斯掳走的希腊少年之名"，因为伽吕墨得斯本人就被描述为男妓(参《拉丁词语宝典》5.2.1543.30 - 31)。
④ 塔西佗的段落看起来像戏仿一个正常的奴隶家庭，在这个奴隶家庭里，人们会发现"各种年纪的美丽奴隶"，他们"会被细分来从事各种专业活动"(Horsfall 论 Nepos《阿提库斯》(Atticus) 13.3，有详细的文献)。

界乃是异邦的、非自然的世界(37.2)。那里有大量来自异域(diversis e terris)的鸟兽;既然 stagnum[湖]通常意味着淡水,①那么,甚至水生动物也移了位,因为它们从咸苦的大海远道而来:Oceano abusque[来自海洋]。最后的这个短语最不平常。Abusque 这个不平常的介词已经强调了生物来自远方,abusque 放在名词后面,本身又得到进一步的强调。②塔西佗在别处以第一人称提到 Oceanus 时(与引述的言辞相反),他指的是特定的海域,诸如英吉利海峡或北海;③只有在这里,他才没有限制地使用 Oceanus,明显指大海或大河;古代传说称这些大海大河环绕着世界,但即使是希罗多德,也在好几个场合对此表示怀疑。④

在阿格里帕湖两岸对望的是上层妇女与低级妓女(37.3)。正常而言,前者会炫耀自己,inlustrius[发亮]可能部分暗指这种行为;但 scorta visebantur[看见妓女]暗示着那些 feninae[妇女]躲在室内,正如提到她们的房子所暗示的(lupanaria adstabant…completa[妓院站满了……])。相反,妓女的一丝不挂通常意味着她们藏在暗处,但这些裸体妓女偏偏在展示自己(visebantur)。这些悖谬与颠倒导致了另一个结论。既然妓女一丝不挂(nudis corporibus),那么妇女就穿着衣服;⑤既然妇女也发亮,那么,她们可推定的 haute

---

① 如 Catullus,31.2 – 3:"在大海与流动的湖中";详见《牛津拉丁语词典》(OLD)1,2a(关于海)。

② "效果是让'海洋动物'非常罕见,确实来自外邦",见 Miller,《塔西佗〈编年纪事〉卷 15》(*Cornelii Taciti Annalium Liber XV*, London,1973),页 87。关于 Abusque,参《牛津拉丁语词典》1(在塔西佗之前只有维吉尔《埃涅阿斯纪》7.289 用过这一词义);塔西佗使用介词的倒置,参 Martin-Woodman 论 4.5.1。

③ 参 Gerber-Greef,《塔西佗词典》(*Lexicon Taciteum*,再版,Hildesheim,1962),1009。

④ 希罗多德,2.23,4.8.2,4.36.2;Hartog,前揭书,页 295 – 296。

⑤ 裸体"表明娼妓的低级",Courtney 论尤文纳尔 6.121 以次;关于穿衣的妓女参贺拉斯《书简》(*Epistulae*)1.18.3 – 4(通过暗示),塞涅卡《论辩》1.2.7,尤文纳尔 3.135。

couture[高级时装]就与不相称的环境(lupanaria[妓院])有反差。① 事实上,塔西佗选择了 lupanaria[妓院]一词而非(说)fornices[拱门,青楼]或者苏埃托尼乌斯的 deuersoriae tabernae[酒馆](《尼禄》27.3),本身就有启发意义:它表明,贵族妇女正扮演着 lupae[娼妓]的角色;② lupae 是个骂人的词语,因此象征着低下的行为③而非精致的调情,后者与社会更愿接受的 meretrices[名妓]连在一起。正如 lupa[娼妓]的原初含义毫无疑问是"母狼",这里就进一步暗示采取动物行为。特别是,变狼术(倘若这词语合适)是有别于文明人的野蛮人的"最后象征";苏埃托尼乌斯以相似的观点描写尼禄本人,"披着野兽的皮,尼禄从一个洞中跑出,攻击绑在木桩上的男男女女的性器官"(《尼禄 29》)。④

倘若以动物的方式看待女人,那么唯一自然的便是,她们应该由树林包围(quantum iuxta nemoris)——正常而言,树林更应该与城邦范围之外的生物相连。⑤苏埃托尼乌斯照惯例说,尼禄的宴会从正午持续到半夜(《尼禄》27.2);塔西佗则说,夜幕降临后,那片区域歌声回荡、银火闪烁,好像狂欢者把夜晚变成了白天。堕落奢侈的生活,其著名的症状便是昼夜颠倒,⑥它是享乐主义作家佩特若

---

① 早在 32 就有一个类似的对照:"有更多显要的妇女和元老在比赛场上玷辱他们自己。"

② 关于 scorta…exoletos…lupas 的序列,参西塞罗《为米洛一辩》(For Milo)55。

③ 参《拉丁词语宝典》7.2.1859.23 – 24"似乎传来了最下流的女人叫声"。

④ 参 Wiedemann,前揭书,页 192 论变狼术与页 190 – 191 论巢穴。"变狼术"一词并没有用它的专用含义,这种含义显然为那些真的把自己想象为狼的人保留,参 R. Buxton,《希腊思想中的狼与狼人》("Wolves and Werewolves in Greek Thought"),载于 J. Bremmer 编,*Interpretation of Greek Mythology*,1987,页 67 – 68。

⑤ Hartog,前揭书,页 65。关于城中的树林,详见 42.1 – 2,在那里直接说明了它们的不自然。

⑥ 参 Mayor 论尤文纳尔 8.11。夜晚再次变成白天,不过目的不同,在 44.4 以下。

尼乌斯(Petronius)的特点(16.18.1:"他这个人白天睡觉,夜里处理公务和享受人生之乐"),也是后来的皇帝埃拉伽巴路斯(Elagabalus)引以为豪之事[《奥古斯都纪事》(Historia Augusta)17.28.6:"他夜晚干白天的事,白天干夜晚的事,把这算作奢侈的手段"]。小塞涅卡花了一整封信谈这个问题,他把这种习惯看成是颠倒自然:在其信件的主体部分,contra naturam[有悖自然]一词反复出现(122.5-9)。既然该习惯不合自然,把它归到外邦人身上也合适,奢侈本身就被视为外邦人的定义性特征。①希罗多德讲述了美凯里努斯王(King Mycerinus)的故事,这位大王把黑夜变成白天,希望让六年变成十二年,以挫败一个神谕:"他有大量人造灯,每逢夜晚,他便点燃它们,饮酒享乐;无论白天黑夜,他从未停止狂欢,游荡于潮湿的乡村与树林,以及任何他听闻的最能享乐的地方(2.133.4)。"②公元前3世纪的纪事家普斐拉尔库斯(Phylarchus)声称,亚细亚的一些克勒普芬人(Colophon)践行颠倒黑白的生活;③作为一个主题,它可能由路吉阿诺斯再次推至悖谬的极端:路吉阿诺斯描写了一个国度,这个国度既不喜欢白天,也不喜欢夜晚,而是喜欢某种持续的黄昏(《真实的故事》2.12)。④

作为他的描述的高潮,同时也是上一个段落的高潮(前引),塔西佗介绍了皇帝本人(37.4 ipse),他使用了一个两极对立的措辞("允许的与禁止的行为已把他弄得堕落不堪")来囊括所有可能的邪恶,除了他在结局描述的那项("除了")。⑤这个"除了"从句是个

---

① 如参 E. Hall,《发明野蛮人》(Inventing the Barbarian, 1989),页80-83,127-129,209-210。

② 在希罗多德的文本中,国王与其他颠倒相连:譬如,据说他与女儿乱伦,而他的姐姐被他们的父亲克奥普斯(Cheops)逼进了妓院,分别参2.131.1,126.1。

③ 《希腊纪事家辑佚》81 F 66。

④ 也参荷马,《奥德赛》10.86。关于时间颠倒的不同例子,参 Hartog,前揭书,页213注释4。

⑤ 塔西佗笔下两极对立的表达,参 B.-R. Voss,《塔西佗的锐利风格》(Der pointierte Stil des Tacitus, 1963),页124-126。

有意的设计,充满了矛盾悬疑。三个词组将 Uni[一人]与支配它的动词隔开:① ex illo contaminatorum grege[那群堕落者当中的],grege[群]延续了上面 lupanaria[妓院]的兽性,这一次,兽性与男人连在一起;② nomen Pythagorae fuit[名叫毕达哥拉斯],这可能意在反讽名哲的建议——人应该完全禁绝性交;③ in modum sollemnium coniugiorum[以严肃的婚礼形式],则预示着随后一句的细节。直到这里,还没有任何迹象显示塔西佗不会以诸如 puellam conciliasset[娶妻]这样的表述来结束这个句子,可能就像描述一场奇怪的早婚那样;较早前,佩特若尼乌斯的小说(25-6)已描述过这样的场景。因此,塔西佗实际所用的动词 denupsisset[嫁]就令人震惊:尼禄在另一场"结婚"中采取过男性的角色,他的男友司珀茹斯(Sporus)则采取女性的角色,④但现在这场婚姻与那场不同,皇帝正扮演女人的角色——塔西佗的倒数第二句以一切矛盾的细节设计出这个角色。

尼禄渴望军事声望,相应地,他在公元64年以 imperator[统帅]身份问候军队,累计达九次,塔西佗在此恰恰用这个称号来描述他;但因为"皇帝及其臣民确认皇帝角色的最确切方式便是皇帝的服装",⑤塔西佗将这个称号与新娘的面纱(flammeum)并置,就再尖锐

---

① [译按]汉译难以译出拉丁原文的语序,拉丁原文是 nisi paucos post dies uni ex illo contaminatorum grege (nomen Pythagorae fuit) in modum sollemnium coniugiorum denupsisset。

② 关于野兽的 grex[群],参塔西佗《纪事》5.3.2:"一群野驴";茹福斯(Q. Curtius Rufus)9.4.18:"巨兽群";《牛津拉丁语词典》1 a。也参塞涅卡《论辩》10.4.17"一群群被阉割的"。

③ 参第欧根尼·拉尔修《明哲言行录》8.9。毕达哥拉斯本人在性方面拥有清白的声誉(同前书,8.19)。

④ 参苏埃托尼乌斯《尼禄》28.1-2;狄奥62.28.3。

⑤ Griffin,《尼禄:一个皇朝的结束》(Nero, The End of a Dynasty, London, 1984),页222(页231-232讨论统帅的问候)。[我们也可能记得,"尼禄"一名在萨宾语里指 fortis ac strenuus[强壮有力]:参苏埃托尼乌斯《提贝里乌斯》1.2;Maltby,《拉丁词源学词典》(A Lexicon of Latin Etymology, Leeds,1991),页409。]

或悖谬不过了。所有这些颠倒角色的行为都会被视为冒犯自然,对此塞涅卡说得很明白(《书简》122.7:"你不认为那些改穿女人衣服的男人活得有悖自然吗?");尤文纳尔描述某位格拉古(Gracchus)的同性婚时,写下了一个非常类似于塔西佗的观点,这位格拉古身为祭司,曾经携带过马尔斯(Mars)的圣盾,如今却戴着新娘的面纱(2.124-6)。①格拉古也像尼禄一样备有嫁妆(2.117-18);尤文纳尔大力描写格拉古不能生育(2.127-8),而在尼禄的例子中,塔西佗只稍稍暗示,尽管效果显著("婚床")。②

塔西佗倒数第二句的这些以及其他细节,都符合一个罗马新娘的打扮,因此与尼禄不自然地采用那一角色相一致;但人们不会预料罗马的新娘公开性交,奥维德把那种行为与动物联系在一起(《爱术》(Ars Amatoria)2.615-16)。然而,尽管如此,尼禄还是完成了最后的劣行,他因此甚至超出了调换男女角色的行为(因此塔西佗说"连……一个女人"),以通常与外邦人野蛮人联系在一起的方式交媾。③希罗多德告诉我们,在高加索山脉(Caucasus),男男女女"像动物一样"公开交配(1.203.2),而色诺芬(Xenophon)与阿珀罗尼乌斯(Apollonius)都把这同一种行为归到黑海岸边的莫叙诺依科伊人(Mossynoeci)头上,斯特拉波(Strabo)则把它归诸爱尔兰人(Irish)(他额外提到乱伦)。④不出其然,路吉阿诺斯的滑稽模仿作品重复了这一主题(《真实的故事》2.19),而希罗多德把它与动物方向结合起来:他说,在埃及的某个地方,人们看到一个女人"公开"与一只山羊交配(2.46.4)。因此,塔西佗笔下的尼禄的行为,

---

① 关于希腊思想中战争与婚礼的两极对立,参 Hartog,前揭书,页216-217。也参 Martial,12.42,以及下文。

② genius(来源于根,表明繁殖)与家庭繁衍相关,因此与婚床相关(Courtney 论尤文纳尔6.21)。

③ 也参 Hartog,前揭书,页221,226。

④ 色诺芬《远征记》5.4.33;Apollonius Rhodius,2.1023-1025(1015-1022 也充满了颠倒);斯特拉波4.5.4。

不仅来自外邦,而且与先前 lupanaria[妓院]与 grege[群]所暗示的动物性保持一致。

潜在文本:作者与观众

尽管狄奥也描述过提盖里努斯的狂欢(62.15.1-6),但他集中描写筏船的构造、湖边发生的异性交合。只有塔西佗从一系列颠倒的角度来描写这次狂欢,这些颠倒数量之大,表明他有意将罗马描述成好像一个外邦的地方。我们已经看到,颠倒是古代作家描写异域与外邦人的标准方式。既然塔西佗也把这次狂欢呈现为维司塔神殿事件的后续,他确切的暗示似乎就是,尼禄本人把罗马变成了一座异域都市,以补偿他被迫取消的东方之旅。但我们能否进一步确认,塔西佗可能暗指哪座异域都市?

在稍后的公元 64 年的叙事,塔西佗挖苦地暗示,尼禄的新宫殿在大火之后重建,几乎覆盖了罗马城本身:塔西佗提到"城中未建宫殿的部分"(43.1:urbis quae domui supererant)。①这一陈述是反讽的丰富源泉。尼禄在当政之初发表过一篇演说,允诺会把自己的 domus[宫廷]与 res publica[共和国]分开(13.4.2:"宫廷的事和国家的事将分得清清楚楚"),并暗示他将跟随奥古斯都的脚步(13.4.1)。苏

---

① 当时作家大谈这一点:参苏埃托尼乌斯《尼禄》39.2;Griffin,前揭书,页 138;关于该主题,也参撒路斯特《卡提利纳阴谋》12.3"建造城市大小的家园";奥维德《节日》6.641:"需要一个城市大小的家。"最近研究罗马 domus[房子]以及它对公私生活的意义的文献,参 R. P. Saller,《神样的显赫门柱与高贵房顶:共和国后期与帝国早期的贵族与王室宫殿的公共形象》("Conspicui postes tectaque digna deo:The Public Image of Aristocratic and Imperial Houses in the Late Republic and Early Empire"),载于 L'Urbs:Éspace urbain et histoíre,1987,页 393-413;A. Wallace-Hadrill,《罗马房子的社会结构》("The Social Structure of the Roman House"),载于 PBSR,56,1988,43-97。

埃托尼乌斯的版本把这个暗示说得更清楚:"他宣称,自己会根据奥古斯都的原则统治。"(《尼禄》10.1)然而,大火之后的尼禄宫殿远没有与res publica[共和国]分开,它不仅几乎覆盖了整座城市,而且代表着对奥古斯都行为的颠倒——奥古斯都曾对公众开放其宫殿(维列乌斯,81.3:"他决定宣告给公众使用")。但是,只有在大火之后,这些反讽才直接相关:因此,塔西佗可能在大火之前,在37.1这里写下了非常相似的观点,就是一件难以理解的事:"仿佛全城都是他的宫殿"。

不过,回想一下地理作家斯特拉波的说法(17.1.8),就颇为有趣:绵延的托勒密王朝(Ptolemies)一度扩展亚历山大里亚(Alexandria)的皇宫,使得它逐渐覆盖城市的大片区域,而这座城实际上就叫做"皇城(the Palaces)"(τὰ βασίλεια)。这片区域通过"内城"与罗奇阿斯海角(Lochias)相连,斯特拉波说,内城有"小树林与大量五花八门的小屋"(17.1.9)。①根据托勒密三世(Ptolemy Euergetes)的《回忆录》(Memoirs),同一片区域还有托勒密二世(Ptolemy Philadelphus)建造的动物园,里面展出各种舶来的鸟兽。②亚历山大里亚有一个名叫启波图斯(Cibotus)的人工港,公元前13世纪的一份纸草把它定位于皇城东部,③尽管斯特拉波认为它在西部。虽然我无法证明这个港口真的举行过宴会,但公元前2世纪的纪事家卡里克塞努斯(Callixenus)告诉我们,托勒密四世(Ptolemy Philopator)建造过一只巨大的皇家游船,里面有各式客舱,最大的一个客舱可容纳二十张卧榻,还以黄金象牙装饰;船上还有举行宴会的大厅。④这些累

---

① 关于亚历山大里亚的地形,参 Fraser,《托勒密的亚历山大里亚》(*Ptolemaic Alexandria*,三卷本,Oxford,1972),卷一页 14 – 15,22 – 23。

② 《希腊纪事家辑佚》234 F 2。

③ 《柏林的希腊文献》(*Berliner griechische Urkunden*, Berlin, 1895 –) 1151, verso, ii 40;斯特拉波,17.1.10。参 Fraser,前揭书,卷一页 26,144,卷二页 78 – 79。

④ 《希腊纪事家辑佚》627 F 1。参 E. E. Rice,《托勒密二世的宏大队列》(*The Grand Procession of Ptolemy Philadelphus*, 1983),页 144 – 148。

积的细节表明,倘若塔西佗在此不是描述亚历山大里亚,他至少在描述一座与之非常相像的城市。

在论证的这个节骨眼上,我们必须回想一下学者们已频繁提出的如下看法:塔西佗把尼禄的随从描述为 illo contaminatorum grege[那群堕落者](37.4),这是在引用贺拉斯的《颂诗》(Odes)1.37.6–10:"当女王准备埋葬权力、摧毁首都时,带着那群愚蠢丑陋的、患有男人病的堕落分子出逃。"①贺拉斯指的是太监,古代世界通常将他们与埃及联系在一起;②在贺拉斯的颂诗中,他们的领导是一个女人(regina),这用来比拟尼禄就十分合适了:尼禄在其与毕达哥拉斯的婚礼中采取女人角色。不过,克里奥帕特拉(Cleopatra)不仅是个女人,而且正是亚历山大里亚的女王。与之相似,塔西佗以 nox operit[黑夜掩盖]结束对尼禄婚礼的描述,该词借自维吉尔《埃涅阿斯纪》卷四。③在那里,埃涅阿斯说道,正如黑夜常常覆盖大地(351–2:quotiens…/ nox operit terras),他梦到他必须寻找一个外邦的王国(350:et nos fas extera quaerere regna)。埃涅阿斯的言辞自身似乎就意味十足,但我们必须同时记起,这是他对狄多(Dido)的临别赠言——狄多是另一个"统治着非洲大陆"的女王,许多学者认为她是克里奥帕特拉的象征。④我们想起,正是克里奥帕特拉使用一只托勒密游船来与安东尼(Mark Antony)相会,这件事十分有名。据普鲁塔克(Plutarch)描述(《安东尼》26.1–2,4),船上有镀金的艉楼与紫篷;克里奥帕特拉本人斜躺在一个金光闪闪的遮盖下;安东尼登船赴宴,最使他惊奇的是"大量灯火……打开后,立刻照亮了一切"。尽管这两人

---

① Bailey 的断句,如今保存在他的 Teubner 本(1985)里:参 Brink,《贺拉斯注释 II》("Horatian Notes II"),载于 PCPS 17,1971,页 17。

② Balsdon,《罗马人与外邦人》(Romans and Aliens,London,1979),页 277–278。

③ 这些词语也重现于 Statius,Thebais 1.455。

④ 参 Pease 论《埃涅阿斯纪》4,讨论见页 24–28(引子页 24)。

在奇里奇阿(Cilicia)的塔尔苏斯(Tarsus)相会,但似乎可以稳妥地假定,游船本身从亚历山大里亚基地航行到塔尔苏斯去。①

塔西佗对维吉尔尤其是贺拉斯的引用有力地支持了这一暗示:作者正用"转喻"的方法描述亚历山大里亚;②作为塔西佗的观众,我们应该意识到,这段情节的开头告诉我们的信息似乎确证了这种描述。塔西佗在36.1说道,尼禄计划访问的东方诸省中,"埃及尤其"(maxime Aegyptum)让他记挂。我们从其他作家那里得知,据说亚历山大里亚是尼禄临终前想去的地方;③而苏埃托尼乌斯也告诉我们,皇帝在当年——公元64年——计划访问的地方正是亚历山大里亚,直到维司塔神殿的恐怖事件让他泄气(《尼禄》19.1,参35.3)。很明显,塔西佗提到埃及时所指的正是这次亚历山大里亚之旅;但有趣的是,他如何将该计划呈现为尼禄的一部分"私人幻想"(secretis imaginationibus)。倘若这是皇帝的私人幻想,塔西佗就没有责任提到它;④但是,通过提及尼禄的私人幻想,塔西佗便激活了镶有密码的潜在文本,他想让读者从随后37.2–4的描述中推导出这些文本。

这种程序是塔西佗举足轻重的方式。⑤在同一卷早些时候,塔西佗就鼓励其读者从萨姆尼特人(Samnites)施加给罗马人的大灾难这个角度看待公元62–63年的对外战役,那场灾难数世纪前发

---

① Pelling也这样认为,见氏著,《普鲁塔克:安东尼传》(Plutarch: Life of Antony, Cambridge, 1988),页188。

② 塔西佗在别处使用这类转喻,参RICH 188与Martin-Woodman,页242–244。注意,重建首都时,奥古斯都及其继承者似乎真的把亚历山大里亚当成罗马的模板:F. Castagnoli,《亚历山大里亚对奥古斯都的罗马城的规划的影响》("Influenze alessandrine nell'urbanistica della Roma Augustea"),载于 RF-IC, 109, 1981, 页414–23。

③ 普鲁塔克《伽尔巴》2.1;狄奥63.27.2;参苏埃托尼乌斯《尼禄》47.2;Griffin,前揭书,页229。

④ 我在此并非关注,为何塔西佗把它呈现为私人的东西而苏埃托尼乌斯呈现为公开的东西,而是关注塔西佗如何呈现它。

⑤ 参Woodman-Martin论《编年纪事》3.33.4。

生在考第纳佛尔克斯(Caudine Forks),李维《罗马史》卷9已经描述过它。塔西佗记录了一个传闻:统帅帕伊图斯(Paetus)领导的结果是"军团从轭下穿过去"(15.2),正如公元前321年所发生的赫赫有名的事件,李维写道:"首先是执政官,然后是一个接一个的军团从轭下穿过。"(9.6.1)塔西佗说,当主帅科尔布罗(Corbulo)的军队碰到帕伊图斯的军队时,"哭得连军礼都几乎行不了"(16.4),这让人想起卡普阿人(Capuans)向其元老院报告罗马人考第纳惨败后的状况:用李维的话说就是"没有人向问候的人回礼……怕得不能……"(9.6.12)。而塔西佗让帕提亚的使节向尼禄吹嘘,他们占有亚美尼亚(Armenia)一事,"并非没有让罗马人丢面子"(24.1),这让人想起李维在考第纳战事中的作者评述,李维将之评价为"罗马人的耻辱"(9.15.10)。早在13.2,塔西佗已经激活了所有这些对李维及其笔下的考第纳惨剧的引用,在那里,塔西佗将帕伊图斯的军队描述为当真让人想起非常相似的事件(Caudinae)——这一描述本身就是对李维的引用(35.11.3:"考第纳的惨败不仅出现在罗马人的记忆里,而且以某种方式再现于他们眼前")。①

倘若在36-37这里,塔西佗使用了相同的技巧使读者相信,尼禄把罗马变成了亚历山大里亚,那么,这一转变不仅仅是文学上的妙语,它还在塔西佗对尼禄的呈现中起着重要作用。亚历山大里亚本质上是一个含混的城市,一半希腊一半埃及。②它的希腊性质不仅为塔西佗读者的偏见提供一个可能的目标,而且意味着,这座城市可以被描绘成尼禄个人热情、个人志向的对象,因为尼禄热爱希腊一切臭名昭著的东西。③另一方面,这座城的埃及性质意味着,它

---

① 这一引用受惠于 Miss Jane Chaplin。
② Balsdon,前揭书,页68。
③ 尼禄的亲希腊主义,参 Griffin,前揭书,页208以下;尤文纳尔可能是当时对希腊态度的象征,参 Rudd,《罗马讽刺诗的主题》(*Themes in Rome Satire*,London,1986),页184-192;塔西佗本人的态度参 Syme,前揭书,页515-517。

在某种意义上又是真正的异域,希腊本身并没有这种意义。从这方面看,他也是大众偏见的目标,因为"罗马人一般带着厌恶与轻蔑去看待埃及人"。①事实上,塔西佗引用贺拉斯的克里奥帕特拉颂诗,很可能意在唤醒共和国后期的宣传思想,在这些宣传中,据说安东尼计划与克里奥帕特拉留在亚历山大里亚,并把首都从罗马迁到那里。②这一宣传反过来延续了西塞罗公元前44年对安东尼的奚落,譬如,西塞罗在第二篇《反菲利披科斯》(Philippics)演说里指控安东尼的同性婚姻,措辞与塔西佗对尼禄的描述相当相似(44):③

> 你穿着男人的长袍,很快就把它变成女人的袍子:首先作为公共的娼妓,你的邪恶还有固定的价格,而且价格不算太贱。但库里奥(Curio)不久就参与进来,……好像给予你主妇的长袍,把你约束在稳定持久的婚姻生活里。

公元前31年,安东尼与日后的奥古斯都展开了阿提乌姆之战(the Battle of Actium),毫无疑问,正是这场战役确保了亚历山大里亚不会变成帝国的首都,一年之后,安东尼在那里自杀。因此,以下想法极为反讽:尼禄同时是安东尼与奥古斯都的后裔,他竟宣称自己会追随奥古斯都(见上文),同时却杀死了自己的亲戚托尔克瓦图斯,只因托尔克瓦图斯以奥古斯都世系为豪,在这之后,位于优利乌斯王朝末代的尼禄竟被描述为公然采取"安东尼式"的生活方式,并将罗马变为安东尼那令人讨厌的埃及城邦。

---

① Balsdon,前揭书,页68。参尤文纳尔6.82以下。
② 参狄奥50.4.1。尼禄的舅舅盖乌斯,据说怀有同样的雄心(苏埃托尼乌斯《盖乌斯》49.2),而他的祖父日耳曼尼库斯,在公元19年进行了著名的埃及与亚历山大里亚之行(参2.59–61)。"亚历山大里亚主义"明显闯入了这个家族。
③ 参I. Opelt,《拉丁斥责用词》(*Die lateinischen Schimpfwörter*,1965),页155。

不过，罗马民众讨厌亚历山大里亚，这并不意味着尼禄本人没有分享同一态度对待亚历山大里亚的埃及性质。有个特征突出了塔西佗对尼禄的描述：通过综合多个比喻，塔西佗把尼禄呈现为一个攻击自己城邦的侵略者。①这些比喻就从塔西佗叙述尼禄的统治之初开始(13.25.1-2)，但在卷15尤为突出。例如，塔西佗强烈暗示罗马大火由尼禄本人燃起(38.7)，②之后，塔西佗说尼禄"毁灭了意大利"，"洗劫了城邦神殿"(45.1: peruastata…spoliatis in urbe templis)。从罗马读者的角度来看，这些比喻把尼禄等同于一个外国侵略者，正如披索(Calpurnius Piso)在一段间接引语里指明的，尼禄"用从邦民那里夺来的战利品建造自己的宫殿"(52.1: spoliis civium exstructa domo)；但这一比喻不可避免地进一步暗示，尼禄本人视罗马为外国城邦，没有什么可以阻止他洗劫此城。根据我追踪过的相似点，亚历山大里亚是整个帝国里唯一一座有此双重能力招致尼禄同等好感与讨厌的外国城邦，尼禄根据自己随时变换的怪念或装饰或摧毁这座城邦。因此，塔西佗描写尼禄把罗马变成亚历山大里亚时，并不仅仅在阐明皇帝过分补偿了自己受挫的漫游癖，③而且进一步强调了皇帝精神分裂的人格，我们在前一段结尾观察到了这一点。

既然把罗马变为一座异域都城得依赖于大量环境、行为的颠倒，正如我们看到的，那么至少可以说，塔西佗的作者角色也已改

---

① Keitel，《塔西佗〈编年纪事〉中的元首制与内战》("Principate and Civil War in the Annals of Tacitus")，载于 *AJP*，105，1984，页307-309。与此相关，请注意，埃及是帝国的特区，"皇帝把它当成一种私人领地"，见 Brunt，*JRS*，73，1983，页61。也参塔西佗在2.59.3的评论，在那里，Goodyear 注意到，Philo 称埃及是皇帝最大的财产(《为佛拉库斯一辩》(*In Flaccum*) 158)。

② 不像大火前的罗马(参43.1-5)，亚历山大里亚据说一度是"几乎免遭火患"(恺撒，《阿非利加战记》1.3)；不过它也在公元前48年遭受严重的火灾损害(Fraser，前揭书，卷一页334-345，卷二页493-494)。

③ 因为尼禄想去埃及，也想去希腊(参33.2，36.1)，他把罗马变成混合的城市亚历山大里亚就尤其贴切。

变:从第36节的纪事家变为第37节的志怪作家。① 譬如,在《编年纪事》早些时候,塔西佗特意嘲笑了工程专用术语,认为严格意义的纪事不该收录那些东西(13.31.1);但工程壮举是志怪作家叙述的主要成分,希罗多德的叙述就是这样;而塔西佗在此描述了提盖里努斯著名的宴会趸船的构造,尽管简明扼要。塔西佗的措辞反映出该描述的不同寻常,因为仅仅在一个句子,我们就碰到了superponere[举行],他在别处没有用过;tractus[牵引],他用在别处指的不是"牵引"或"拖曳";还有moueri[移动],他在别的地方也没有用过它的单数形式与基本义。② 不过,这些词语本身又没有一个不是常用词。塔西佗明显采用了一个主要的笔法来产生"异质"的印象,即"以全然中立的方式描述(我们)讨厌的行为,甚至使用技术术语,好像它们是世界上最简单、最普通的行为"。③

另一个例子是以括号形式提到毕达哥拉斯的名字。提及他的名字首先有保证事件真实性的作用,否则这件事看起来不可信;但这反过来暗示出志怪作家的特权地位:他有专业知识,对他而言,命名是一项塑造角色的活动。④ 这解释了为何古代纪事家,包括塔西

---

① 在此,我在广义上使用"志怪作家",包括像希罗多德这样的作家,而非在专业的意义上使用该词,专业意义的志怪作家可能指像皇帝哈德里安(Hadrian)的同时代人Phlegon of Tralles那样的作家(《希腊纪事家辑佚》257 F 35以次):参《牛津古典词典》词条paradoxgrapher;Gabba,前揭书,页53-55;Rutherford,《奥勒留的"沉思":一项研究》(*The 'Meditations' of Marcus Aurelius:A Study*,Oxford,1989),页212以及下文,注释84[译按]本书页217,注③。至于塔西佗在别处操纵其作者角色这一观念,参我在《古典纪事的修辞》(*RICH*,London,1988),页180-190与Luce-Woodman,《塔西佗与塔西佗传统》(*Tacitus and The Tacitean Tradition*,Princeton,1993)的讨论。

② Gerber-Greef,《塔西佗词典》1657a与870;尽管塔西佗当然喜欢用简单词代替复合词,但他们在后一个地方说,此处的moueo = amoueo,这种讲法似乎是错的:倘若真的这样,说塔西佗从未在字面上用过moueo,也就错了。

③ Hartog,前揭书,页256。

④ Hartog,前揭书,页247-248。

佗,倾向于在民族学或外国的语境下提到各种名字。①然而,正是尼禄与毕达哥拉斯的现实婚礼提供了最著名的例子。

在《编年纪事》早些时候(11.27),塔西佗已描述过一场庄重的婚礼(名叫 nuptiarum sollemnia[婚礼的庄重]:11.26.3),主角是皇帝克劳狄乌斯(Claudius)之妻美萨里娜(Messalina)与当选执政官斯里乌斯(C. Silius):

> 我并非不知道这件事看起来像神话:在一个知道一切、公开一切的共同体里,没有任何人让人感到如此不计后果,更不必说一位当选执政官与 princeps[元首]的妻子,在一个预先宣告的日子里,召集证婚人,为了生儿育女而走到一起;女方听从主婚人的话,戴上〈新娘的面纱〉,向诸神献上牺牲;他们在客人包围下相互偎依、接吻、拥抱;最后,他们拿了结婚证,度过了一夜。不过,我在此丝毫没有故作耸人之笔,实际上,我是在复述先辈听到并写下的东西。

就这场婚礼是异性婚姻而言,它符合传统,但就女人已经结婚而言——而且是与皇帝结婚——它违背传统。因为有符合传统的方面,所以这场婚礼直接落入 historia[纪事]的范围:古人将纪事定义为叙述曾经发生的事件。②但是,为了强调与皇后结婚有多么出人意料,塔西佗以纪事家的身份吸引读者陷入瞬间的沉思:这场婚礼事实上是 fabula[故事],古人将之定义为讲述"包含既不真实也不可信的东西"的内容。③然而,fabula[故事]事实上通常限于讲述

---

① 如撒路斯特《朱古达战争》18.1"他们把那叫做茅屋";李维 23.24.7 "高卢人称作诉讼",33.17.2"叫做赫拉神庙";维列乌斯 102.3"名叫林那";Martin-Woodman 论 4.73.4。

② 《赫伦尼乌姆修辞学》(*Rhetorica ad Herennium*)1.13,西塞罗《论修辞的布局》(*De inventione rhetorica*)1.27。

③ 《赫伦尼乌姆修辞学》1.13,西塞罗《论修辞的布局》1.27。

物理上不可能或者有悖自然的东西，诸如神话变形或严格意义的志怪作家写的奇迹（miracula，τὰ θαυμαστά）；①既然美萨里娜的婚礼明显不属于这一类别，这一事件实际上竟被归为 fabulosum[难以置信的事情]，就没有真正的问题。②因此，塔西佗虽然断言该事件属于 historia[纪事]（nihil compositum miraculi causa），却能够从它属于 fabula[故事]这一明显暗示中获取文学资本（literary capital）。③

倘若读者读到塔西佗描写的尼禄与毕达哥拉斯的婚礼时，想起之前美萨里娜与斯里乌斯的婚礼（塔西佗当然想读者这么做，他在两个例子中提供了相似的细节），他们可能会总结，如此名副其实的非自然婚姻事实上的确属于 fabula[故事]；既然 37.2-4 的大量其他描述也有悖于自然，正如我们所看到的，读者会进一步得出结论，作者现在正在写志怪作家一类的 fabula[故事]，而非 historia[纪事]。在这种情况下，塔西佗当然没有直接提到 fabula[故事]，他当然没有尝试从"传说"的角度定义他的叙述。因为否则的话，他可能会招致希罗多德的命运，在希罗多德的作品，尤其是在埃及的叙事中，我已提取了如此多悖谬的例证。正如西塞罗所说，"historia[纪事]的许多内容基于 veritas[真实]……尽管 historia[纪事]之父希罗多德，……讲了无数 fabulae[故事]"；④正因为如此，希罗多德除了是"纪事之父"，还成了同样著名的"撒谎

---

① 参 Walbank，《纪事与肃剧》（"History and Tragedy"），载于 *Historia*，9，1960，页 226。
② "事件难以置信，却可证明为真——古代纪事家无力处理这一矛盾"，Wiseman，《罗马纪事的实践与理论》（"Practice and Theory in Roman Historiography"），载于 *History*，66，1981，页 390。尤参《赫伦尼乌姆修辞学》1.16，昆体利安 4.2.34,56。
③ 参塔西佗如何在 4.10-11 选择性地描述谋杀杜路苏斯（Drusus），从中得到相似的资本（Martin-Woodman，页 130-131）。
④ 《论法律》1.5。关于这一段，参 Woodman，《古典纪事的修辞》（*RICH*，London，1988），页 98-100，114-15 注释 141。

者"。①不过,似乎不可否认的是,根据第 37 节累积起来的证据,②塔西佗已产生出 fabula[故事]的暗示,舍此他无法让读者铭记,尼禄的行为虽然真实,但是不可信,因此塔西佗也超出了正常的 historia[纪事]范围。这里有效果最好的悖谬。③

---

① Murray,《希罗多德与希腊文化》("Herodotus and Hellenistic Culture"),载于 *CQ*,22,1972,页 205;Hartog,前揭书,页 297–309。

② Miller 论 37.1 时评论说,Prodigentia[挥霍]是"一个有力而含典故的词语('怪异行为')",她认为该词明显与 Prodigium[奇迹]相关。不幸的是,尽管她的直觉明显正确,但似乎没有证据表明,事情曾经是或现在是这样。(我并非毫无疑问地表明,塔西佗在别处没有把神话或异邦的东西归于尼禄,或者其他作家没有这样做:如参 11.11.3 "模仿外国的奇迹故事而编造的预言",16.6.2 "没有……按罗马的习俗";苏埃托尼乌斯《尼禄》6.4。我想强调的正是 15.37.1–4 的密集程度。)

③ 即,塔西佗不仅诉诸传统上与 historia 相对的 fabula 的手法,而且采取了一种立场,这种立场是严格意义的志怪作家的立场的镜像(注释 72[译按]本书页 214,注②),即,他们的题材尽管难以置信,却又是真的。如参 Gabba,前揭书,页 53–54:

> [志怪写作的]相同特征在于,它在没有质疑任何可靠信息的情况下就加以接受;所呈现的现象或事实是否真实或可信的问题,完全没有提及,因为在读者脑海中并没有出现真假的问题……志怪写作并不关心区分真假……而是意在提供一幅图画,生动而多彩地描写社会环境与条件,而这些环境与条件已为人们所接受。虚拟历史的或志怪的叙述,因博学的轶事而得到充实,这些轶事旨在保障叙事更为逼真,因而赢得更广泛的接受。

参"英文小说中奇怪因此真实的话题":M. Mckeon,《英文小说的典故:1600–1740》(*The Origins of the English Novel 1600–1740*,1987),页 528。fabula 尤其是志怪写作所要求的 veritas[真实]不是历史写作所要求的那种真实,既然如此,很明显,塔西佗在此(正如在别处,参注释 71[译按]本书页 214,注①)仅仅假装采取某个作者的角色。要是人们不理解这一角色,它那丰富的叙述效果就会失去;要是人们意识不到这一假装,就可能得出错误的结论。

尼禄宫中的业余戏剧

——《编年纪事》15.48–74

伍德曼(A. J. Woodman) 撰
曾维术 译

公元65年,披索(Piso)发动阴谋,反对尼禄。最新出版的英文尼禄传,把这场阴谋称为"一场令人沮丧的失败",该传记仅花了两页半来处理这场阴谋。①与之相似,苏埃托尼乌斯(Suetonius)与狄奥(Dio)对此阴谋也仅一笔带过。②然而,塔西佗却以《编年纪事》第15卷最后27节来叙述这场阴谋及其余波:这样,该阴谋就是《编年纪事》存世部分最长的一段情节,③显然也是后面几卷最长的情节。④塔西佗与其他作家的此种差异引人注目。何况,塔西佗描述这场阴谋,其起点与公元65年的叙事起点重合,其终点与卷15的终点重合,这样一来,塔西佗就让这场阴谋既连贯又统一,而该阴谋实际上并非如此。这一点可从塔西佗48.1的起首句清楚见出(Ineunt deinde consulatum Silius Nerva et Atticus Vestinus, coepta simul et

---

① Griffin,《尼禄:一个皇朝的结束》(*Nero, The End of a Dynasty*, London,1984),页166–168。

② 苏埃托尼乌斯,《尼禄》36.1–2,狄奥62.24.1–27.4(但描述并非全同)。

③ 1.16–52描述的兵变更长,但包括两段不同的情节(参1.31.1)。

④ 它的篇幅是美撒里娜(Messalina)倒台(11.26–38)与谋杀阿格里披娜(Agrippina)(14.1–13)的两倍有余。事实上,该阴谋的篇幅是公元65年其他事件加起来的(16.1–13)两倍有余,并明显比任何专门完整地描写一年国内事件的叙事都要长(14.48–15.22记述公元62年,虽然篇幅更长但包括了重要的外国事件部分[15.1–17])。

aucta coniuratione in quam certatim nomina dederant senatores, eques, miles, feminae etiam, cum odio Neronis tum fauore in C. Pisonem[接着，斯里乌斯·涅尔瓦和维司提努斯·阿提库斯开始执政。此前，一项阴谋刚刚策划，立刻就发展壮大。元老、骑士、士兵甚至妇女都竞相入伍，他们这样做不仅因为憎恶尼禄，还因为喜爱披索]): dederant[加入]是过去完成时，表明这场阴谋的起点——还有塔西佗随后的一部分叙事——位于执政官开始执政之前，因此严格来讲完全不属于公元 65 年的叙事。①

塔西佗显然决定把披索的阴谋呈现为一段统一的情节，这可能会让我们想起西塞罗写给路克凯乌斯(Lucceius)的信，在这封著名的信中，西塞罗建议，要是路克凯乌斯集中描写卡提利纳阴谋的一段情节，他的写作会更加精彩(《致家人》5.12.2)。西塞罗进一步发挥其论点，他说，根据事件的种种情节逆转(6, habet enim varios actus mutationesque et consiliorum et temporum)，整件事可以从戏剧的角度来看待(quasi fabulam)。既然西塞罗如此清晰地表明，卡提利纳阴谋适合作为戏剧材料，那么，若像格拉夫(F. Graf)早就提出

---

① Koestermann 反对这点，见氏著，《塔西佗〈编年纪事〉卷 1－4》(*Cornelius Tacitus:Annalen, volume 1－4*, Heidelberg, 1963－1968), 4.265; Griffin 与 Martin 也含蓄地反对这一点，见 Griffin, 前揭书，页 167,"塔西佗断然声称，整个阴谋都在公元 65 年构想、孵化出来"; 以及 Martin,《塔西佗》(*Tacitus*, Berkeley, 1981), 页 183。卷 14 最后一句明显提到披索的阴谋，但学者对这一句争论不休:参 Syme,《塔西佗》(*Tacitus*, 两卷本, Oxford, 1958), 页 745; Griffin, 前揭书，页 85。在那一基础上，Nipperdey 却认为，阴谋至少往前延伸到公元 63 年，见氏著,《塔西佗 II:〈编年纪事〉卷 11－16》(*P. Cornelius Tacitus. II Ab Excessu Divi Augusti XI－XVI*, 第六次重订版, Berlin, 1908), 页 267, 这一观点得到 Graf 的同意，见氏著,《塔西佗〈编年纪事〉结构研究》(*Untersuchungen über die Komposition der Annalen des Tacitus*, Thun, 1931), 页 102; 但我们无需精确到同意 Graf 的全部看法: "时间上的回溯被故意隐藏起来，以便在戏剧结尾保持时间上的统一。"也参 Tresch,《塔西佗〈编年纪事〉中的尼禄诸卷》(*Die Nerobücher in den Annalen des Tacitus*, Heidelberg, 1965), 页 172。

的那样,塔西佗根据戏剧结构来描述披索阴谋,就毫不意外了。① 不过,在此我想证明,通过引入演戏的比喻,通过暗示角色的扮演,塔西佗已经把那种戏剧描述的含义显示出来;反过来,这一切解释了为何这场阴谋是尼禄传记作者所指的"令人沮丧的失败"。

二

塔西佗在 53.1-2 描述了阴谋者刺杀尼禄的计划:

> 最后,他们决定在为凯列司(Ceres)举行赛马会那天执行自己的计划,因为恺撒[译按:指尼禄]虽然很少露面,总是把自己关在宫殿或花园里,但每逢赛马表演,他照例到场,而且在他沉浸于表演的时候,接近他比较容易。他们商定了伏击程序:拉提拉努斯(Lateranus)装作请求赐予祖产的样子,恳求并跪在元首膝下,乘其不备将他掀翻在地并把他捉住(拉提拉努斯灵魂有力、身体强壮);一旦皇帝被压倒,不能动弹,将领、百人团长和其余有胆量的人就可一拥而上,把他宰了——司凯维努斯(Scaevi-

---

① Graf 从"披索阴谋的戏剧"角度连贯地分析塔西佗的描述,并提供了一份它的"戏剧结构"的"图解":48-53 节"故事背景";54-58 节"败露";58-71 节"镇压阴谋,领导者遇难";72-74 节"结局,谢神"。Morris 尤其把 48-50 节描述为"阴谋者的演员阵容",见氏著,《〈编年纪事〉卷 13-16 的写作技巧》(*Compositional Techniques in Annals XIII - XVI*,耶鲁大学博士论文,1969),页 221,Griffin 则将 48-50 节称为"角色的阵容",见氏著,前揭书,页 166。事实上,对披索的素描(48.2-3)以及名字清单(49.2-50.3)的确让人想起戏剧序幕的展示性质。至于一场阴谋的叙事适合作为戏剧材料,参 Scanlon 对卡提利纳阴谋的讨论,见氏著,《如同故事的历史:撒路斯特与琼森笔下的卡提利纳话题》("Historia quasi fabula:The Catiline Theme in Sallust and Jonson"),载于 *Themes in Drama* 8:*Historical Drama*,J. Redmond 编,Cambridge,1986;也参下文注释 58[译按]本书页 238,注③。

nus)自动请缨,担任行刺的主角(primas sibi partes expostulante Scaeuino),他从费伦提努姆(Ferentinum)的健康神殿(a temple of Salus)……或(另一些人所说的)命运神殿(a temple of Fortuna)取来一把匕首,带在身上,好像奉为成就大业的神器。

首先,当选执政官拉提拉努斯(参49.3)缠住尼禄;然后,元老司凯维努斯(参49.4)要求担任实际屠杀行动的主角。毫无疑问,53.2的短语primas…partes[主角]是一个戏剧专用措辞,这表明了司凯维努斯把自己、(通过暗示)把其合作者视为在表演戏剧。①正常而言,元老若真的在舞台上表演,会被视为耻辱;②但尼禄——独一无二地——已绞尽脑汁,利用权力催促这些人上台。尤文纳尔(Juvenal)第八首讽刺诗有一个段落,尖酸地提到这一主题(183-210),塔西佗本人也已写到,在公元59年,皇帝如何强迫破落的富家子弟登台演出(14.14.3)。至于那一年的"青年竞赛会",塔西佗写道:"各方都参与这个竞赛:出身、年龄、官阶都不妨碍人们表演希腊或拉丁演员的固定剧目,甚至表演女人的身段、唱女人的歌曲。"(14.15.1)在演出的高潮,塔西佗继续写道:"最后,那个男人亲自上台(postremus ipse scaenam incedit,14.15.4)。"③因此,塔西佗在

---

① 《牛津拉丁语词典》:pars,词条9b。因为primas…partes是一个表示说话的动词(expostulante)的宾语,所以不可能不把这两个词设想为司凯维努斯本人的话(参本文进一步的讨论)。Koestermann(前揭书,4.279)与Miller,《塔西佗:〈编年纪事〉卷15》(Tacitus: Annals 15,London,1973)都没有评论这个隐喻,大概认为它没有作用(更多信息见下文注释11[译按]本书页222,注②)。

② 尤参从拉里努姆(Larinum)发现的公元19年的senatus consultum[元老院政令],见Levick,《拉里努姆元老院政令》("The Senatus Consultum from Larinum"),载于JRS,73,页75-115。

③ 特里马尔奇奥(Trimalchio)进入自己的晚宴那一幕同样被摆上了舞台:参佩特若尼乌斯(Petronius)32.1以及Sandy,《戏剧化的佩特若尼乌斯》("Scaenica Petroniana"),载于TAPA,104,1974,页331。

卷 15 此处的描写不无讽刺:司凯维努斯把自己及其同伙视为演员。很明显,他们也在回应皇帝的压力,不同的是,此时没有女人的身段,而他们希望尼禄再次亲自加入演出——但这次是作为受害者。

既然阴谋者把自己设想为正在演戏,我们可以问,他们正在扮演什么角色。注疏家指出,行刺尼禄的细节模仿行刺恺撒的细节。①拉提拉努斯扮演奇姆伯尔(Tillius Cimber),奇姆伯尔接近恺撒,好像要提出请求,然后死死抓住恺撒的外袍;司凯维努斯则扮演卡斯卡(Casca),卡斯卡最先下手。②尼禄,最后一个优利乌斯族皇帝,扮演他的祖先优利乌斯·恺撒本人。甚至所选的行刺场合也支持戏剧的概念。我们知道,凯列司节在 4 月 12 日至 19 日举行,它连续举办 ludi scaenici 或戏剧表演,只有最后一天除外:从我们的文本可知,那天举办赛马。③阴谋者的意图好像是,最后一天仍然不该剥夺观众的 ludus scaenicus[戏剧演出]:[他们要]重新上演刺杀优

---

① 如参 Koestermann 前揭书,4.279,或 Miller 前揭书,页 105。行刺卡利古拉(Caligula)也与此相似,参约瑟夫(Flavius Josephus)《犹太古代史》(*Antinuities of the Jews*)19.70–95,也参注释 11,47[译按]分别为本页注②和页 234 注②。

② 如参苏埃托尼乌斯,《神圣的优利乌斯》82.1–2,他使用了短语 primas partes susceperat[担当主角]来描述奇姆伯尔的角色,不过,我对塔西佗的措辞的观点是,他的语境激活、支持了这一比喻——他的这一比喻当然有可能借自前人:参阿庇安(Appian),《内战记》(*The Civil Wars*)2.146:"人群就像歌队",又是对恺撒被刺的描写;苏埃托尼乌斯,《卡利古拉》56.2:"他们决定在帕拉丁竞技会上,趁尼禄中午出去时取他的命,凯瑞阿(Cassius Chaerea)[见下文注释]自动请求担当主角。"

③ 参塔西佗《纪事》2.55.1 以及 Chilver,《〈纪事〉卷一、卷二、卷四、卷五的历史评论》(*A Historical Commentary on Tacitus' Histories I and II and Histories IV and V*,由 Townend 完成、校订,Oxford,1979),页 217;参 Courtney 对尤文纳尔 14.262 的讨论,见氏著,《尤文纳尔的讽刺诗注疏》(*A Commentary on the Satires of Juvenal*,London,1980),页 584;也参 J. G. Frazer 对奥维德《节日》4.393 的讨论,见氏著,《奥维德〈节日〉六卷》(*P. Ovidii Nasonis Fastorum libri sex.*,卷三,London,1929),页 262–263。

利乌斯·恺撒;那次行刺本身有着各种戏剧关系,它已在某个地方上演过。①

在罗马,戏剧是演员和观众表达政治观点的传统场合。西塞罗提到,剧场是一个关键地点,"在此罗马人可以最清晰地表达对政治事件的判断、希望"。②西塞罗写给阿提库斯(Atticus)的信显示,公元前44年的四月份,恺撒刚刚被刺,演员就在他们的表演中影射这一事件,引起观众的强烈反响。③随后出现了众多例子,④我们可以回想一下苏埃托尼乌斯的故事:在尼禄治下,一个演员朗诵诗句"再见,父亲;再见,母亲",同时他还做喝酒与游泳的动作,好像要他的观众想起流行的意见——尼禄毒死克劳狄乌斯(Claudius)、试图淹死阿格里披娜(Agrippina)(《尼禄传》39.3)。与之相似,狄奥(61.20.3-4)以及塔西佗本人(16.5.1)告诉我们,尼禄让士兵布满观众席,确保人群对自己的响应——尼禄想象这种响应是自发

---

① 即 curia Pompeii[元老院]紧邻庞培剧场,那里正庆祝一个节日(参阿庇安《内战记》2.115)。赛马有可能举办各种舞台表演,参 Coleman,《致命的字谜:当作神话法规上演的罗马刑罚》("Fatal Charades: Roman Executions Staged as Mythological Enactments"),载于 JRS,80,1990,页52;至于一般的 ludi scaenici[戏剧表演],参 André,《安托尼乌斯时代之初的舞台剧与政治表演》("Les 'ludi scaenici' et la politique des spectacles au début de l'ère antonine"),载于 Association G. Budé:Actes du IXe Congrès,卷一,Paris,1975,页468-479。也参约瑟夫《犹太古代史》19.92,"事先要求当诛杀僭主的主角"。

② 《为塞斯提乌斯一辩》(For Sestius)106;参115,118。

③ 西塞罗《致阿提库斯》(Letters to Atticus)14.2(356).1,14.3(357).2。

④ 对此参 MacMullen,《罗马秩序的敌人》(Enemies of the Roman Order, Cambridge,1966),页171-172,339-41;Cameron,《赛马党:罗马与拜占庭的蓝绿阵营》(Circus Factions. Blues and Greens at Rome and Byzantium,Oxford, 1976),页157-192;K. Hopkins,《死亡与复兴》(Death and Renewal,Cambridge, 1983),页14-20。也参 Nisbet 与 Hubbard 对贺拉斯《颂歌》(Odes)1.20.3 的讨论,见氏著,《贺拉斯注疏:〈颂歌〉卷一》(A Commentary on Horace:Odes Book I, Oxford,1970),页248。

的——足够热情。公元65年的阴谋者盘算,在4月19日这天,他们所组成的这部分观众会成为一台戏的演员,这台戏本身就构成政治观点:它的高潮不是表演谋杀,而是实实在在的谋杀。

如此蓄意混淆现实与戏剧,会扣动公元2世纪早期的塔西佗读者的心弦。譬如,比他年长一些的同时代人普鲁塔克(Plutarch),在其《克拉苏斯传》(*Life of Crassus*)里描绘过帕尔提亚人(Parthians)如何庆祝他们卡尔海(Carrhae)之战的胜利。一个演员正在朗诵欧里庇得斯《酒神的伴侣》(Bacchae)的片段,突然之间,有人呈上罗马将军——克拉苏斯本人——的首级,这个首级于是成为演出的台柱,在此之前,潘提乌斯(Pentheus)的残肢已在戏中出乎意料地取得现实的高度(33.2 – 4)。①确实,人们已经认为,就在——正如苏埃托尼乌斯与狄奥所断言的——尼禄检查其母尸首的时候,他亲自重演了《酒神的伴侣》的片段;②不过,无论事情是否如此,尼禄统治的一个特征是较少英雄式的混淆现实与戏剧。狄奥告诉我们,谋杀阿格里披娜的精心计划是重演剧场演过的场景——一只可能沉没

---

① 戏剧的整个主题以及它与"生活"的各种交织,见 Garton 精彩的段落,《罗马剧场的个人面貌》(*Personal Aspects of the Roman Theatre*, Toronto, 1972),页23 – 40;也参 Goffman,《结构分析:论经验的组织》(*Frame Analysis: An Essay on the Organization of Experience*, New York, 1974),Rudd《询问的台词》(*Lines of Enquiry*, Cambridge, 1976),页168以下,Taplin,《第五世纪的肃剧与谐剧:一种对比》("Fifth-century Tragedy and Comedy: A Synkrisis"),载于 *JHS*,106,1986,页164;还有我下文的讨论与注释60,74[译按]分别为本书页239注②,页242注④。

② 苏埃托尼乌斯《尼禄》34.4,狄奥61.14.2;参 Baldwin,《尼禄与他母亲的尸体》("Nero and His Mother's Corpse"),载于 *Mnemosyne*,32,1979,页380 – 381。阿格里披娜将自己的被杀戏剧化,正如约瑟夫《犹太古代史》19.199中的盖乌斯之妻("恳求他不要犹豫,既然他们决定把她与肃剧相连,就请他把这出肃剧了结"),进一步的信息参 Hind,《阿格里披娜之死与塞涅卡的"俄狄浦斯"结局》("The Death of Agrippina and the Finale of the 'Oedipus' of Seneca"),载于 *AUMLA*,38,1972,页204 – 211,尤其是页208。

的船(62.12.2);①而我们知道,正是尼禄的统治为那些"致命的字谜"提供了最早和一些最重要的证据——在这些"致命的字谜"中,罪犯和其他社会流放人员受到这样的惩罚:他们以重演神话场景,或者更罕见一些,重演历史场景的方式被判死。②我们也知道,在尼禄统治期间,曾以哑剧的形式实现神话故事。"在一场舞蹈中,"苏埃托尼乌斯说(《尼禄传》12.2),"一只公牛骑在帕斯法娅(Pasiphae)身上,她藏在一只木制的小母牛中";另一场舞蹈中,伊卡茹斯(Icarus)折翅坠地,"鲜血溅到皇帝身上"。在这些演出中,正如已有的评论所说,元首"全力寻求想象与现实之间的含混。这以惊人的方式体现在如下特点中:他让本职是表演的演员血肉横飞。在此找到的不是表演,而是'具体化'"。③因此,阴谋者想以尼禄为真正的受害者,重演刺杀恺撒,这一计划是尼禄统治的翻版,而且与皇帝本人的弑母计划不无相似。

---

① Dawson 从戏剧角度分析了塔西佗对这段情节的描述,十分有趣,见氏著,《阿格里披娜女士发生了什么?》("Whatever happened to Lady Agrippina?"),载于 *CJ*,64,1968,页 252-267,尤其是页 261-263,266-267;同样,有人认为,尼禄将谋杀自己的继子克利司披努斯(Rufrius Crispinus)一事戏剧化(苏埃托尼乌斯《尼禄》35.5):参 R. Frazer,《尼禄:艺术家-罪犯》("Nero the Artist-criminal"),载于 *CJ*,62,1966,页 17-20。概论尼禄统治的戏剧性,参 Dupont,《古罗马时期的王者演员或戏剧》(*L'acteur-roi ou le théâtre dans la Rome antique*,Paris,1985),页 430 以下。

② 参 Coleman,前揭书,页 60-73,尤其是页 70。一个阴谋者把计划中的尼禄之死看成是对尼禄叛国统治的惩罚(51.3:"人们已经想出了一项对策可以使尼禄为他祸国殃民的罪行付出代价")。

③ Auguet,《残酷与文明:罗马游戏》(*Cruelty and Civilization:The Roman Games*,London,1972),页 103。

三

然而,阴谋者的计划永远不会实现,因为阴谋的详情泄露了——泄露者正是那位要求担当行刺主角的司凯维努斯。塔西佗在54.1-4描述了这一幕:

> 虽然如此,密谋者的背景、地位、年龄、性别各异,有穷有富,在这堆人当中,究竟如何使一切保持沉默,直到最后才在司凯维努斯家败露,实在令人好奇。动手前一天,司凯维努斯与纳塔里斯(Antonius Natalis)促膝长谈,之后,他便回到家里,签署了遗嘱;他把自己的匕首(我在上文提过)从剑鞘里拔出来,抱怨说,匕首多年未用,已经变钝;他下令把匕首在砺石上磨光,此事他托付给一个被释奴隶米利库斯(Milichus)打理。同时,他安排了一场异常奢侈的宴会,并把自由赐予他心爱的奴隶,其余的奴隶则得到金钱;他本人闷闷不乐,并陷入了沉思,尽管他在闲谈中强颜欢笑。最后,他让同一个米利库斯准备包扎伤口用的绷带和止血用品。米利库斯或者知道这场阴谋,并且直到此时仍值得信赖,或者不知道这场阴谋,只是在这时才抓住嫌疑(正如许多人所说的那样)。米利库斯的奴性灵魂考虑着背叛得来的奖赏,同时他眼前浮现出无限的金钱与权力,这样,良心、保护人的安全、对保护人赠与自由的记忆都抛到了九霄云外。事实上,他从妻子那里也得到了更加卑鄙的妇人之见:因为她自发地挥舞恐怖,她说,许多被释奴隶、奴隶都在旁边见证了同样的事件;一个人的沉默毫无利益;最先告密的人才会得到奖品。

这个版本的发现、暴露阴谋,只在塔西佗这里出现。我们手上的其他源头只有普鲁塔克(《伦语》[Moralia]505c-d),他说,一个阴谋者以隐晦的方式[把阴谋]告诉一个垂死的罪犯,但很不幸,这个罪犯能正确理解他的信息,并把他的理解讲给了尼禄。对于这两个版本,学者更喜欢塔西佗的,因为它更详细、更煞有介事;①不过,我们知道,细致、细节堆积本身并不能保证说话老实,依我看,塔西佗的版本甚至比普鲁塔克的版本更失真。究竟哪个严肃的阴谋者会像司凯维努斯那样行事?在他的戏剧姿态中,他看起来几乎希望自己死而非尼禄死。②然而,他的行为难以置信,揭示出他更关心扮演一个角色而非他的任务的真实性。③

譬如,考虑一下司凯维努斯如何从剑鞘抽出匕首,抱怨它变钝,并要求那个米利库斯磨匕首。塔西佗似乎吸引读者想象司凯维努斯的动作,尤其是他的试刀;④塔西佗吸引我们去听司凯维努斯抱怨、命令:整个行动似乎都被摆上了台。事实上,匕首本身在文本起到的作用类似于同样危险或致命的舞台物件在真实戏剧中起到的作用。最著名的例子是索福克勒斯《埃阿斯》(*Ajax*)中的剑,埃阿斯在某个时刻真的提出要磨利它(819 – 820)。⑤ 正如那把剑在整部戏中意义重大地重现,司凯维努斯的匕首在塔西佗的描述中也是如

---

① 如参 Miller,前揭书,页 107 或者 Helmbold,《普鲁塔克的〈伦语〉》(*Plutarch's Moralia*,勒布编,卷六,Cambridge,1957),页 414,注释 a。

② 司凯维努斯的晚宴场景与准备自杀的廊下士所具备的戏剧风格相似(见本文的评论以及相关注释),MacMullen 恰当地把他描述为"剧场夸张意义的烈士",见氏著,前揭书,页 71;一般的死亡愿望,参 Rutherford,《奥勒留的"沉思"》(*The "Meditations" of Marcus Aurelius: A Study*,Oxford,1989),页 216 以及注释 108。是否把司凯维努斯的止血带之类视为明智的预备措施或潜意识地预计到失败,毫无疑问将取决于读者的视角。

③ Walker 正确地提到司凯维努斯的"戏剧性准备",尽管他只是顺便提到,见氏著,《塔西佗的〈编年纪事〉:纪事写作研究》(*The "Annals" of Tacitus: A Study in the Writing of History*,Manchester,1952),页 135。

④ 这次试刀预示着尼禄本人死前的试刀(苏埃托尼乌斯《尼禄》49.2)。

⑤ 如参 Taplin,《运作中的希腊肃剧》(*Greek Tragedy in Action*,London,1978),页 85 – 88。一把钝刀在恩科尔皮乌斯(Encolpius)假惺惺的自杀(转下页)

此:53.2,司凯维努斯从神殿中把它取出;55.1,变节的被释奴隶带着匕首去见尼禄,并向尼禄展示匕首;55.2,尼禄让司凯维努斯本人面对这把匕首,在该卷最后一幕的最后时刻,它又重现了(74.2)。①

塔西佗的文本从另一个方面暗示了戏剧。他在 54.1 的起首句提到,阴谋者来自三教九流,这个措辞极像他在 48.1 开始描述阴谋时的措辞(前引)。正如经典文本常见的那样,重复有关节的功能,这里起到划分一部分或"幕"的作用,就在阴谋将要暴露的关键时刻:也即突转或 peripeteia。② 因此,塔西佗此处的笔法暗示了剧本的写作方式,就像西塞罗力劝他的朋友路克凯乌斯采用的方式一样。事实上,注意到这一点可能并不离题:正是在塞涅卡的戏剧中,我们发现了唯一一些与塔西佗的短语对应的措辞:cessit fas[抛弃了良心]与 metum intentabat[挥舞着恐怖]。③

(接上页)中起到重要作用,见佩特若尼乌斯 94.12-95.1,佩特若尼乌斯既把这场自杀描述成 mimica mors[哑剧演员的死亡],又描述成一个 fabula[故事]:参 Sandy,前揭书,页 344。也参阿奇列斯(Achilles Tatius)3.15.1 以下,5.7.4 以下。

① 见第七节的引文。比较一下,卡斯乌斯如何用刺杀过恺撒的同一把匕首自杀(普鲁塔克《恺撒》69.3),凯瑞阿亦死于刺杀过盖乌斯的同一把剑下(约瑟夫《犹太古代史》19.270,在那里,另一个刺客"可耻地退出")。

② Graf 也看到这里有一个中断,前揭书,页 103。参上文注释 6[译按]本书页 220 注①。

③ 分别是塞涅卡《美狄亚》(*Medea*)900, fas omne cedat[丧尽天良](由美狄亚所说);《淮德拉》(*Phaedra*)727, mortis intentat metum[挥舞死亡的恐怖](由希珀吕图斯(Hippolytus)的乳母所说),虽然后者也可参《编年纪事》3.28.4:terror omnibus intentabatur[向所有人挥舞着恐怖]。从短语 seruilis animus[奴性灵魂](这个短语用作及物动词的主语,在拉丁文里似乎独一无二)以及 consilium…muliebre[妇人之见]可能推断出,塔西佗把这对夫妇看成了丑角:事实上,米利库斯的行为与其名字所暗示的意义("好心")相反,这是谐剧的常用手法。塔西佗叙述克劳狄乌斯时也提到这类人,参 Dickson,《克劳狄乌斯:萨提尔般的元首》("Claudius:Saturnalicius Princeps"),载于 *Latomus*,36,页 634-647,1977);李维笔下的这类人,参 Scafuro,《李维对巴卡纳里阿的滑稽叙述》("Livy's Comic Narrative of the Bacchanalia"),载于 *Helios*,16,1989,页 125以下;也参下文第四部分及其注释 41[译按]本书页 232,注②。

塔西佗正催生出一台戏的概念,尤其是他以演戏的术语来描述司凯维努斯,因为司凯维努斯正在利用戏剧的一个要素:不是现实而是假装。由于把行刺设想为一部现实主义的戏剧,司凯维努斯现已成为自己的想象的受害者,他极难协调刺杀尼禄的实际行动,正如塔西佗的文本所清晰证明的。①司凯维努斯不像那位士兵——尼禄扮演《疯狂的赫拉克勒斯》(Hercules furens)的角色时,一位士兵把戏剧错当成现实,他想把皇帝从镣铐中解救出来②——司凯维努斯自己的戏剧行为已使他把现实错当成戏剧。然而,这一错误——也许应叫做 hamartia[肃剧性的过错]?——并不仅限于司凯维努斯,而是从一开始就笼罩着整个阴谋。

四

塔西佗在 48.1 说道,阴谋者 certatim nomina dederant[竞相入伍]。Nomen dare[入伍]是登记为战士的专用术语,因此表明阴谋者以相称的军事术语被看待或者看待自己。③然而,这一表达受 certatim[竞相]修饰。这是哪一种 certamen[竞争]?一种可能的解释是,塔西佗暗指 certamen virtutum[争取美德]——撒路斯特将这种竞争与理想化的过去相连,如今,这种竞争反过来取代元首制的 certamen vitiorum[争着作恶],争着作恶乃塔西佗一向归咎于元首制的特点。④然而,同一句子的结尾给出了阴谋者的动机,似乎排除了上述解释:"他们

---

① 尤参 54.2:"他本人闷闷不乐,并陷入了沉思,尽管他在闲谈中强颜欢笑";司凯维努斯如今肯定在积极假装先前当作真实的角色。
② 苏埃托尼乌斯《尼禄》21.3,狄奥 62.10.2。
③ 《牛津拉丁词典》:nomen,21b。
④ 撒路斯特《卡提利纳阴谋》(Consipiracy of Catiline) 9.2:"邦民与邦民竞争美德";Walker,前揭书,页 241。也参维列乌斯(Velleius)《罗马纪事》26.2:"罗马,一个一度竞争美德的地方,如今争着作恶。"

这样做不仅因为憎恶尼禄,还因为喜爱披索。"因为,我们很快便清楚,odium Neronis[憎恨尼禄]并不构成参加这一事业的充分理由:在49.3,路卡努斯(Lucan)与拉提拉努斯都提供了 vivida odia[极大的憎恨],但路卡努斯出于私人恩怨(Lucanum propriae causae accendebant),就像49.4那个受到当众侮辱的克温提亚努斯(Quintianus)(contumeliam ultum ibat);① 只有拉提拉努斯可以说"没有不公正,而是从 amor rei publicae[热爱祖国]的角度加入[阴谋]"(见下文分析)。同样,fauor[喜爱]披索也是没有价值的动机,因为塔西佗在随后的素描中揭示,披索仅仅在表演(48.2 - 3,species,由 namque…sed…解释),他招来支持,仅仅因为他看起来是——用塞姆的话说——"一个无害的尼禄"(参48.3,"然而这个特色却为大多数人所赞许,因为在这样多坏事的引诱之下,他们并不希望一国首脑的性格严格或过分严峻")。② 因此,这幅素描的结尾证明了,fauor in Pisonem[喜爱披索]不仅是毫无价值的动机,而且几乎与对应的 Odium Neronis[憎恨尼禄]逻辑相冲,勇敢而心智独立的佛拉乌斯(Subrius Flavus)独自意识到这一点:他希望把披索与尼禄一并杀死,因为披索是一个 tragoedus[肃剧演员],正如尼禄是一个 citharoedus[竖琴歌手](65)。这样,阴谋者的 certamen[竞争]似乎与 virtus[美德]没有什么联系,需要另外解释。

毫无疑问,Certamen 是演员竞争的常用词,他们的争斗在罗马时代臭名昭著,常常扩大至全社会。③塔西佗在《编年纪事》卷1提到"演员竞争带来的不和"(54.2),在尼禄治下,这些吵闹变得严重不堪,类似于肉搏战(velut in proelia),皇帝不得不把演员逐离意大

---

① 克温提亚努斯受辱的原因("克温提亚努斯是个臭名昭著的娘娘腔,尼禄曾在一首下流的诗里攻击过他")与凯瑞阿相似(参上文注释),苏埃托尼乌斯《卡利古拉》56.2:"凯瑞阿已渐入老年,可是盖乌斯还是以各种方式羞辱他,嘲弄他女人气和娇气。"

② Syme,前揭书,页575。泛论此人,见 Champlin,《披索的生平与时代》("The Life and Times of Calpurnius Piso"),载于 MH,46,1989,页101-124。

③ 如参 Cameron,前揭书,页223-224。

利四年(13.25.4;参14.21.4)。①但塔西佗的语言表明,演员如今装扮成披索阴谋的参与者,回来报仇了;Nomen dare[入伍]标明了他们的军事伪装,Certatim 标明了他们的演员行为,这两者的可信程度是基本的主题,正如我们应看到的,它是塔西佗描述的核心。②

至于单个阴谋者,我们刚刚注意到,路卡努斯怒火中烧,"因为尼禄压制他的诗名,并且命令他不要发表诗作"(49.3)。塔西佗告诉我们,路卡努斯伙与其同僚,scelera principis et finem adesse imperio deligendumque qui fessis rebus succurreret inter se aut inter amicos iaciunt[在他们自己或朋友中间散布皇帝的罪行,帝国即将崩溃以及必须选一个人来挽救腐朽的国家等流言蜚语(50.1)]。然而,这些言辞是对阴谋者综合的指责。短语 inter amicos[在朋友中间]不仅是阴谋最终暴露于司凯维努斯家的凶兆,而且表明,过度的精力花费在言辞而非行动上,这种暗示因 iaciunt[散布]而加强,因为 iaciunt 意味着自吹自擂、粗心大意,或两者皆有。而且,这些谈话的内容也有问题:阴谋者轻率地谈论 finis imperio[帝国崩溃],而从来没有提到刺杀皇帝,这可是基本的前提。③如此本末倒置,显示阴谋者脱离实际,这最终在他们自我吹嘘的言辞中得到强调。注疏家指出,fessis rebus succurreret[挽救腐朽的国家]是对《埃涅阿斯纪》(Aeneid)11.335 的回应(consulite in medium et rebus succurrite fessis[在你们当中商讨这件事,挽救腐朽的国家]),但他们没有指出,路卡努斯本人在其描写内战的诗作中也

---

① 也参 Philo,《论农业》(De Agricultura)35,"他们在戏台上总是以鼓掌争斗",这很可能意味着"他们[演员]进行着永恒的舞台战争"。

② 必须承认,李维在 27.46.3 也有类似的措辞(certatim nomina dantes),那里没有暗示与演员有关。但我认为,塔西佗的上下文再次决定了措辞的含义(参上文注释 11[译按]本书页 222 注②))。更多分析见本章结尾。

③ 直到 50.4 才首次提起 caedes[行刺]。甚至阴谋者的措辞 scelera principis[元首的罪行]也缺乏根据,因为文中似乎只提到路卡努斯与克温提亚努斯个人遭受尼禄的侮辱。对比 51.3 现实主义的埃皮卡里丝,omnia scelera principis orditur[开始列举元首的所有罪行]。

回应了维吉尔的诗句(quemnam Romanis deceat succurrere rebus[你们应该挽救罗马人的国家],8.278)。①阴谋者全都自我炫耀、虚张声势,他们太过热衷于引用同伙的一首禁诗,连同诗中包含的维吉尔典故,竟完全忽略不提搞这场阴谋本身的理由。

稍后,我们得知,militares manus[许多军人]参与了阴谋,summum robur in Faenio Rufo praefecto videbatur[最大的力量看起来在于近卫军长官法伊尼乌斯·茹福斯(50.3)]。然而,此处也能发现凶兆。茹福斯仅仅"看起来(videbatur)"是 summum robur[最大的力量],他的忠诚仅仅来自"他本人不断地保证(crebro ipdius sermone)"。我们必须记得,miles gloriosus[光荣的战士]是罗马谐剧的一个标准形象,正如西塞罗所说的:"自负地谈论自己也是自毁形象,尤其是在名不副实的时候;扮演让观众耻笑的 miles gloriosus[光荣的战士]同样如此。"(《论义务》1.137)这个人物如此表里不一,他在这出肃剧里出现就标志着麻烦,②茹福斯在适当时候真是演得太好了,他是其同谋者的不幸(稍后将分析);但此刻,他加入阴谋是一个关键,正如塔西佗在 50.4 解释 igitur…promptius iam de tempore ac loco caedis agitabant[这样,他们就更积极地讨论起暗杀的时间和地点来了]。可是,一旦根据前引 50.1 的议论来看,比较级的 promptius iam[更加积极]表明之前一直没有实际的作为。事实上,两个句子过后,情况似乎没多少改善,尽管加入了茹福斯,阴谋者再次犹疑不定,贻误战机(cunctantibus prolatantibusque spem ac metum,51.1)。③

---

① 拉提努斯(Latinus)呼吁结束战斗时,说过前一句诗;庞培则说过后一句诗。
② 同一叙事结合了谐剧与肃剧,参 Pelling,《普鲁塔克:安东尼传》(Plutarch:Life of Antony,Cambridge,1988),页 21,对于这类人,参上文注释 29[译按]本书页 228 注③。
③ 犹豫与延误也是卡提利纳阴谋的主题:参撒路斯特《卡提利纳阴谋》43.3,普鲁塔克《西塞罗》14.1,16.1,17.5 以及 Moles,《普鲁塔克:西塞罗传》(Plutarch:Life of Cicero,Warminster,1988),页 164 – 166。犹豫与延误也是反卡利古拉的阴谋的主题(约瑟夫《犹太古代史》19.70 – 83)。

一名叫埃皮卡里丝(Epicharis)的女人对此延误感到厌烦(lentitudinis[动作迟缓],51.1),她决定加入自己的动力。塔西佗在此把她描述成过去对 res honestae[荣誉的事]毫无兴趣,后来则成为一个 libertina mulier[自由的女性]。珀利埃努斯(Polyaenus)告诉我们(8.62),她是梅拉(Annaeus Mela)的情妇,是一名妓女。而梅拉是塞涅卡(Seneca)的兄弟,路卡努斯的父亲。就这一证据以及她的名字可能暗示的信息而言,①我们不知道她是否真的是现实生活中的演员;然而,不管怎样,她成了一名真正的阴谋者,并因此从其他仅仅演戏的人当中脱颖而出。她拉拢了一个名叫普洛库路斯(Volusius Proculus)的海军将领,努力把阴谋建立在军事基础上,这是该阴谋迄今为止显然缺乏的基础:"他只需使他手下最坚决的人参加阴谋,然后就可等候按功领赏了。"(51.3)这样,埃皮卡里丝介入阴谋的行为表明她与米利库斯妻子(参54.4,前引)截然相反;②不过,普洛库路斯也有米利库斯本人的特点。正如米利库斯受贪婪驱使,是忘恩负义的典型,普洛库路斯也认为自己是尼禄忘恩负义的受害者,普洛库路斯同样受贪婪驱使(51.2)。这样,两对情人相互对照,产生出某种"镜子效果",这种效果在古代戏剧里十分典型。③

受制于贪婪,普落库路斯向尼禄告发埃皮卡里丝,尼禄出于怀疑将埃皮卡里丝囚禁(51.4)。她的被捕吓到了其他阴谋者,形势似乎迫使他们行动(placitum maturare caedem,52.1);但行动再次推

---

① 碑铭上记载了一名艺名叫埃乌卡里丝(Eucharis)的女演员,参 Garton,前揭书,页 162,251,注释 83。泛论埃皮卡里丝,见 Corsi Zoli,《阴谋未被注意到的表面》("Aspetti inavvertiti della congiura pisoniana"),载于 *Studi Romani*,20,1972,页 329-339,尤其是页 334。

② 也参 Graf,前揭书,页 102。Koestermann 评论了埃皮卡里丝呼告的"戏剧效果",见前揭书,4.275。

③ 对此参 Taplin,《运作中的希腊肃剧》,页 122-139。Corsi Zoli 评论埃皮卡里丝:"她的性格看起来并不真实,而是由一位伊壁鸠鲁主义的戏剧家所构造",见氏著,前揭书,页 333。

迟,这次的原因是披索本人的借口:"在罗马动手更好……公开完成为了共和国应做的事。"不过,披索优雅的头韵与叠叙[译按:alliteration and polyptoton,两种修辞方式]当然无法掩饰他那虚伪的反对。事实上,正如我们已看到的,阴谋者大多受私怨鼓动,独自关心 res publica[共和国]的人不是披索而是拉提拉努斯。塔西佗继续告诉我们,披索推迟的真正动机是暗中担心他的对手斯拉努斯(L. Silanus)会成为皇帝,因为斯拉努斯比他高贵出众(52.2)。①此外,按多数人的意见,披索也担心执政官维司提努斯会恢复自由,或者选择别人领导共和国(52.3),尽管维司提努斯并非阴谋者。这样才有了后来的一幕:在一个极具戏剧反讽意味的段落里,披索本人的支持者徒劳地劝说披索采取个别行动,他们把自己的呼吁建立在披索拥护共和国、支持自由的基础上(59.3:"如果他为了祖国的利益,为了号召人们保卫自由而死,那么他的死亡就光彩多了!")。勇敢的将官佛拉乌斯将披索视为演员打发,并非没有理由。②

五

我们看到,司凯维努斯自己丢掉了他所垂涎的主角,不过,面对尼禄时,他马上披上另一个角色,娴熟的镇定令人惊叹(55.2–4):

> 士兵抓住他后,他首先为自己辩护说,所谓作为罪证的武器是他供奉多年的神圣的传家宝,他把它放在寝室里,却被他

---

① 52.2,"因出身高贵……被捧上任何高位"(描写斯拉努斯),对比 48.2"父亲的血统高贵……在俗众中享有极高的声望"(描写披索)。
② 在此值得回想一下,"自由"是刺杀恺撒者的口号,见 Weinstock,《神圣的优利乌斯》(Divius Julius, Oxford, 1971),页 142,对此 David West 曾经提醒过我。也参约瑟夫《犹太古代史》19.54 与 186(行刺卡利古拉)。

的被释奴隶秘密骗取出来;他常常重签遗嘱板,因此不需要特别注明日期;先前他也把自由和金钱给予奴隶,这次更慷慨,理由很简单:他的祖产减少了,债主又追着他,因此他不相信自己的遗嘱;事实上,他向来举办豪华宴会:因为他过着甜美的生活,这是严肃的法官(duris iudicibus)所看不惯的;他根本没有下令准备包扎伤口的绷带,倒是这个米利库斯的其他指控明显缺乏根据,于是附加这项指控,使自己可以既成为告密者,又成为证人。为使其言辞坚定,司凯维努斯反过来指控米利库斯是无耻之徒,他的声韵与表情(vocis ac uultus)十分冷漠,米利库斯的告密眼看就要失败,要不是其妻提醒他,纳塔里斯曾与司凯维努斯密谈了很久,而他俩又都是披索的密友。

这是司凯维努斯的华丽演出,①正如如下事实所强调的:塔西佗标志性地提及司凯维努斯的 vox[声韵]与 uultus[表情]——西塞罗把这两个词结合起来,描述令人叹服的模仿表演。②司凯维努斯的演出差点就成功,可惜米利库斯的妻子再次捣鬼。

司凯维努斯被捕后仍然表演,这让读者产生出新的反应,不同于他先前的行为所引起的。这个人考虑不周的角色扮演已使阴谋暴露,如今面对尼禄,他竟能从同一种演员气质中获益,实在令我们叹服。先前是难辞其咎的失败,现在情景一变,就变成英雄行为。悲剧在于,这英雄行为来得太晚,而司凯维努斯尽管最后死得壮烈,但他的死属于本可避免的无谓牺牲。这是塔西佗一个常见的主题。③

另一例死亡是路卡努斯的自杀。尽管之前背叛了亲母以及其

---

① duris iudicibus[严肃的法官]尤其聪明地诉诸尼禄放荡的性格。
② 《论演说家》(*De Oratore*)2.242,尽管这两个词在别处也结合起来用,参 Heubner 对塔西佗《纪事》3.58.3 的讨论,见氏著,《塔西佗〈纪事〉卷三》(*P. Cornelius Tacitus. Die Historien. Band III.*,Heidelberg,1972),页 138。
③ 尤其涉及廊下士,参 Walker,前揭书,页 229–32。

他人(56.4,58.1),现在路卡努斯的血正喷涌而出,四肢渐渐冰冷(70.1);虽然如此,塔西佗写道:"他记起了自己一首诗中的一节,他曾在这首诗里描写一个以同样方式死去的受伤的士兵,于是他就背诵这些诗句。这就是他临终前说的话。"路卡努斯最后的出场与首次出场相似,前面已经注意过他的首次出场:他以战士的角色看待自己,背诵自己的诗——这次是塔西佗本人提供维吉尔的典故(参《埃涅阿斯纪》2.369,plurima mortis imago[最多的死亡形象])。①这个标尺的另一端是茹福斯,那个 miles gloriosus[光荣的战士]。在未暴露之前,茹福斯"以丑恶的行为对待其同伙,想让人们相信他无辜"(58.2);一旦他最终暴露,塔西佗就把他描绘成既不能说话,也不能沉默:前面的自夸者只能结结巴巴地说话(66.2),真是讽刺之极,他死得很懦弱(68.1)。

然而,这些死亡都无法与路卡努斯的伯父——塞涅卡——的死亡相提并论,塔西佗以很大篇幅描写这一事件(60.2 – 65)。尽管塞涅卡明显没有参与阴谋,但尼禄私下里讨厌他(参 64.1,proprio odio),这种讨厌折射出许多真正的阴谋者对尼禄的感情。尼禄利用阴谋的余波向塞涅卡施压,想迫使他自杀,但尼禄沮丧地得知,这名大哲完全没有表现出恐惧或伤心(61.2)。尼禄于是直接下令处死,塞涅卡最终服毒自尽。塔西佗迂回地描绘毒芹(64.3:"本来用来毒杀雅典的公共法庭已定罪的犯人"),这种典型的描述促使我们想起柏拉图《斐多》中的苏格拉底之死(116a,117a – c,118a),②两者的对应在数量与细

---

① 塔西佗补充维吉尔的诗句是否怀着恶意,可能是一个判断问题;当然,下一句的结尾似乎带着严肃的幽默:"至于参加阴谋的其他人,他们就没有任何值得追忆的言行(facto dictoue)了。"(70.2) Koestermann 指出,修昔底德 3.81.2 也有类似于维吉尔的短语,参氏著,前揭书,4.320。

② 塔西佗在别处也有类似的提示,参 Woodman,《尼禄的外国首都:荒谬作家塔西佗》("Nero's Alien Capital: Tacitus as Paradoxographer [Annals15.36 – 7]"),载于 *Author and Audience in Latin Literature*, Woodman & Powell 编, Cambridge,页173 – 188。

节方面可能远远超出塔西佗注疏家所认为的；这些对应清晰显示了，塞涅卡的自杀在何种程度上可视为角色扮演。① "处死苏格拉底"取代了"刺杀恺撒"，无辜但成功的塞涅卡把有罪却徒劳的阴谋者的戏份全抢过来了。塞涅卡最后的姿态是向解放者朱庇特献酒（64.4），他尽管是尼禄的受害者，却选取了一种会让皇帝本人妒忌的死法，皇帝本人有名的绝唱是"怎样的艺术家死了呀！"②这是塞涅卡唯一可以诉诸的复仇形式，正如佩特若尼乌斯（Petronius）稍后所拙劣模仿的。③

在塔西佗叙事的后半部分，公开的死亡此起彼伏。塞涅卡精心模仿苏格拉底，是那一系列公开死亡唯一耀眼的事件。它因此是埃皮卡里丝之死的另一端，在更早的 57.1-2，塔西佗描述了她的死。尼禄急着获取阴谋更多的信息，他想起已经在押的埃皮卡里丝，下令拷问她。但第一天无论是毒打还是火烙都不能动摇她；第二天的事件，塔西佗描述如下：

---

① 大部分学者都接受这一点，使用诸如"演员的"或"戏剧性的"词语去描述塞涅卡的表现，如参 Alexander《塔西佗"未裁决"塞涅卡》("The Tacitean 'non liquet' on Seneca")，载于 *Univ. Calif. Publ. Class. Philol.*, 14, 1952, 页 348；Koestermann，前揭书, 4.307; Morris，前揭书，页 236, 240, 242；R. Martin，前揭书，页 184。小卡图（Cato Uticensis）的自杀已经为塞涅卡模仿苏格拉底提供了模板，如参 Döring,《苏格拉底的典范》(*Exemplum Socratis*, Hermes, Einzelschriften 42, Wiesbaden, 1979)，页 39。反过来，柏拉图已经用戏剧术语描述过苏格拉底本人的受审及其结果(《克力同》45e)，E. E. Pender 向我指出了这点。

② 苏埃托尼乌斯《尼禄》49.1（参《牛津拉丁词典》artifex 5），狄奥 63.29.2。狄奥已经以精心构造的戏剧语言，准备好尼禄的死亡场景(63.28.4-5)："这是戏剧——命运如今替他准备好了，以便他不再扮演从前弑母、乞丐的角色，而最后仅仅扮演他自己，他如今后悔过去的暴行，但愿自己没有做过任何一桩那些事。这就是尼禄现在扮演的肃剧角色"(英译为勒布译文，Woodman 稍有改动)。

③ 佩特若尼乌斯的信息，参 Syme，前揭书，页 538。

她被拖回小椅上(因为她折断的四肢无法使她站立)，接受同样的拷问。她扯下系在胸部的带子，把它绑在椅子的顶部，结成一个套索，然后把脖子伸进去，依靠身体的重量，窒住了现在仅剩的一口气。一个被释女奴，一个女人，在如此极端的情形下，树立了更加光辉的榜样：她捍卫的既不是亲戚，也几乎不是熟人，而那些生来自由的男人——罗马骑士与元老——没有遭受拷问就各自出卖了自己最亲的亲戚。

　　这一场景融合了色情与拷问以及自杀的癖好，这种癖好与塞涅卡本人的戏剧联系在一起。① 不同的是，埃皮卡里丝真实的自杀发生在一张小椅上。尽管凭借细节累积，塔西佗的读者获得了一瞥那一场景的特权，②但没有旁观者看到那个女人本人，她没有发表戏剧性的言辞。她死时没有戏剧表演，没有出卖任何人——始终反衬着她那些扮演角色的同谋者。③

---

　　① 对于拷问，参塞涅卡《淮德拉》882-885"鞭打与监禁会让她的老保姆显示她不愿讲的一切"。对于自杀，尤其是作为"人自由的最后保卫者"，参《剑桥经典文学史》(*CHCL*)2.523。有趣的是，塔西佗描述埃皮卡里丝之死("窒住了现在仅剩的一口气")与塞涅卡《俄狄浦斯》344 的描述对应："窒住了几乎是最后的虚弱气息"(虽然主角是一头公牛)。小说中绞死一类的主题，见佩特若尼乌斯94.8-11，阿普留斯《变形记》1.16。色情在"致命的字谜"中起重要作用(Auguet，前揭书，页102；Coleman，前揭书，页63-64)，但在哑剧中很常见，参 Sandy，前揭书，页339-340。

　　② 内部场景是塞涅卡戏剧的一个特征，见《淮德拉》384 行以下，863 行以下；《忒厄斯忒斯》901 行以下，《疯狂的赫拉克勒斯》999 行以下。

　　③ 埃皮卡里丝一事的戏剧可能性(参上文注释)于1902年由 Giovanni di Simone 在一出诗体肃剧中实现，参 Corsi Zoli，前揭书，页339。

六

尼禄著名的绝唱可能从奥古斯都本人那里得到暗示,据说,奥古斯都临终时问他的朋友,他是否演好了"生命的闹剧(mimum vitae)"。①不过,以演员的方式描述人物,以演戏的方式描述他们的行动,是希腊拉丁文学常见的主题:②奥勒留(Marcus Aurelius)认为,"哈德里安(Hadrian)的整个宫廷,安托尼努斯(Antoninus)的整个宫廷,菲利普(Philip)的整个宫廷,亚历山大(Alexander),克罗伊斯(Croesus)……全都一样,除了不同的演员演不同的角色"(10.27)。③同样,据说通过所谓的肃剧纪事,纪事作品常常与戏剧相似:④学者已证

---

① 苏埃托尼乌斯《奥古斯都》99.1。

② 参 Curtius,《欧洲文学与拉丁中世纪》(*European Literature and the Latin Middle Ages*, London, 1951),页 138;Christian,《戏剧的世界:一个观念的历史》(*Theatrum Mundi: The History of an Idea*, 博士论文, Harvard University, 1987),页 9-29;Bain,《演员与观众:希腊戏剧旁白与相关习惯的研究》(*Actors and Audience: A Study of Asides and Related Conventions in Greek Drama*, 第二版, Oxford, 1987),页 208-222 以及《思考希腊肃剧中的幻象》("Some Reflections on the Illusion in Greek Tragedy"),载于 *BICS*, 34, 1988, 页 7-14;Powell《西塞罗:大卡图论老年》(*Cicero: Cato Maior de Senectute*, Cambridge, 1988)页 109, 235, 242-243;对西塞罗《论老年》(*De Senectute*)5, 64, 70 的讨论。

③ Rutherford 引用了这段话,前揭书,页 166。

④ 有大量文献研究这一主题,尽管我本人怀疑,"肃剧纪事"是否是一种有别于纪事的写作形式,参 Woodman,《古典纪事的修辞》(*Rhetoric in Classic Historiography: Four Studies*, London, 1988),页 116 注释 151。情形相当不同的是,一位纪事家写作时据说脑海中想着一出真实的戏剧,正如李维想着卢克烈提雅(Lucretia),参 Ogilvie,《李维前五卷注疏》(*A Commentary on Livy Books 1-5*, 1965),页 219。因为公元前一世纪以来不仅把肃剧搬上舞台,而且也以朗诵形式发表(参《剑桥经典文学史》2.519-520),肃剧因此变得更接近纪事,因为人们也朗诵纪事。

明,塔西佗的《编年纪事》有五花八门的戏剧元素,①而对普鲁塔克传记的研究,已经十分注意肃剧对其《名人传》(Lives)的影响。②

我们已看到,塔西佗在披索阴谋中贯穿着戏剧笔法,描写了生动的场景与突转,这一切都在合适的时刻与演戏的主题结合起来。普鲁塔克的笔法有时候明显类似于塔西佗;③但普鲁塔克提供了这样的作者指引:"像肃剧"或者"戏剧已经结束",④塔西佗的描述却缺少这一类直接的提示,这使读者相信,不是作者在做戏剧构想而是阴谋者本人在做戏剧构想。

---

① 例如,Everts,《论塔西佗的纪事写作方式》(De Tacitea historiae conscribendae ratione,Kerkrade,1926);Mendell,《塔西佗〈编年纪事〉的戏剧结构》("Dramatic Construction of Tacitus' Annals"),载于 YCS,5,1935),页 3 - 53;Betensky,《尼禄的风格,塔西佗的内容:〈编年纪事〉中含混冲突的用法》("Neronian Style, Tacitean Content: The Use of Ambiguous Confrontations in the Annals"),载于 Latomus,37,1978,页 419 - 435;Leeman,《形式与意义:罗马文学研究》(Form und Sinn: Studien zur römischen Literatur (1954 - 1984),Frankfurt,1985),页 305 - 15。

② 参 De Lacy,《普鲁塔克的传记与肃剧》("Biography and Tragedy in Plutarch"),载于 AJP,73,1952,页 159 - 171;Mossman,《普鲁塔克〈亚历山大大帝〉中的肃剧与史诗》("Tragedy and Epic in Plutarch's Alexander"),载于 JHS,108,1988,页 83 - 93;Pelling,《普鲁塔克:安东尼传》(Plutarch: Life of Antony,Cambridge,1988,页 21,《普鲁塔克笔下角色的面貌》("Aspects of Plutarch's Characterisation"),载于 ICS,13,1989,页 272 - 274。

③ 参 De Lacy,前揭书,页 168,尤参 Mossman,前揭书,页 88,91 - 92。譬如,赫利奥多茹斯(Heliodorus)也是这样,"不仅大量使用戏剧词汇,还呈现了每一个大场景,以便突出这些[舞台]戏剧的危机与高潮",参 Bartsch,《解码古代小说》(Decoding the Ancient Novel: The Reader and the Role of Description in Heliodorus and Achilles Tacitus,Princeton,1989),页 129,其章题为"描绘场景:读者作为观众,作者作为剧作家";也参她的著作页 140。

④ 普鲁塔克,《阿格斯劳斯》(Agesilaus)23.6,《德米特里乌斯》(Demetrius)53.10,以及 Pelling,《普鲁塔克笔下角色的面貌》("Aspects of Plutarch's Characterisation"),载于 ICS,13,1989,页 273;《普鲁塔克:安东尼传》,页 21,117。

某些类型的行刺可能总是倾向于把他们的行动戏剧化,①但在塔西佗的文本中偏偏是行刺尼禄得到戏剧化的描述,②这大概并非偶然的事。因为尼禄不仅主持本质上"混淆虚构与现实"的演出(前面已讨论过),而且的确亲自登台演出。反讽的是,在一个期望皇帝为其臣民提供行为榜样的共同体,③阴谋者的行为实在太精确不过地反映了尼禄的行为。这正是尤文纳尔第八首讽刺诗(198 – 199)中的sententia[观点]的要害:"既然元首也当竖琴歌手,有高贵的哑剧演员就绝非奇事。"不过,尤文纳尔马上列出尼禄的罪行,其高潮便是皇帝登台演出(211 – 230,尤其是 220 – 221);我们可以看出,把尼禄设想为一个演员可以使皇帝的其他一切方面黯然失色。④狄奥也如此,他让起义者温代克斯(Julius Vindex)发表了一篇演说,这篇演说忽略了尼禄的谋杀,相反花费明显不相称的时间去谴责尼禄的戏剧演出(63.22.3 – 6);甚至无辜的塞涅卡,正如我们所看到的,他实际所选择

---

① 参 Cooper,《论行刺》(On Assassination, Boulder, 1984),页 7,"行刺的盛大场面……象征性地砍下戴着皇冠的头颅,对于行刺者而言极其重要。他需要平台……没有足够多的观众,他的表演就被夺去了力量……刺杀发生在公共场所,可以认为,这种活动的主要成分便是吸引尽可能多的观众"(强调为 Woodman 所加)。也参 MacMullen,前揭书,页 70。

② 当然,我并不认为塔西佗的戏剧比喻只用来记述阴谋,参 Boesche,《政治伪装:塔西佗与专制政治理论》("The Politics of Pretence:Tacitus and the Political Theory of Despotism"),载于 History of Political Thought,8,1987),页 207 – 209,以及下文注释 75[译按]本书页 244 注①。

③ 参 Woodman,《维列乌斯:纪述提贝里乌斯》(Velleius Paterculus: The Tiberian Narrative, Cambridge, 1977),页 245 对维列乌斯 126.5 的讨论。

④ Courtney 介绍这首诗时搞不懂尤文纳尔的高潮,见氏著,前揭书,页 383;Braund 认为它是一段幽默,见氏著,《超越愤怒:尤文纳尔的讽刺诗卷三》(Beyond Anger: A Study of Juvenal's Third Book of Satires, Cambridge, 1988),页 119。两位学者都认为,尤文纳尔的观点与佛拉乌斯在 15.67.2 表达的观点一致,对此参本文随后的讨论。也参小普利尼,《颂词》(Panegyricus)46.4,scaenici imperatoris[演员皇帝]。

的死亡方式也意在激怒戏剧化的尼禄;尼禄本人死后,正是一名冒名顶替者的歌喉让人们相信他是真尼禄。①

因此,这就是人们自然怀有的对尼禄的想法——披索阴谋的参与者也怀有这样的想法,无可避免、命中注定。当他们力劝他们的主谋果断行事时,使用了这些语言(59.2):"尼禄没有做任何应对的准备。突变甚至会吓到勇敢的人,更不用说那个优伶了,毫无疑问,只有提盖里努斯(Tigellinus)和他的情妇伴随着他,他无法发动军队反对他们。"毫无疑问,他们受古代世界演戏与当兵之间的传统对立所激励,②受尼禄亲自实践、也强迫他人接受的角色扮演所迷惑;阴谋者无法从其他角度看待尼禄,还把他们自己想象为与尼禄一道在众目睽睽之下参与盛大的戏剧演出。③然而反讽的是,不是尼禄的境况,而是他们的境况适用于演戏与当兵的对立。他们自己的戏剧行为已使他们悲剧性地混淆戏剧与现实,因此混淆戏剧与一场阴谋所要求的军事行动。因为他们毕竟只是业余演员,他们把自己设想为诛杀僭主恺撒的人,这决定了他们不同寻常的状态;而尼禄是个老练的演员,他的剧目包含了大量角色,对于这些角色,他能随心所欲地披上卸下,不过,至少目前而言,他的剧目里没有受害者的角色。④

---

① 参塔西佗,《纪事》2.8.1:"他善于演奏竖琴和歌唱,很快就使人相信了他的骗局。"

② 参普鲁塔克,《尤美尼斯》(*Eumenes*)2.1,《奥托》(*Otho*)5.5。传统上,演员禁止在罗马军中服役,参李维7.2.12(对比7.2.3"在一个好战的民族里,舞台表演是一件新鲜事"),马克斯姆斯(Valerius Maximus)2.4.7。

③ 15.65,佛拉乌斯对披索的看法依赖于阴谋者把尼禄视为竖琴歌手。根据这一段,很明显,把尼禄视为优伶是他们一贯的观点,并非仅仅为了劝说而采用的权宜之计,如59.2。

④ 此刻可能适于承认,讨论角色是非常复杂的事,尤其是涉及真实的演员时。因为这关涉到角色的不同类别,关涉到什么构成一个角色的问题:参Goffman,前揭书,页128以下。例如,有证据表明,可能除了披索本人,尼禄不像任何一个阴谋者,他在认真地表演;然而,就算是尼禄,也不能像戏剧比赛中的竞争者那么专业。这意味着,尽管尼禄很认真,他仅仅在扮演演员的角色:实际上,(转下页)

七

尼禄憎恨执政官维司提努斯(Neroni odium adversus Vestinum, 68.3),对此我们之前已经得到提示(52.3),而且,像塞涅卡一样,这种憎恨也折射出阴谋者对皇帝的私怨。然而不幸的是,维司提努斯并非阴谋者,尼禄因此丧失了他喜欢的判官角色(69.1:"尼禄找

(接上页)如下事实生动地阐明了这一点:他作为演员扮演角色时,他的面具带有自己的容貌(苏埃托尼乌斯,《尼禄》21.2)。在这个程度上讲,他跟塔西佗文中的阴谋者一样业余;不同的只是程度而非类型。因为尼禄的"真正职业"毕竟是 princeps[元首]。不过,这种"真正职业"反过来只有根据各种次要角色(iudex[法官],imperator[统帅])才容易确定;在尼禄身上,困难尤其突出,因为根据我们的资料,他不仅以表演的方式彻底改变了许多这些角色(如他那"演员的凯旋",苏埃托尼乌斯《尼禄》25.1-2),而且相当喜欢各种形式的伪装(如装成乞丐;参苏埃托尼乌斯《尼禄》26.1),以至于狄奥可以这样描述尼禄的死亡场景,当时尼禄仍在伪装:皇帝"在扮演他自己"(参上文注释)。毫不奇怪,塔西佗可以含蓄地把阴谋者呈现为受尼禄催眠。这些讨论涉及本文这种媒介时,情况会变得更复杂。若塔西佗所描述的披索阴谋是一出真正的戏剧,而非叙事文,人们就可以在各自的意义上(参 Slater,《演出中的普劳图斯:头脑中的剧场》[Plautus in Performance: The Theatre of the Mind, Princeton, 1985],页 14)有效地援引"戏中戏"的理念(参 Goffman,前揭书,页 474-475 或 Slater,前揭书,页 189[索引];也参我其他的注释),或者"超戏剧"(metatheater)的概念:阴谋者的生活已经戏剧化,他们的生活来自"先前已有"的戏剧。当然,塔西佗的文本事实上不是专业的戏剧而是叙事文;然而这一区分(对此参 Goffman,前揭书,页 151-154)只是让整个问题更难而非更易解释。我希望读者顾及这些思考,记住问题可能比我的分析更加复杂。泛论角色扮演,再参 Slater,《读佩特若尼乌斯》(Reading Petronius, Baltimore, 1990)。

不到他的罪名,又找不到原告,便不能披上审判官的形象[speciem]");①但皇帝一边谎称维司提努斯扮演着一个阴谋者应具备的军事角色(但真正的阴谋者显然没有扮演这种角色),一边亲自担任最高统帅的角色,抢先攻击无辜的执政官(69.1):"凭借他那主子的暴力,尼禄派出将领盖列拉努斯(Gerellanus)与一队士兵,命令他们抢先制止'执政官的企图',攻占'他所谓的城堡',镇压他的'青年军'。"与之相似,当真正的阴谋者开始告发他们同党的名字时,尼禄跟这些阴谋者一样懦弱、恐惧,他扮演了典型的僭主。像塞涅卡《忒厄斯忒斯》(Thyestes)中复仇的阿特柔斯(Atreus)(180－89),尼禄将整座罗马城及其周边置于夸张的军事搜捕中(58.2):

> 事实上,他好像也把罗马城拘禁起来:士兵占据着城墙,甚至海路与河道也封锁了。骑兵与步兵在市场、住宅、乡村以及邻近的城镇奔走,这些军队中散布着日耳曼人,因为他们来自外国,所以得到元首的信任。

因此,只有这样才合乎逻辑:在卷 15 结尾,尼禄应该扮演得胜的统帅,以此庆祝他的军事努力的成果(72.1:"接着就彷佛要列举战争中的功勋似的,他召集了元老院会议,并把凯旋的荣誉授予……")。

在每一个这样的段落中,对尼禄的军事化描述都强调了阴谋者的表白与行动之间的裂痕。这种裂痕早在塔西佗的第一个句子便得到呈现。②披索阴谋的悲剧性在于,阴谋者的业余表演妨碍了他

---

① Species 的此种用法,参 Koestermann,前揭书,4.318 的相关论述。扮演判官角色这一想法,参 Philo,《论觐见盖乌斯的使团》(De Legatione ad Caium)359,那里提到哑剧;也参 Martin & Woodman,《塔西佗〈编年纪事〉卷四》(Tacitus: Annals Book IV,Cambridge,1989),页 228 对《编年纪事》4.59.3 的讨论。

② 纵观《编年纪事》,塔西佗的总体立场当然是展示"对人的职业与他们的行动之间不一致的敏感"(R. Martin《塔西佗》,页 215)。

们实现形势所需的军事行动;尼禄这个真正的演员,却能够扮演一场阴谋所要求的不折不扣的军事角色。塔西佗对勇敢的将官佛拉乌斯的描述显著地浓缩了这一肃剧。

佛拉乌斯是 miles gloriosus[光荣的战士]茹福斯的反面,正如同样勇敢的埃皮卡里丝是米利库斯之妻的反面;从一开始佛拉乌斯就是个特立独行的人物。塔西佗点出披索本人之后马上提到佛拉乌斯(49.2,在那里塔西佗把他与阿司佩尔[Sulpicius Asper]描述为 promptissimi[最踊跃的人]),在 50.4 据说佛拉乌斯已想过单独行刺尼禄,①在 58.4 他谋杀尼禄,却几乎在中途被叛变的茹福斯制止。②我们最后一次看到他,是在他已经暴露并将要牺牲的时候:不像他的对立面,那个 miles gloriosus[光荣的战士],佛拉乌斯直到最后还保留他所要求的 gloria[荣誉](67.1 – 3):

> 随后,同一些人的告密把将官佛拉乌斯搞垮。起初,佛拉乌斯以行为不同为自己辩护;像他这种武装人员不会跟那些手无寸铁的娘娘腔合作干这么大一件事。之后,他受到了威迫,干脆欣然接受坦白的光荣。尼禄问他,什么动机使他忘记了誓言,他说:"因为我讨厌你,只要你值得爱戴,你的战士没有一个不为你尽忠。只是你变成一个弑母弑妻的家伙,变成一个赛车手、优伶、纵火犯的时候,我就开始讨厌你了。"(我重述了他的原话,因为他的话与塞涅卡的不同,它们没有公布过;而军人的感情同样值得认可,因为这些情感虽然自然生发,但更能说明问题。)

---

① 据说佛拉乌斯有另外的行刺地点(趁尼禄"在台上歌唱时,或是当宫殿起火,尼禄在没有侍卫的情况下独自一人在夜间到处乱跑时"),我们可以推断,与其同伙的一员视角不同,他没有把尼禄视为演员。详见下文注释83[译按]本书页 247 注①。

② 根据普鲁塔克《布鲁图斯》(Brutus)16.3,谋杀恺撒有一个可供比较的时刻。

这段小情节也充满了戏剧性：①佛拉乌斯首先把他自己，一个武装的战士(armatum)，与其同党、手无寸铁的娘娘腔(inermibus et effeminatis)相对照。Effeminatus[娘娘腔]是用来中伤演员的标准词汇，②看起来，佛拉乌斯试图宣判那些徒劳的伙伴犯有混淆演戏与当兵的罪过，来为自己辩护；演戏与当兵的区分从一开始就是塔西佗描述的焦点。③

不过，佛拉乌斯最终继续攻击、指控尼禄是一名弑亲者、赛车手、演员和纵火犯，塔西佗以作者评论的方式，把这些指控称为更能说明问题(validos)。然而，这些指控更能说明问题的原因是，塔西佗亲自把它们写成这个样子，比较狄奥对同一情节的描述就可发现这一点。在狄奥笔下(62.24.2)，佛拉乌斯只列举了两项指控——赛车手与里拉琴手，好像表明，他对尼禄的想象与在尤文纳尔或温代克斯的演说里发现的构想没什么两样，我们前面已注意过尤文纳尔或温代克斯的构想；而且狄奥没有作者评论。这样，看起来塔西佗在传统描述的基础上增加了弑亲与纵火犯的指控，④把里拉琴手换成 histrio[演员]，并交错配置四项指控，好像表明四项指控各有

---

① 正如直接引语是戏剧的定义性特征，塔西佗着力描写佛拉乌斯的言辞本身就有助于使该场景戏剧化。随后的行刑(67.4)同样带有戏剧性。

② 如小普利尼《颂词》46.4,54.1,阿普留斯《申辩》(*Apologia*)78,这一系列参考文段的要点是，"演员常常因女人气而受斥责"，(Courtney, 前揭书, 页170 提到《古代与基督世界词典》[*Reallexikon für Antike und Christentum*] effeminatus 627,那里列出了其他文段)。毫无疑问，49.4 已把司凯维努斯、克温提亚努斯与实实在在的女人气相连，但在 70.2,mollitia[柔弱]不仅用在这两个人身上，还用在了塞内奇奥(Senecio)身上，他的女人气除了这里就没有别的地方暗示过。因此，以这些术语来解释佛拉乌斯的言辞似乎不无道理。

③ inermibus[手无寸铁]甚至否定了那把著名的匕首。

④ 当然可以争辩，所有四项指控都从塔西佗与狄奥的共同源头中提炼出来，而狄奥省略了两项最重的指控：参 Furneaux,《塔西佗的〈编年纪事〉》(*Annals of Tacitus*, 两卷本, 第二版, Oxford, 1896 - 1907), 卷二, 页 405, 虽然 Furneaux 把假定的狄奥的省略描述为"引人注目"。

可比较的重要性。以这一重新设计的陈述方式,塔西佗让佛拉乌斯声称,只有死亡才能让作为赛车手、演员的尼禄与作为弑亲者、纵火犯的尼禄分离,正如其他阴谋者所想象的。① 这么晚才恍悟到真正的身份,本身就令人想起肃剧,②它的重要性得到塔西佗本人评论的强调。

八

73.2 的措辞呼应着 48.1 的开头,标志着塔西佗戏剧的尾声:③

---

① 尽管在 15.65,佛拉乌斯说尼禄与披索都是演员,但从这句话不能推断出,佛拉乌斯对尼禄的看法跟其他人一样:佛拉乌斯在那里的目标不是尼禄,而是披索,佛拉乌斯以其同伙能理解的术语来描述他(也参上文注释)。在披索的故事中,其他认识到尼禄暴力的人也很优秀:埃皮卡里丝(参上文注释)与塞涅卡(参62.2,"尼禄的残忍谁不知道呢?"——这个问题本身就很讽刺)。对比塞涅卡《屋大维娅》(Octavia) 648–649,在那里"塞涅卡还把尼禄视为发脾气的任性小子"(Whitman,《屋大维娅》[The Octavia: Introduction, Text and Commentary, Noctes Romanae 16, Bern, 1978,页 105),即跟塔西佗笔下的阴谋者所犯的错误类似。至于对尼禄性格的一些中肯评价,参 Tresch,前揭书,页 128,168。

② 很明显,出于戏剧的理由,塔西佗把佛拉乌斯这段感悟表白推迟至今,实际上它可能要早一些发生。佛拉乌斯的四项指控既是交错配置,也按年份排列,第一项(公元 59 年)与第五项(公元 64 年,阴谋前一年)隔了五年;然而,尽管有 coepi[开始]一词,完成时的 exstitisti[变成]不可能指持续五年的逐渐的认识过程,相反,它必定意味着,只有在罗马大火之后,佛拉乌斯才明白了真相;罗马大火之后,尼禄的其余三个面相归位。对于肃剧中迟来的恍悟,参 Rutherford,《〈伊利亚特〉中的肃剧形式与感觉》("Tragic Form and Feeling in the Iliad"),载于 JHS, 102, 1982,页 145–160,尤其是 145–150;对于希腊小说中可比较的场景,参 Bartsch,前揭书,页 132。

③ 正如 R. H. Martin 所认为的,要是塔西佗在 48.1 写下 adulta[成熟]而非 aucta[壮大],这种回应会更加明显。假定文本脱漏当然是个简单的办法,但 aucta 回应着 49.1 的 primus auctor,这反过来会排斥披索那幅消极性格素描(48.2–3)的"构成"。

"然而,一次阴谋从发起到成熟(adulta),再到倾覆,对于这样的事实,当时那些关注现实知识的人已经不怀疑,尼禄驾崩后那些返回罗马的人也给予了肯定。"不过,奇怪的是,这个句子似乎暗示着,有人质疑,可能甚至否认这个故事的真实性,尽管它是塔西佗《编年纪事》花费最多笔墨的情节。① 但是,倘若这些无名的反对者的理由是阴谋"令人沮丧地失败"了——尼禄的现代传记作者所提到的(参注释1[译按]本书页218注①)——详细阐明这场阴谋的性质就会是不折不扣的塔西佗特色,因为对塔西佗而言,矛盾与失败同样有吸引力。②

最后的一幕设定在元老院。名不副实的克利门斯(Clemens)[译按:clemens是仁慈的意思]攻击塞涅卡的弟弟,却因这样的理由被阻止:"免得看起来在利用国难报私仇"(73.3)。在这整场阴谋中,尼禄与阴谋者都受制于私怨,想起这一点的人会发现元老的理由包含着反讽意味。至于皇帝本人,他把司凯维努斯的匕首献给了复仇者朱庇特(Iuppiter Vindex),这是塞涅卡死前献祭给解放者朱庇特那一幕的颠倒。但三年之后,温代克斯在高卢起义,这一颠倒本身又颠倒过来了,正如塔西佗的评论:"尼禄献祭一事被看成未来报应的征兆与预示了。"(74.2)对未来灾难的这一告示一直维持到

---

① 这个句子还有其他蹊跷。Ceterum[然而]一词暗示着纠正先前的说法:尼禄"受到公众连绵不断的流言非议,大意是他仅仅因为厌恶或恐惧就剪除了杰出而无辜的邦民";但塔西佗本人生动描述了垂死的塞涅卡与维司提努斯(68.2-69.3),他绝没有缓和无辜要被杀这种流言,这是典型的塔西佗笔法。再一次,后一句对前一句的纠正仍然只是一个暗示,因为后一句的效力并不取决于前一句的无效:每个句子事实上都同样有效,正如塔西佗自己的叙述再次证明的那样。

② Morris主张塔西佗描写的阴谋"并非总是完美无瑕","作为一段文学情节,它总是少于它各部分的总和",他错误地认为,塔西佗描写阴谋的方式故意反映阴谋的失败,见氏著,1969,页218,225。

最后。①当选执政官建议,应该建一座神庙尊奉尼禄为神,因为尼禄现已超越任何凡人的巅峰,理应由人类崇拜。尽管欧里庇得斯肃剧的结尾提到过建立教派,②但尼禄明显在读不同的脚本:恺撒神化之后即被谋杀,这是一清二楚的事;尼禄拒绝那一荣誉,以免"有人把它解释成他死亡的预兆"(74.3)。③ 然而,这种对悲剧性事件的预兆是塔西佗结束一卷的典型手法,它本身就具备了戏剧性,是"塞涅卡结束一个场景或一幕戏的惯用手法"。④ 不过,预示未来不仅充满

① 稍前处有同样的现象,那就是72.2 塔西佗像撒路斯特那样介绍撒比努斯(Nymphidius Sabinus):quia nunc primum oblatus est, pauca repetam: nam et ipse pars Romanarum cladium erit[因为这是他首次出场,我简要描述一下他的背景:因为他也会在罗马的灾难中扮演一个角色]。因为 pars(单数)可解作"角色(part)/角色(role)[在戏剧之类]",et ipse 似乎确证了,披索阴谋中的人物被视为在一部展开的罗马肃剧中扮演角色。

② 参 Barrett,《欧里庇得斯〈希珀吕图斯〉》(*Euripides*: *Hippolytus*, Oxford, 1964),页 412 对欧里庇得斯《希珀吕图斯》1423 – 1430 的讨论。这一启发要归功于 Richard Seaford。

③ Stephen Harrison 告诉我关于恺撒的观点。不过,猜想一下哪个神的身份会适合尼禄是件诱人的事。留着层层长卷发(苏埃托尼乌斯《尼禄》51),这个皇帝在我们的文本中作为戏剧的保护人登场,他拥有迷魂的力量,能够发出可怕的暴力,而卷 15 早些时候也已生动地描绘过他性格中的女人气(参 37.4)。这些证据似乎暗示着狄奥尼索斯,Cizek 说,事实上,人们把尼禄视为新狄奥尼索斯,见氏著,《尼禄》(*Néron*, Paris, 1982),页 89,116。尽管 Henrichs 没有把尼禄列在等同于神的皇帝名单中(氏著,《变化的狄奥尼索斯身份》("Changing Dionysiac Identities"),载于 *Self-definition in the Greco-Roman World*, Meyer & Sanders 编,London, 1982,页 158, 233 注释 190),但尼禄也被描述成"世界的好精灵"(《希腊碑铭文本》[Corpus Inscriptionum Graecarum] 3.4699,《俄西林古蒲草纸》[P. Oxy.] 1021),这个题目或与狄奥尼索斯有联系,或真的暗示着狄奥尼索斯:参 Harrison,《忒弥斯》(*Themis*, 第二版, Cambridge, 1927),页 277, 315;Schumann,《尼禄治下的泛希腊与希腊元素》(*Hellenistische und griechische Elemente in der Regierung Neros*, Leipzig, 1930),页 8 – 9。

④ Mendell,前揭书,页 28 注释 11。参普鲁塔克《西塞罗》的结尾,西塞罗本人的悲剧之后,凯旋的安东尼的悲剧如何展开:见 Moles,前揭书,页 200 – 201。

戏剧性,而且很贴切。塔西佗在第 15 卷最后 27 节描述了一个虚幻的世界,几乎无人能从这个世界中逃脱。阴谋者如此鬼迷心窍,竟把现实当作戏剧,而塞涅卡选择了戏剧性的死法。诸如埃皮卡里丝与佛拉乌斯等少数清醒者被出卖、被搞垮,尼禄却在自己制造的混乱中毫发无损。但是,尼禄的生活正使他自食其果。他在五花八门的角色中玩了十年有余,他就要失去维持这些角色的边界的能力。根据尼禄的传记作者,正是在公元 65 年,他最终"一步步逃进虚幻的世界"。① 第一症状便是狄多黄金的故事彻底骗倒了他,塔西佗在紧接着的一卷开头讲述这一件事(16.1 – 3)。正如一个现代学者所评价的,那一卷"像一部萨提尔剧(satyr-play)那样开始"。② 披索阴谋的肃剧之后,还能有什么合适的续集呢?③

---

① Tresch,前揭书,页 173。

② Griffin,前揭书,页 164;Dupont 也这样认为:"王朝末期出现了这种广义戏剧的实现,在这种广义的戏剧中,演戏和现实被互换和混淆",见前揭书,页 431。尼禄于是成为稍后的奥勒留的反面,奥勒留"在世界的真正舞台上完美地扮演角色,并真的做僭主"(Rutherford,《奥勒留的"沉思"》(*The "Meditations" of Marcus Aurelius: A Study*, Oxford, 1989),页 176]强调为 Woodman 所加])。

③ "在古典戏剧传统中,似乎有个反复出现的倾向:严肃的戏剧与粗鄙的闹剧紧密相连。例如,大多数罗马肃剧后面接着演 exodia[余兴节目](通常由阿提拉闹剧组成)……至少公元前 5 世纪的情况大多这样:肃剧三联剧之后接着演同一作者写的萨提尔剧。"(《剑桥古典文学史》1.346)

图书在版编目（CIP）数据

塔西佗的政治史学/曾维术编.—北京：华夏出版社，2013.6
（西方传统：经典与解释）
ISBN 978-7-5080-7340-8

Ⅰ.①塔… Ⅱ.①曾… Ⅲ.①政治思想史－研究－古罗马
Ⅳ.①D091.2

中国版本图书馆 CIP 数据核字(2012)第 280925 号

塔西佗的政治史学

主　　编　曾维术
责任编辑　马涛红

出版发行　华夏出版社
经　　销　新华书店
印　　刷　北京建筑工业印刷厂南厂
装　　订　三河市李旗庄少明印装厂
版　　次　2013 年 6 月北京第 1 版
　　　　　2013 年 6 月北京第 1 次印刷
开　　本　880×1230　1/32
印　　张　8.375
字　　数　228 千字
定　　价　36.00 元

华夏出版社　地址：北京市东直门外香河园北里 4 号　邮编：100028
　　　　　　网址：www.hxph.com.cn　电话：(010)64663331(转)
若发现本版图书有印装质量问题，请与我社营销中心联系调换。

西方传统：经典与解释

古今丛编

恐惧与战栗
[丹麦]基尔克果 著

墙上的书写——尼采与基督教（修订增补本）
[德]洛维特／沃格林 等著

古希腊文学常谈
[英]多佛 等著

穆佐书简
[奥]里尔克 著

撒路斯特与政治史学
刘小枫 编

民主的本性——托克维尔的政治哲学
[法]马南 著

希罗多德的王霸之辨
吴小锋 编／译

梅尔维尔的政治哲学——《切雷诺》及其解读
李小均 编／译

第二代智术师——罗马帝国早期的文化现象
安德森 著

英雄诗系笺释
[古希腊]荷马 著

统治的热望
——修昔底德笔下的阿尔喀比亚德和帝国政治
[美]福特 著

席勒美学的哲学背景
[美]维塞尔 著

雅典谐剧与逻各斯
——《云》中的修辞、谐剧性及语言暴力
[美]奥里根 著

莱园哲人伊壁鸠鲁
罗晓颖 选编

果戈里与鬼
[俄]梅列日科夫斯基 著

托尔斯泰与陀思妥耶夫斯基（第一卷）
[俄]梅列日科夫斯基 著

托尔斯泰与陀思妥耶夫斯基（第二卷）
[俄]梅列日科夫斯基 著

自传性反思
[德]沃格林 著

西方传统：经典与解释
Classici et Commentarii
HERMES
刘小枫◎主编

黑格尔与普世秩序
[美]希克斯 等著

新的方式与制度
——马基雅维利的《论李维》研究
[美]曼斯菲尔德 著

论埃及神学与哲学——伊斯斯与俄赛里斯
[古希腊]普鲁塔克 著

凯撒的剑与笔
李世祥 编／译

纪念苏格拉底——哈曼文选
刘新利 选编

科耶夫的新拉丁帝国
[法]科耶夫 等著

夜颂中的革命和宗教——诺瓦利斯选集卷一
[德]诺瓦利斯 著

大革命与诗话小说——诺瓦利斯选集卷二
[德]诺瓦利斯 著

《利维坦》附录
[英]霍布斯 著

巨人与侏儒
[美]布鲁姆 著

或此或彼（上、下）
[丹麦]基尔克果 著

海德格尔与有限性思想（重订版）
刘小枫 选编

海德格尔式的现代神学
刘小枫 选编

走向古典诗学之路
——相遇与反思：与伯纳德特聚谈
[美]伯格 编

论宗教大法官的传说
[俄]罗赞诺夫 著

上帝国的信息
[德]拉加茨 著

双重束缚
[美]基拉尔 著

俄耳甫斯教祷歌
吴雅凌 编译

俄耳甫斯教辑语
吴雅凌 编译

黑格尔的观念论
[美]皮平 著

古今之争中的核心问题
[德]迈尔 著

浪漫派风格——施莱格尔批评文集
[德]施莱格尔 著

神圣的罪业
[美]伯纳德特 著

论永恒的智慧
[德]苏索 著

宗教经验种种
[美]詹姆斯 著

尼采反卢梭
[美]凯斯·安塞尔-皮尔逊 著

施米特对自由主义的批判
[美]约翰·麦考米克 著

舍勒思想评述
[美]弗林斯 著

诗与哲学之争
[美]罗森 著

基督教理论与现代
[德]特洛尔奇 著

亚历山大的克雷蒙
[意]塞尔瓦托·利拉 著

伊壁鸠鲁主义的政治哲学
[意]詹姆斯·尼古拉斯 著

神圣与世俗
[罗]伊利亚德 著

中世纪的心灵之旅——波纳文图拉神学著作选
[意]圣·波纳文图拉 著

弓弦与竖琴——从柏拉图解读《奥德赛》
[美]伯纳德特 著

论古人的智慧
[英]培根 著

希伯莱圣经历代注疏

希腊化世界中的犹太人
[英]威尔逊 著

第一亚当和第二亚当
[德]朋霍费尔 著

卢梭注疏集

政治制度论
[法]卢梭 著

哲学的自传——卢梭的《孤独漫步者的遐思》
[法]卢梭 著

文学与道德杂篇
[法]卢梭 著

设计论证——卢梭的《社会契约论》
[美]吉尔丁 著

卢梭的自然状态
[美]普拉特纳 等著

卢梭的榜样人生——作为政治哲学的《忏悔录》
[美]凯利 著

柏拉图注疏集

理想国
[古希腊]柏拉图 著

谁来教育老师——《普罗塔戈拉》发微
刘小枫 编

立法者的神学——柏拉图《法义》卷十绎读
林志猛 编

柏拉图对话中的神
[德]薇依 著

厄庇诺米斯
[古希腊]柏拉图 著

柏拉图的《厄庇诺米斯》
程志敏 选编

论柏拉图对话
[德]施莱尔马赫 著

柏拉图《美诺》疏证
[美]克莱因 著

神话诗人柏拉图
张文涛 选编

人应该如何生活
[美]布鲁姆 著

阿尔喀比亚德
[古希腊]柏拉图 著

叙拉古的雅典异乡人
——柏拉图《书简七》探幽
彭磊 选编

阿威罗伊论《王制》
[阿拉伯]阿威罗伊 著

《王制》要义
刘小枫 选编

柏拉图的《会饮》
[古希腊]柏拉图 等著

苏格拉底的申辩
[古希腊]柏拉图 著

苏格拉底与政治共同体
[美]尼科尔斯 著

政制与美德——柏拉图《法义》疏解
[美]潘戈 著

《法义》导读
[法]卡斯代尔·布舒奇 著

论真理的本质
[德]海德格尔 著

哲人的无知
[德]费勃 著

米诺斯
[古希腊]柏拉图 著

亚里士多德注疏集

《政治学》疏证
[意]托马斯·阿奎那 著

尼各马可伦理学义疏
——亚里士多德与苏格拉底的对话
[美]伯格 著

哲学之诗——亚里士多德《诗学》解诂
[美]戴维斯 著

对亚里士多德的现象学解释
[德]海德格尔 著

城邦与自然——亚里士多德与现代性
刘小枫 编

论诗术中篇义疏
[阿拉伯]阿威罗伊 著

哲学的政治——亚里士多德《政治学》疏证
[美]戴维斯 著

莱辛注疏集

汉堡剧评
[德]莱辛 著

关于悲剧的通信
[德]莱辛 著

《智者纳坦》研究版
[德]莱辛 等著

启蒙运动的内在问题——莱辛思想再释
[美]维塞尔 著

莱辛剧作七种
[德]莱辛 著

历史与启示——莱辛神学文选
[德]莱辛 著

论人类的教育——莱辛政治哲学文选
[德]莱辛 著

色诺芬注疏集

居鲁士的教育
[古希腊]色诺芬 著

驯服欲望——施特劳斯笔下的色诺芬撰述
[法]科耶夫 等著

论僭政——色诺芬《希耶罗》义疏
[美]施特劳斯 著

色诺芬的《会饮》
[古希腊]色诺芬 著

施特劳斯集

霍布斯的宗教批判
[美]列奥·施特劳斯 著

斯宾诺莎的宗教批判
[美]列奥·施特劳斯 著

门德尔松与莱辛
[美]列奥·施特劳斯 著

哲学与律法——论迈蒙尼德及其先驱
[美]列奥·施特劳斯 著

迫害与写作艺术
[美]列奥·施特劳斯 著

柏拉图式政治哲学研究
[美]列奥·施特劳斯 著

阅读施特劳斯
[美]斯密什 著

《会饮》讲疏
[美]列奥·施特劳斯 著

柏拉图《法义》的论辩与情节
[美]列奥·施特劳斯 著

什么是政治哲学
[美]列奥·施特劳斯 著

古典政治理性主义的重生
[美]列奥·施特劳斯 著

施特劳斯与流亡政治学
[美]谢帕德 著

犹太哲人与启蒙
　　——施特劳斯演讲与论文集：卷一
　　[美]列奥·施特劳斯 著

苏格拉底问题与现代性
　　——施特劳斯演讲与论文集：卷二
　　[美]列奥·施特劳斯 著

回归古典政治哲学——施特劳斯通信集
　　[美]列奥·施特劳斯 著

隐匿的对话——施米特与施特劳斯
　　[德]迈尔 著

苏格拉底与阿里斯托芬
　　[美]列奥·施特劳斯 著

尼采注疏集

尼采眼中的苏格拉底
　　[美]丹豪瑟 著

尼采的使命——《善恶的彼岸》绎读
　　[美]朗佩特 著

尼采与现时代——解读培根、笛卡尔与尼采
　　[美]朗佩特 著

动物与超人之间的绳索
　　[德]A.彼珀 著

维吉尔注疏集

《埃涅阿斯纪》章义
　　王承教 选编

维吉尔的帝国
　　阿德勒 著

品达注疏集

幽暗的诱惑——品达、晦涩与古典传统
　　[美]汉密尔顿 著

新约历代经解

属灵的寓意
　　[古罗马]俄里根 著

赫西俄德集

神谱笺释
　　吴雅凌 撰

赫西俄德：神话之艺
　　[法]居代·德·拉孔波 等著

赫拉克勒斯之盾笺释
　　罗逍然 译笺

莎士比亚绎读

莎士比亚笔下的爱与友谊
　　[美]布鲁姆 著

莎士比亚戏剧与政治哲学
　　彭磊 选编

莎士比亚的政治盛典
　　[美]阿鲁里斯/苏利文 编

丹麦王子与马基雅维利
　　罗峰 选编

古希腊诗歌丛编

阿尔戈英雄纪
　　[古希腊]阿波罗尼俄斯 著

阿里斯托芬集

《阿卡奈人》笺释
　　[古希腊]阿里斯托芬 著

但丁集

但丁的圣约书
　　[美]霍金斯 著

美国宪政与古典传统

美国1787年宪法讲疏
　　[美]阿纳斯塔普罗 著

修昔底德集

修昔底德笔下的演说
　　[美]斯塔特 著

古希腊政治理论
　　格雷纳 著

塔西佗集

塔西佗的政治史学
　　曾维术 编

古典学丛编

古典语文学常谈
　　克拉夫特 著

古希腊肃剧注疏集

希腊肃剧与政治哲学
　　阿伦斯多夫 著

中国传统：经典与解释
Classici et Commentarii
娄亚丛编
刘小枫　陈少明◎主编

中国传统：经典与解释

从公羊学论《春秋》的性质
阮芝生　撰

药地炮庄·总论
[明]方以智　著

松阳讲义
[清]陆陇其　著

起凤书院答问
[清]姚永朴　撰

青原志略
[明]方以智　原编

冬炼三时传旧火——港台学人论方以智
邢益海　编

药地炮庄
[明]方以智　著

周礼疑义辨证
陈衍　撰

经学通论
[清]皮锡瑞　著

韩愈志
钱基博　著

论语辑释
陈大齐　著

《庄子·天下篇》注疏四种
张丰乾　编

荀子的辩说
陈文洁　著

古学经子——十一朝学术史述林
王锦民　著

经学以自治——王闿运春秋学思想研究
刘少虎　著

《铎书》校注
孙尚扬　肖清和　等校注

大学素质教育读本

古典诗文绎读　西学卷·古代编（上、下）
古典诗文绎读　西学卷·现代编（上、下）

经典与解释辑刊（刘小枫　陈少明　主编）

1　柏拉图的哲学戏剧
2　经典与解释的张力
3　康德与启蒙
4　荷尔德林的新神话
5　古典传统与自由教育
6　卢梭的苏格拉底主义
7　赫尔墨斯的计谋
8　苏格拉底问题
9　美德可教吗
10　马基雅维利的喜剧
11　回想托克维尔
12　阅读的德性
13　色诺芬的品味
14　政治哲学中的摩西
15　诗学解诂
16　柏拉图的真伪
17　修昔底德的春秋笔法
18　血气与政治
19　索福克勒斯与雅典启蒙
20　犹太教中的柏拉图门徒
21　莎士比亚笔下的王者
22　政治哲学中的莎士比亚
23　政治生活的限度与满足
24　雅典民主的谐剧
25　维柯与古今之争
26　霍布斯的修辞
27　埃斯库罗斯的神义论
28　施莱尔马赫的柏拉图
29　奥林匹亚的荣耀
30　笛卡尔的精灵

31　柏拉图与天人政治
32　海德格尔的政治时刻
33　荷马笔下的伦理
34　格劳秀斯与国际正义
35　西塞罗的苏格拉底
36　基尔克果的哲学与政治
37　《理想国》的内与外
38　诗艺与政治
39　律法与政治哲学
40　古今之间的但丁

雅努斯：古典拉丁语文读本
古典拉丁语文学述要
危微精一：政治法学原理九讲
琴瑟友之：钢琴与古典乐色十讲

刘小枫集

诗化哲学［重订本］
拯救与逍遥［修订本］
走向十字架上的真
这一代人的怕和爱［增订本］
现代性与现代中国：现代性社会理论绪论
沉重的肉身
圣灵降临的叙事［增订本］
罪与欠
西学断章
现代人及其敌人
儒教与民族国家
拣尽寒枝
施特劳斯的路标
重启古典诗学
共和与经纶
设计共和
卢梭与我们
好智之罪：普罗米修斯神话通释
民主与爱欲：柏拉图《会饮》绎读
民主与教化：柏拉图《普罗塔戈拉》绎读
巫阳招魂：《诗术》绎读

编修［博雅读本］

凯若斯：古希腊语文读本［全二册］
古希腊语文学述要